领导术

卓越领导者14项修炼

〔美〕 彼得·G·诺斯豪斯（Peter G. Northouse） 著

吴爱明　陈爱明　陈晓明 译

Leadership
Theory and Practice
(Fifth Edition)

中国人民大学出版社

·北京·

图书在版编目（CIP）数据

领导术：卓越领导者 14 项修炼/（美）诺斯豪斯著；吴爱明，陈爱明，陈晓明译. —北京：中国人民大学出版社，2014.10
（人文社科悦读坊）
ISBN 978-7-300-20182-5

Ⅰ.①领… Ⅱ.①诺…②吴…③陈…④陈… Ⅲ.①领导学 Ⅳ.①C933

中国版本图书馆 CIP 数据核字（2014）第 237547 号

人文社科悦读坊

领导术：卓越领导者 14 项修炼

［美］彼得·G·诺斯豪斯（Peter G. Northouse）　著

吴爱明　陈爱明　陈晓明　译

Lingdaoshu

出版发行	中国人民大学出版社		
社　　址	北京中关村大街 31 号	邮政编码	100080
电　　话	010－62511242（总编室）	010－62511770（质管部）	
	010－82501766（邮购部）	010－62514148（门市部）	
	010－62515195（发行公司）	010－62515275（盗版举报）	
网　　址	http://www.crup.com.cn		
	http://www.ttrnet.com（人大教研网）		
经　　销	新华书店		
印　　刷	北京中印联印务有限公司		
规　　格	185 mm×260 mm　16 开本	版　次	2014 年 10 月第 1 版
印　　张	20.25 插页 2	印　次	2016 年 12 月第 2 次印刷
字　　数	340 000	定　价	49.00 元

译者前言

《领导术：卓越领导者 14 项修炼》是一部经久不衰的畅销书，其英文原著长期占据亚马逊领导力图书畅销排行榜前三位，同时也被全球近千所大学选为领导学与领导力入门读物。

该书作者彼得·G·诺斯豪斯博士是美国西密歇根大学传播学院的教授，是领导学研究领域的先驱，他敏锐地捕捉到了领导学领域的理论精粹和思想。他从事领导学及相关领域的教学科研工作已经 20 多年，有着丰富的实践经验，并取得了卓越的研究成果。他重点研究领导模型、领导评估、道德领导、领导与团队动力、领导发展、领导教育、冲突管理等问题。除本书外，其主要著作还有《健康传播学：健康职业人员的策略》（合著）等，并在相关专业期刊上发表了大量学术论文。

本书还有三位重要的参与者。苏珊·科格勒·希尔博士，她是美国克利夫兰州立大学传播学系的教授和前主任，研究领域是人际关系与组织沟通，专门研究团队领导、团队合作、授权和指导方式等，著有《改善人际关系能力》等，此外还参与过许多书籍的编写，并在很多专业期刊上发表过论文。克勒斯特·霍伊特博士，她是美国里士满大学杰普森学院从事领导学研究的副教授。作为一位社会心理学家，她把心理学的观点运用到了领导学研究领域，其主要研究兴趣包括成见和歧视对女性和少数族裔领袖的影响、认知偏见和领导、领导者的洞察力等。其研究成果定期在全国性会议上呈现并在学术刊物上发表。欧内斯特·施特克博士，他是美国亚利桑那州立大学传播学的兼职教授。曾任弗罗斯特工程和开发公司的前主席和首席执行官，活跃在国际领导协会和领导教育家协会中。著有《转化型领导者和领导沟通》等著作，在专业期刊上发表过大量文章，并参与过一些教科书的撰写。

本书回顾并分析了主要的领导理论，展示了 21 世纪领导的主要问题，特别强调每种理论在现实组织中的应用，重点在于探索领导理论如何指导领导实践活动，在抽象理论研究和具体领导方法的普遍应用之间搭建了一座桥梁，成功地拉近了学者和实践者之间的距离。

本书提出，在过去的 60 年中，出现了 65 种分类体系来定义领导的维度。**领导最重要的因素包括：领导是一个过程；领导需要有影响力；领导在团队中发生；领导需要有共同目标。**基于这些要素，本书认为领导是个人影响团队成员去完成共同目标的过程。本书讨论了领导作为一种特质和领导作为一个过程有什么不同，任命型领导和自发型领导有什么不同，权力、强制和管理的观念与领导有什么不同。更重要的是，本书按照领导理论发展的时间顺序，系统介绍和讨论了已经形成的各种领导理论和正在研究中的领导学热点问题，包括领导特质、领导技能、领导风格、领导情境理论、权变理论、路径—目标理论、领导—成员交换理论、变革型领导、诚实领导、团队领导、心理动力理论、女性与领导、文化与领导、领导道德等。

本书分析讨论了大量的领导理论和方法，以清晰、简洁、有趣的方式呈现出所要表达的内容，具有鲜明的写作特点。每章围绕一个主要领导理论展开，遵循相同的结构：理论、实践、优势与缺点、在实践中的应用及相关案例、测量工具；每章提供的领导力测量工具能让读者对自身的领导力水平进行测评，并反思应如何提升领导力水平；本书按领导理论的发展顺序来描述相关理论，可以让读者感受到领导理论的历史演变。

吴爱明

中国人民大学公共管理学院副教授

目　　录

第 1 章

何为领导？

　　领导是非常受欢迎、非常有价值的产品。自本书第一版面世以来，人们对领导思想的热情与日俱增。人们不断地问自己和他人：怎么才能造就出好领导？作为个体，他们找到了很多关于如何成为有效领导者的信息。结果，书架上装满了关于领导者和如何成为领导者的流行书籍。很多人认为领导能改善他们的私人生活、社会生活和职业生涯。公司不断寻求那些具有领导能力的人，因为它们认为具有领导能力的人能为公司带来特别的财富，最终提升亏损的底线。全国范围内的学术机构也开展了领导研究的项目。

　　另外，领导还得到了世界范围内研究者的关注。对领导学术研究的回顾表明，现在已涌现出大量不同的理论方法试图解释领导过程的复杂性。有些研究者把领导定义为一种特质或行为，但是另外一些研究者从信息加工方面或相关立场来界定领导。在许多环境下，包括小团体、医疗机构和大型组织在内，对领导的研究都采用了定性和定量的研究方法。综合说来，这些领域对领导学的研究为读者描绘了一个远比那些通俗读物中常见的简单看法要更为精细复杂的过程。

　　本书认为，领导是一个多维的、复杂的过程。本书以研究文献为基础，深入阐述了不同的领导理论、方法及其应用。我们的重点在于说明领导理论如何指导领导实践。在本书中，我们对每一个理论都进行了分析，并给出了在真实环境中如何运用这些理论的说明。

如何定义领导?

有很多种方式来完成"领导是……"这个句子。事实上，正如史托迪（Stogdill，1972）在领导研究回顾中指出的那样，有多少人试着给领导下定义，领导几乎就有多少种定义。就像民主、爱、和平这些词一样，尽管我们从直觉上都能知道它们的意思，但不同的人对这些词有不同的理解。一旦给领导下定义，我们就会发现领导有着许多不同的含义。

定义领导的方法

在过去 60 年里，出现了 65 种分类体系来定义领导的维度（Fleishman et al.，1991）。其中有一种分类，也是与本书直接相关的，是由巴斯（Bass，1990，pp. 11-20）在 1990年提出来的。他认为，有一些定义把领导看作团队发展过程的关键（focus of group processes）。从这个角度来说，领导者就是团队变化和活动的核心，体现了团队的意愿。另一组定义是从个性角度（personality perspective）出发的，它认为领导是个人所具有的能引导他人去完成任务的特质或特征的总和。还有一些研究把领导定义为一种行动或行为——领导者给团队带来变化的行动或行为。

另外，还有一些是从领导者及其追随者之间存在的权力关系（power relationship）的角度来定义领导的。根据这种观点，领导者拥有权力，并能运用权力去影响他人的变化。其他人认为领导是一种改造过程（transformational process），能让追随者完成预期之外的事情。最后，有些学者从技巧方面（skills perspective）来定义领导。这一观点强调的是能使有效领导成为可能的能力（如知识和技巧）。

领导的定义及其组成

尽管定义领导的方法多种多样，但是下面这些因素被认为是领导中非常重要的：
（1）领导是一个过程；（2）领导需要有影响力；（3）领导在团队中发生；（4）领导需要
有共同目标。基于这些要素，本书对领导的定义是：

领导是个人影响团队成员去完成共同目标的过程。

把领导定义为一个过程（process），意味着领导并不是领导者自身富有的一种特质
或性格，而是发生在领导者与追随者之间的一种交互活动。过程暗指领导者既影响追随
者，也受追随者的影响。它强调领导并不是一种直线的、单向的行为，而是一种互动的
行为。以这种方式去定义领导，那么领导是每一个人都能获得的，并不只局限于团队当
中正式指定的领导者。

领导需要有影响力（influence）。这涉及的是领导者如何影响追随者。影响力是领
导的必要条件。没有影响力，领导就不存在。

领导发生在团队（groups）当中。团队是领导发生的环境。领导会影响有着共同目
标的团队成员。这个团队可以是小任务团队、社区团队或者是具有完备组织结构的大型
团队。领导就是某个人影响团队成员去完成共同的目标。团队的其他人要求领导的发
生。用来完善个人自身领导力的培训项目并不能看作是本书中所讨论的领导的一部分。

领导需要关注共同目标（common goals）。领导者把精力放在努力和自己一起完成
目标的人们身上。"共同"意味着领导者和追随者有着共同的目标。关注共同目标给领
导增添了一层道德色彩，因为它强调领导者需要和追随者一起完成既定目标。强调共同
性减少了领导者用强迫或不道德的方式对待追随者的可能性，同时增强了领导者和追随
者共同完成任务的可能性（Rost，1991）。

在本书中，施行领导的人被称为领导者，领导施行的对象被称为追随者。领导者和
追随者一起参与领导过程。领导者需要追随者，追随者需要领导者（Burns，1978；
Heller & Van Til，1983；Hollander，1992；Jago，1982）。尽管领导者和追随者之间
密不可分，但通常是领导者发起这种关系，创造交流联系，并承担维持这种关系的
责任。

我们在讨论领导者和追随者时，既要关注追随者的事情，也要关注领导者的事情。从道德上说，领导者有责任去关心追随者的需求和担心。伯恩斯（Burns，1978）曾经指出，讨论领导有时会被认为是在讨论精英，因为在领导者和追随者的关系中，隐含的权力和重要性都归属于领导者。领导者并不高于或胜过追随者。领导者和追随者必须明白彼此之间的依存关系（Hollander，1992；Burns，1978）。他们共同组成领导关系——就像一枚硬币的两面（Rost，1991）。

如何描述领导？

除了定义领导，讨论与领导属性相关的其他一些问题也是很重要的。在接下来的章节中，我们会讨论如下问题：领导作为一种特质和领导作为一个过程有什么不同？任命型领导和自发型领导有什么不同？权力、强制和管理的观念与领导有什么不同？

特质领导和过程领导

我们都听过"他天生就是个领导者"或"她有领导天赋"这样的言论。说这样言论的人通常都认为领导是一种特质。特质观点认为，某些个人身上有着特殊的或天生的性格和能力使他们成为领导者，这些特质把他们与非领导者区别开来。某些个性包括独特的身体因素（如身高）、性格特点（如外向）和其他一些特征（例如智力和表达流畅；Bryman，1992）通常可以区分出领导者。在第 2 章，我们会讨论大量有关个性特征的研究。

把领导描述成一种特质与把它描述成一个过程截然不同（见图 1—1）。特质观点认为，领导是不同人身上不同程度具有的一种或一组属性（Jago，1982）。也就是说，这种特质的存在是有选择的，只是那些具有特殊的、通常是天生特质的人才能胜任领导。

过程观点认为，领导存在于领导者和追随者相互影响的环境中，每个人都能成为领导。因为领导是一种过程，所以能从领导者的行为中观察和学习到领导的相关知识（Jago，1982）。从过程方面去定义领导与我们在这章里给领导所下的定义是一致的。

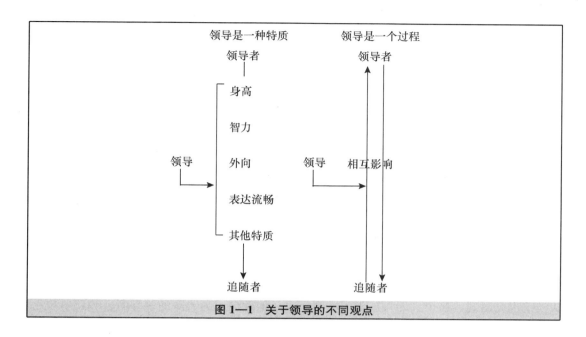

图 1—1　关于领导的不同观点

任命型领导和自发型领导

　　有一些人成为领导者是因为他们在组织中的正式地位，而另外一些人成为领导者是因为团队成员对他们的拥护。这两种形式的领导分别被称作任命型领导（assigned leadership）和自发型领导（emergent leadership）。基于组织中的地位而获得的领导是任命型领导，如小组长、车间主任、部门主管、董事、行政主管等。

　　有些人虽然被指定在领导位置上，但在特殊情境中他们不能成为真正的领导者。当某个人被其他人认为是团队或组织中最具有影响力的人时，那么不管他的头衔如何，这个人会自发成为领导。个人通过组织中支持他并接受他行为的其他人而成为自发型领导。这种领导不是因为职位而得到认可，而是通过一段时间的交流后显现出来的。一些积极的交流行为有助于自发型领导的成长，包括参与交流、互换信息、听取他人意见、想出新点子、坚定不移而非顽固不化等（Fisher，1974）。

　　除了交流行为，研究者还发现性格在领导的成长中发挥着作用。比如说，史密斯和福蒂（Smith & Foti，1998）对 160 名男性大学生的抽样调查中发现，某些个性与领导的成长是有关系的。那些对自己的行为更具主导性、更具智慧、更自信的人更容易被他们的任务团队确定为领导者。尽管不知道这些研究发现是否也适用于女性，但是史密斯和福蒂认为，这三种特质可以被用来确认有潜力成为自发型领导的人。

领导的成长也会受到性别偏见的影响。沃斯顿和霍夫曼（Watson & Hoffman，2004）根据对 40 个男女混合大学团体的研究发现，女性用同样的方式说服自己的任务团队采用优质决定的成功率和男性一样。尽管女性领导者在她们的团队中和男性有着同样的影响力，但在领导层，女性的数量要远远低于男性的数量。另外，和同样有影响力的男性相比，这些有影响力的女性的受欢迎程度要低很多。这些结果表明，在某些情境中，女性领导的成长仍存在障碍。

关于领导成长这种独特的观点是由社会认同理论提出来的（Hogg，2001）。从这个角度来说，领导的成长就是个人适应整体团队身份的程度。团队会随着时间而发展，团队模范也会出现。当个人即将成为团队模范时，他就会成为团队的领导者。和团队模范的相似性让领导者在团队里变得引人注目，也会给予团队影响力。

本书后面的章节会讨论到领导的研究方法，都会涉及任命型领导和自发型领导，当一个人运用领导能力时，这个人就是领导者，不管这个领导是指定的还是自发的。本书关注的焦点是个人影响其他团队成员努力完成目标时发生的领导过程。

领导和权力

权力概念和领导有着密切的联系，因为它是影响过程的一部分。权力是指施行影响的能力或潜能。当个人有能力去影响他人的信念、态度和行动方向时，他就拥有了权力。牧师、医生、教练和教师都是有潜能影响我们的人。在施行影响时，他们会运用他们的权力和资源让我们发生改变。

关于权力，引用最为广泛的例子是弗伦奇和雷文（French & Raven，1959）对社会权力基础的研究。在研究中，他们在二维关系的框架内定义权力——既包括施行影响的人，也包括接受影响的人。弗伦奇和雷文指出了权力五种常见且重要的基础：感召权、专长权、法定权、奖赏权和强制权（见表 1—1）。每一种权力基础会增强领导者影响他人态度、价值或行为的能力。

表 1—1   权力的五种基础

感召权	基于追随者对领导者的认同和喜好。受学生喜爱的老师具有感召权。
专长权	基于追随者对领导者能力的察觉。对某国了如指掌的导游具有专长权。
法定权	和权威地位或正式工作有关。在法庭上宣判的法官彰显出法定权。
奖赏权	源自为他人提供奖赏的能力。主管奖励辛勤工作的雇员是运用奖励权。
强制权	源自处罚或惩罚他人的能力。教练让训练迟到的运动员做替补就是运用强制权。

资料来源：Adapted from "The Bases of Social Power," by J. R. French Jr. and B. Raven, 1962, in D. Cartwright (Ed.). *Group Dynamics*：*Research and Theory* (pp. 259—269), New York：Harper & Row。

　　组织中有两种主要的权力：职位权力和个人权力。职位权力（position power）指的是个人从正式组织系统的特殊职位或等级中获取的权力。领导者有能力施行影响是因为他的地位比其追随者高。副总裁和部门领导因为他们在组织中的职位而比一般工作人员拥有更多的权力。职位权力包括法定权、奖赏权和强制权（见表 1—2）。

表 1—2   权力类型和基础

职位权力	个人权力
法定权	感召权
奖赏权	专长权
强制权	

　　个人权力（personal power）是指可爱而博学的领导者从追随者那里获得的影响力。当领导者以追随者认为重要的方式行事时，领导者就被赋予权力。例如，有的管理者拥有权力是因为其下属认为他们是好的榜样，另外一些人拥有权力是因为其下属认为他们能力很强且考虑周全。在这两个例子中，管理者的权力是他人给予的，基于在与他人的关系中别人是怎么看待他的。个人权力包括感召权和专长权（见表 1—2）。

　　在讨论领导时，把领导者描述成权力的运用者或主导他人的人不足为奇。在这些例子中，权力被定义为领导者为达成目标而运用的工具。和这种观点截然相反，伯恩斯是从关系立场来强调权力的。对于伯恩斯（Burns，1978）来说，权力不是领导者为达成目标而运用的工具，相反，权力发生在相互关系之中——领导者和追随者运用权力向他们共同的目标迈进。

　　在本书中，我们认为领导涉及的是领导者和追随者之间的关系。我们的关注点在于领导者是如何与追随者一起完成共同目标的。

领导和强制

　　强制权是领导者获得的一种特殊的权力。强制指的是运用力量促成变化。"强制"的意思是影响他人去做他们不愿意做的事情,在他们的工作环境中可能会有惩罚和奖赏。强制经常会涉及威胁、惩罚、负奖赏机制等。德国的阿道夫·希特勒、圭亚那的吉姆·琼斯、得克萨斯州韦科市的大卫·科雷什都是领导者运用强制权的典型例子,他们用强制权迫使追随者做出极端的行为。

　　区分强制力和领导是很重要的,因为这能让我们分辨出像希特勒、琼斯和科雷什这些人的领导行为。我们在讨论领导时,运用强制权的人并不是理想领导的典范。我们所采用的领导定义认为,领导是为那些能带领团队成员向共同目标迈进的人所准备的。运用强制权的领导者关注的是他们自己的目标,很少考虑下属的需求。运用强制权与同追随者一起完成共同目标是背道而驰的。

领导和管理

　　领导在很多方面与管理是相似的。领导需要影响力,管理也需要影响力。领导需要人的参与,管理也需要人的参与。领导与有效完成任务有关,管理也是如此。总的来说,管理的很多职责与我们在本章一开始给领导所下的定义是一致的。

　　但是领导又与管理不同。有关领导的研究可以追溯到亚里士多德时期,但是对管理的研究则出现在 19 世纪末 20 世纪初工业社会到来之时。管理作为一种方式是为了减少组织中的混乱,让组织更有效地运转。法约尔(Fayol,1916)最先确定出管理的主要职能:计划、组织、人事和控制。在现今的管理领域,这些职能仍具有代表性。

　　科特(Kotter,1990)在比较管理职能和领导职能时指出两者的职能截然不同(见表 1—3)。管理最重要的职能是保持组织的秩序和一致性,但是领导最重要的职能是推动变化和运行。管理寻求稳定有序,领导寻求适时积极的变化。

表 1—3 管理职能和领导职能

管理（维持秩序和稳定）	领导（推动变化和运行）
计划和预算	**确立方向**
建立议程	构想发展前景
制定时间表	规划蓝图
分配资源	制定战略
组织和配备人员	**联合人员**
确定组织结构	交流目标
工作分配	承担职责
建立规则和程序	构建团队和联盟
控制和解决问题	**动员和鼓舞**
激励	鼓舞和激励
想出创造性的解决方法	授权下属
采取正确的行动	满足需求

资料来源：Adapted from *A Force for Change：How Leadership Differs From Management* (pp.3-8)，by J. P. Kotter, 1990, New York：Free Press。

如表1—3所阐释的那样，管理的主要活动和领导的活动是完全不同的。但科特（Kotter，1990，pp.7-8）认为，尽管管理和领导在范围上有所不同，但是对于组织的繁荣，两者是同等重要的。比如说，如果一个组织管理能力很强，但是没有领导，产出的结果会很僵硬、官僚化。反过来，如果一个组织有很强的领导但是管理不善，那么，产出的结果是没有意义的，或者说是为了变化而出现的被误导的变化。为了实现有效领导，组织既需要过硬的管理能力，也需要有技巧的领导能力。

除了科特（Kotter，1990），还有很多学者认为领导和管理有着明显不同的结构。例如，本尼斯和纳努斯（Bennis & Nanus，1985）坚持认为领导和管理之间存在着重大差别。管理的意思是完成活动和掌握常规，而领导的意思是影响他人，建立变化愿景。本尼斯和纳努斯经常引用的话"管理者是那些把事情做正确的人，领导者是那些做正确事情的人"明确地说出了两者的区别（p.221）。

罗斯特（Rost，1991）也支持领导和管理之间存在区别。他认为领导是一种多向影响关系，管理是单向权威关系。领导涉及完成共同目标的过程，管理指向为了达成目标的协调活动。领导者和追随者一起努力创造真实的变化，但是管理者和其下属一起销售产品和服务（Rost，1991，pp.149-152）。

从狭义的角度来看，扎莱兹尼（Zaleznik，1977）指出领导者和管理者本身就是有区别的，他们是两种不同类型的人。他认为管理者是反应性的，喜欢和人们一起去解决问题，但在解决问题时没有太多的感情参与。他们应对的是有限的选择。而另一方面，领导者会有积极的情感参与。他们会形成想法，而不是对想法做出回应，他们会扩大现有的选择去解决长期存在的问题。领导者会改变人们思考可能发生的问题的方式。

虽然管理和领导之间有着明显的区别，但是两者也有重叠之处。当管理者影响团队达成目标时，他们参与了领导。当领导者参与计划、组织、人事和控制时，他们也参与了管理。两个过程都涉及影响团队成员去达成目标。在本书的讨论中，我们关注的是领导过程。在所举出的例子和案例中，我们认为管理者和领导者的角色是相似的，并不强调两者的区别。

本书安排

本书充分考虑了读者的需要。虽然阐述了大量的理论和方法，但是主要强调实践和应用。每一章都采用了相同的格式，第一节简单地介绍领导理论和方法，讨论每种理论和方法在实践中的具体应用。第二节对各种理论和方法进行评论，重点阐述其优点和不足之处。另外还特别指出了每种理论和方法对全面理解领导过程是否有帮助。第三节运用案例研究来帮助讨论领导理论和方法是如何运用到现行组织中去的。最后，每章都提供了一份关于领导的调查问卷，并讨论了该调查问卷如何测试读者自己的领导风格。每章结尾都附有本章小结和参考文献。

本章要点回顾

领导是一个有着广泛吸引力的主题。在流行出版物和学术研究文献中都有很多关于领导的作品。尽管关于这个主题的作品很多，但是对于致力于理解领导属性的实践者和研究者来说仍是个重大挑战。领导具有很高的研究价值，但也非常复杂。

多年来，出现了许多领导的定义和概念。几乎所有的分类都认为领导是一个帮助团队成员达成目标的影响过程。特别要指出的是，在本书中，领导被定义为个人影响团队成员完成共同目标的过程。

因为领导者和追随者都是领导过程的组成部分，所以对追随者和领导者面对的事情进行讨论是同等重要的。需要从相互联系的角度来理解领导者和追随者的行为。

在以往的研究中，人们大多认为领导是一种特质。特质理论认为我们社会中的某些人有着与生俱来的、能使他们成为领导者的品质。这种观点把领导者限定在那些被认为有着特殊品格的人身上。与此不同的是，本书所采用的理论认为领导是一种可以通过学习而获得的过程，每个人都能成为领导。

领导的两种常见形式是任命型领导和自发型领导。任命型领导是基于组织中的正式头衔或职位。自发型领导是从某人的行为以及追随者们的支持中获得的。领导作为一个过程，既适用于指定的角色，也适用于自发的角色。

权力概念与领导有着密切的联系，指的是影响他人的潜能。它主要分为两种：职位权力和个人权力。职位权力类似于任命型领导，指的是通过组织制度中正式的头衔而获得的权力，包括法定权、奖赏权和强制权。个人权力来自追随者的支持，包括感召权和专长权。追随者给予领导者权力是因为他们认为领导者身上有着某种有价值的品质。认为权力是一种共享的资源很重要，因为这弱化了领导者就是权力运用者的这种想法。

领导和强制是不同的。强制涉及运用威胁和惩罚诱使追随者为了领导者的利益而发生改变。强制与领导是相对的，因为它没有把领导当作一种包含了追随者的过程。强制并不强调与追随者一起完成共同的目标。

领导和管理既不相同但又相互重叠。不同的是，传统意义上，管理指的是计划、组织、人事和控制活动，但领导强调的是施行影响的过程。有些研究者认为，管理与建立秩序和维持稳定有关，而领导是为了创造适时积极的变化。另外一些研究者认为管理者和领导者是不同类型的人。管理者更被动，很少有感情参与，而领导者更主动，有积极的感情参与。领导和管理重叠的部分是，两者都以如何影响团队成员达成目标为中心。

在本书中，我们讨论了领导这一复杂的过程。根据研究文献，我们挑选了一些领导理论和方法进行分析，并进一步研究了这些理论和方法如何被应用到现实情景中去改进领导。

第 2 章

领导特质

什么是领导特质？

在 20 世纪引起学者们兴趣的研究中，特质研究是首批系统研究领导的尝试之一。在 20 世纪初期，人们开始研究领导特质以确定是什么造就了伟大的领导者，由此产生的理论被称为"伟人"理论，因为这些理论的重点在于识别伟大的社会领袖、政治领袖和军事领袖身上与生俱来的品质和性格（如叶卡捷琳娜二世、莫罕达斯·甘地、英迪拉·甘地、亚伯拉罕·林肯、贞德、拿破仑·波拿巴等）。人们认为这些特质是天生的，只有"伟人"身上才具有。这一时期研究的重心是确定能明显区别出领导者和追随者的特质（Bass，1990；Jago，1982）。

20 世纪中期，领导特质的普适性受到质疑，特质理论也遭到了挑战。史托迪（Stogdill，1948）在一次重要的评论中指出，在很多情境中没有统一的特质来区分领导者和非领导者。有领导特质的个人能在某一情境中成为领导者，但在其他情境中却不能。领导没有被认为是个人身上具有的品质，而被认为是在某一社会情境中人与人之间的关系。虽然与领导相关的个人因素很重要，但是研究者认为这些因素与情境要求有关。

特质理论激起了研究者们想弄清楚特质是如何影响领导的兴趣（Bryman，1992）。例如，基于对之前大量特质研究的分析，洛德、德韦德和阿里杰（Lord，DeVader & Alliger，1986）发现个性特质与领导层个人洞察力有着紧密的联系。同样，柯克帕特里克和洛克（Kirkpatrick & Locke，1991）声称有效领导者在一些重要的方面确实与众不同。

许多研究者现行强调的愿景型领导和魅力型领导让人们对特质研究又有了新的兴趣（Bass，1990；Bennis & Nanus，1985；Nadler & Tushman，1989；Zaccaro，2007；Zaleznik，1997）。随着魅力非凡的巴拉克·奥巴马在 2008 年当选为美国第一位非裔总统，魅力型领导迅速成为公众关注的焦点。荣格等人（Jung & Sosik，2006）在确定什么能把魅力型领导者同其他人区分开的研究中发现，魅力型领导者均具有如下特质：自我监控、表现欲强、攫取社会权力以及追求自我实现。简言之，特质理论是合理的、有生命力的。一开始，该方法重点在于鉴别出伟人身上具有的品质，然后转而研究情境对领导的影响，现在特质理论又重新强调特质在有效领导中的重要作用。

尽管特质理论研究贯穿了整个 20 世纪，但是对这种理论所做的全面总结是在史托迪（Stogdill，1948，1974）进行的两项调查中完成的。在第一项调查中，史托迪分析并总结了 1904—1947 年间所做的 124 项关于特质的研究。在第二项调查中，他分析了 1948—1970 年间完成的 163 项研究。仔细阅读这些研究报告，我们能清晰地看出个人特质在领导过程中是如何发挥作用的。

史托迪的第一项调查鉴别出了一些重要的领导特质，这些特质与各类团体中的个人如何成为领导者有关。他的调查结果表明，一般说来扮演领导角色的个人与团队成员在以下八种特质上有所不同：智力、警觉性、洞察力、责任心、主动性、毅力、自信和社交能力。

史托迪第一项调查的结果还指出，个人不能成为领导者并不仅仅因为个人身上不具有某些特质。领导者具有的特质必须和领导者发挥作用的情境有关。正如前面所提到的，在某一情境中能成为领导者的个人在另一情境中不一定能成为领导者。调查结果表明，领导不是一种被动的状态，而是源于领导者与其他成员之间的合作关系。这个研究标志着一种新领导理论的开始，即从领导行为和领导情境方面来研究领导。

史托迪在 1974 发表了他的第二项调查结果，调查中分析了 163 项新的研究，并把研究结果与他在第一项调查中得出的结论做了比较。第二项调查在描述特质作用和领导之间的关系时更为均衡。第一项调查中指出，领导主要是由情境因素而不是由个性因素决定的，第二项调查认为个性和情境因素都会决定领导成败。从本质上说，第二项调查证实了最初的特质理论，即领导者的性格确实是领导的一部分。

和第一项调查一样，史托迪的第二项调查也确定了与领导积极相关的特质。以下列出了十种性格：

（1）责任感以及完成任务的动力。

（2）达成目标的精力和毅力。

（3）解决问题时的冒险精神和创新精神。

（4）在社会情境中勇于创新的主动性。

（5）自信心与自我认同感。

（6）愿意接受决定和行动后果。

（7）愿意缓解人际压力。

（8）愿意忍受挫折和延误。

（9）影响他人行为的能力。

（10）为实现目标而建构社会相互作用系统的能力。

曼（Mann，1959）做了一项类似的研究，综合了 1 400 多个关于小团体内个性和领导的研究成果，但他并没强调情境因素对领导的影响。尽管曼是尝试性地得出结论，但他认为个性特质可以用来区分领导者和非领导者。他认为领导者在以下六种特质上有优势：智力、刚毅、调节力、控制力、外向、保守。

洛德等人（Lord et al.，1986）运用了一种更加精细的、被称作元分析的程序重新评价了曼（Mann，1959）得出的研究结果。洛德发现，智力、刚毅和控制力与个人如何看待领导者紧密相关。根据他们的研究结果，个性特质在不同情境中能一致地被用来区分领导者和非领导者。

这些研究都是在美国历史上商业和社会许多方面男性领导盛行的时期进行的。在第 13 章，我们会更多地讨论当代领导性别作用的研究，看看刚毅和控制力是否仍是区分领导者和非领导者的重要因素。

另外一项回顾研究也赞成领导特质很重要这一观点。柯克帕特里克和洛克（Kik-patrick & Locke，1991，p. 59）认为："毋庸置疑，领导者是与众不同的。"通过对以前研究的定性分析，柯克帕特里克和洛克推测，领导者和非领导者在六种特质上有所不同：驱动力、动机、诚实正直、信心、认知能力和专业知识。根据研究者们的描述，这些特质可以与生俱来，也可以通过后天学习。正是这六种特质让领导者们有了用武之地。柯克帕特里克和洛克认为，领导特质让某些人同其他人区别开来，这种差别应该被当作领导过程中一个重要的部分。

20 世纪 90 年代，研究者们开始研究与"社会智力"相关的领导特质，这种能力表现为能理解自己和他人的情感、行为和想法，并行动得体（Marlowe，1986）。扎卡罗（Zaccaro，2002）把社会智力定义为社会意识能力、社会才智、自我监控能力、在突发状况和社会环境下给予最适合的回应的能力。大量的实证研究表明，这些能力是是否具有有效领导的关键特质。扎卡罗、坎普和巴德（Zaccaro，Kemp，& Bader，2004）在他们列出的重要领导特质分类中也包含了这些社会能力（见表 2—1）。

表 2—1 领导特质和性格研究

史托迪 （1948）	曼 （1959）	史托迪 （1974）	洛德、德韦德和 阿里杰（1986）	柯克帕特里克 和洛克（1991）	扎卡罗、坎普 和巴德（2004）
智力	智力	成就	智力	驱动力	认知能力
警觉性	刚毅	毅力	刚毅	动机	外向
洞察力	调节力	洞察力	控制力	诚实正直	认真尽责
责任心	控制力	主动性		信心	情绪稳定
主动性	外向	自信		认知能力	开放
毅力	保守	责任心		专业知识	随和
自信		合作			动机
社交能力		容忍			社会智力
		影响			自我监控
		社交能力			情商
					解决问题

资料来源：Adapted from "The Bases of Social Power," by J. R. P. French, Jr. and B. Raven, 1962, in D. Cartwright（Ed.），*Group Dynamics: Research and Theory*（pp. 259-269），New York: Harper and Row; Zac-caro, Kemp, & Bader（2004）。

表 2—1 总结了特质研究者们确定的领导特质和性格。该表清晰地阐明了与领导相关的特质的广度，同时还表明了某些特质被确认为领导特质是多么困难。有些特质在几个研究调查中都被提及，而其他特质只在一两个调查中出现过。不管表 2—1 是否缺乏

精确性，但是，它对领导特质研究做了一个汇总。

那么，特质研究说明了什么呢？一百年来有关特质的研究是否有益于我们呢？答案是一份特质表，它罗列了那些期望被他人所认可的"未来"领导者试图拥有或培养的个性特征。这份列表中最重要的特质是：智力、自信、决心、诚实正直和社交能力（见表2—2）。

表 2—2　　　　主要的领导特质

智力	诚实正直
自信	社交能力
决心	

智力

智力或智慧能力与领导是正相关的。根据最近一系列关于智力和各种领导指数的研究，扎卡罗等人（Zaccaro et al.，2004）支持领导者比非领导者的智力要高的研究结果。拥有优秀的言语表达能力、洞察力和思考能力似乎能让领导者更出色。尽管聪明是件好事情，但是研究也指出，领导者的智力不能与下属的智力有太大的差别。如果领导者的智商与追随者的智商相差甚远，反而会对领导产生反作用。高智商的领导者和追随者交流起来会有困难，因为他们会沉迷于自己的想法，或者因为他们的想法太高深，超出了追随者的接受能力。

本书下一章将从技巧方面讨论领导，智力被认为是帮助获得复杂的问题解决技巧和社会判断技巧的一种特质，对个人的领导效力有积极作用。

自信

自信是有助于一个人成为领导者的另一特质。自信是对自己能力和技巧的肯定，包括自尊、自我认同以及相信自己能与众不同。领导涉及影响他人，自信让领导者觉得自己为影响他人所做的努力是合适的、正确的。

决心

决心是许多领导者具有的。决心是指完成工作的欲望，包括主动性、毅力、控制力和驱动力等性格特征。有决心的人愿意肯定自己，积极主动，在困难面前能坚持不懈。有决心也包括在追随者需要被引导的情况下表现出支配能力。

诚实正直

诚实正直是另外一个重要的领导特质。诚实正直是一种值得信赖的品质。坚持原则和敢于为自己的行动承担责任的人表现出诚实正直的一面。诚实正直的领导者能激发他人的信心，因为人们相信他们能言行一致。他们忠诚可靠，不会欺骗他人。总的来说，诚实正直能让一个领导者值得信赖。

在我们的社会中，诚实正直近来受到极大的关注。比如，在两种形势下——一种是小布什认为伊拉克声称的武器具有大规模杀伤力，另一种是克林顿时期的弹劾程序——人民希望他们的政府官员更加诚实。同样，世界公司的丑闻（如安然和世界电信）让人们对这些不是很道德的领导者们产生了怀疑。在教育界，新的 K—12 课程变成了教授性格、价值观和道德领导的课程。（可参见由加利福尼亚的约瑟夫森道德研究所开展的项目——起作用的性格，http://www.charactercounts.org 和佐治亚州的 J. W. 范宁领导学研究所开展的项目——领导学支柱，http://www.fanning.uga.edu。）简而言之，社会要求领导者更诚实正直。

社交能力

对于领导者来说，最后一个重要的特质是社交能力。社交能力是指领导者寻求良好社会关系的倾向。有社交能力倾向的领导者友好、开朗、有礼貌、言行得体、善于交涉。他们能觉察出他人的需要，表现出对他们的关心。善于社交的领导有着良好的人际关系，与追随者之间能相互合作。

尽管我们着力讨论了五种主要的领导特质（智力、自信、决心、诚实正直和社交能力），但是这个列表是不全面的。表 2—1 中指出的其他特质也与有效领导有关系。当然，我们列出了成为领导者需要具备的最重要的五种能力。

直到最近，多数有关领导特质的研究都属于定性研究。另外，这些研究都缺乏一个共同的组织结构。但是，接下来描述的研究提供了一种定量的评价，主要是围绕人格的五个因素模型构建的。它描述了五种主要人格特质与领导的关系。

人格特质的五个因素与领导

在过去的 25 年里，在构成我们所称作人格的基本因素上，研究者们达成了一致意见（Goldberg，1990；McCrae & Costa，1987）。这些因素一般被称作大五人格因素：神经质、外向性、开放性（智力）、宜人性和尽责性（可靠性）（见表 2—3）。

表 2—3   大五人格因素

神经质	沮丧、焦虑、缺乏安全感、易受伤、敌对的倾向
外向性	社交、自信的倾向和积极性
开放性	乐于倾听、创造性、洞察力和好奇心
宜人性	和善友好、协作、值得依赖
尽责性	认真仔细、组织、控制、可靠和坚决果断的倾向

为了评定大五人格和领导之间的联系，贾奇等人（Judge，Bono，Ilies，& Gerhardt，2002）对 1967 年和 1998 年之间出版的关于领导与人格关系的 78 项研究做了一次重要的元分析。总的来说，荣格发现大五人格特质和领导之间有着紧密的联系。具有某种人格特质似乎与成为有效的领导者是有关系的。

具体来说，在他们的研究中，外向性（extraversion）与领导的关系最紧密。它是有效领导者身上最重要的特质。依次排在外向性后面的是尽责性（conscientiousness）、开放性（openness）和低神经质（low neuroticism）。他们发现最后一个因素即宜人性与领导的关系不大。

情商

另外一种评价特质对领导影响的方法是从情商的概念上说的。这种方法作为心理学一个重要领域的研究出现于 20 世纪 90 年代，得到了研究者们的广泛运用，也引起了很多实践者的关注（Caruso & Wolfe，2004；Goleman，1995，1998；Mayer & Salovey，1995，1997；Mayer，Salovey，& Caruso，2000）。

正如这个词所揭示的，情商和我们的情感（精神领域）和思维（智力领域）有关，二者交互作用。智力是指我们了解信息并用于现实任务的能力。情商是指我们理解情感，并把这种理解带到现实任务的能力。特别需要指出的是，情商可以定义为：感知和表达情感的能力；运用情感帮助思考的能力；理解情感、说服情感的能力；有效控制自己情感和处理与他人关系的能力（Mayer，Salovey，& Caruso，2000）。

测量情商有很多种不同的方式。一种测量方法是 Mayer-Salovey-Caruso 情商智力（MSCEIT）（Mayer，Caruso，& Salovey，2000）测验。MSCEIT 是从一组精神能力的角度去测量情商，包括感知能力、促进能力、理解能力和管理情绪的能力。

格尔曼（1995，1998）研究的情商内容更加广泛，他认为情商包括个人能力和社会能力。个人能力包括自我意识、自信、自律、自觉和动机。社会能力包括同情心和诸如沟通与冲突管理的社会技能。

情商在多大程度上能帮助人们在生活中取得成功，在这方面有着不同的意见。有些研究者例如格尔曼（Goleman，1995）认为，情商在人们能否在学校、家庭和工作中获得成功方面起着重大的作用。但是另外一些研究者（Mayer，Salovey，& Caruso，2000）认为，情商在应对生活中的挑战时作用不大。

作为一种领导能力或特质，情商显然是一种重要的构建。这种构建隐含的前提是，对自己的情感更加敏感的人，以及他们的情感能对他人产生影响的人能成为更有效的领导者。随着有关情商的研究越来越多，情商如何影响领导这种复杂的关系会得到更好的理解。

如何运用领导特质理论？

特质理论与后面章节中讨论的理论有很大不同，因为特质理论关注的是领导者，而不是追随者或情境。这使得特质理论比其他理论更简单易懂。从本质上看，特质理论关注的是领导者展现了什么特质以及谁具有这些特质。

特质理论并没有对"某种情境下需要什么样的领导者"或"在特殊情况下领导者应该做什么"等问题给出一系列的假设或原则，而是强调具有某些特质的领导者对于有效领导是很重要的。领导者和领导者的个性是领导过程的核心。

特质理论认为，如果管理职位上的人是任命型领导，组织会运转得更加良好。为了找到合适的人选，组织常常会用到个性评价工具。这些程序背后的假设就是选择合适的人会提高组织的效率。组织能确定出特定职位所需要的重要的性格或特质，然后运用个性评价工具来决定个人是否满足他们的需求。

特质理论还可以被用于自我认识和发展。通过分析自己的特质，管理者们能知道自己的优点和缺点，能感觉到组织内的其他人是怎么看待自己的。特质评价能帮助管理者确定他们是否有晋升的资格，或者能否胜任公司的其他职位。

特质评价能让个人更清楚地看出谁是领导者、他们如何融入组织的领导层。对于自身性格中薄弱的方面，领导者会尽力在行动中做出改变，以增强自身的领导潜能。

本章最后有一个关于领导的评价工具，你可以用来评定自己的领导特质。这是一种典型的性格测试工具，被许多公司用来评定个人的领导潜能。当你完成这个评价测试后，你会发现特质评价是评定自身性格的一种很好的方式。

领导特质理论有什么优势？

特质理论有几项被认可的优势。首先，特质理论有直觉上的吸引力，它很符合我们认为领导者在我们的社会中是与众不同的并起领导作用的想法。一般说来，主流媒体和团体认为领导是一类特殊的人群——具有天赋、行事非凡。特质理论与这种想法相吻合，因为这种研究就是建立在领导者是与众不同的基础之上的，他们的不同之处就在于他们身上所具有的特殊品质。人们希望看到他们的领导者是有天赋的人，特质理论正好满足了这种需要。

特质理论的第二个优势是有上百年的研究在支持它。没有其他理论能在宽度和广度上与特质理论相媲美。此研究的旺盛生命力让特质理论很可信，这是其他理论所缺乏的。丰富的研究成果指出了各种个性特质在领导过程中的重要作用。

另外一个优点是关于领导本质的，特质理论强调领导过程中领导者的作用。领导过程包括领导者、追随者和情境，但特质理论只关注了第一个因素：领导者。尽管只关注领导过程中领导者的作用也是个隐形的缺点，但是特质理论能让我们更深刻地、更精确地理解领导者及领导者的个性是如何与领导过程相关联的。

最后，如果我们想成为领导者，我们需要做些什么努力，在这些问题上特质理论给我们提供了一些基本标准。它确定了我们应该具有哪些特质，我们身上的特质是不是最佳的领导特质。根据特质理论的研究成果，可以运用个性和评价程序让监督者们和管理者们清楚地了解自己的优点和缺点，找到全面提升他们领导效力的方法。

领导特质理论有什么缺点？

除了以上这些优势，特质理论也存在一些不足之处。首先，特质理论没有给领导特质划定一个界限。尽管在过去的一百年中出现了大量的研究，但是这些研究结果是模棱两可的。另外，个性特征也似乎列举不尽。从表 2—1 就能明显看出这一点。事实上，表中所列举的特质只是众多研究中领导特质的一部分。

另外一个批评就是特质理论没有考虑情境因素。正如史托迪（Stogdill，1948）所指出的，我们很难只考虑领导过程中领导者的性格因素而不考虑其情境因素。具有某些特质的人在某一情境中能成为领导者，但在另外一种情境中未必能成为领导者。某些人身上的特质可以帮他们成为领导者，但是这些特质并不能让他们一直保持领导状态。换句话说，情境影响着领导。因此，很难脱离领导发生的情境去确定一组通用的领导特质。

第三种批评源于前两种批评，认为这种理论在确定最重要的领导特质时有很强的主观性。因为关于特质的研究结果是如此宽泛，所以对数据的意义会做出过多的主观解释。这种主观性在很多教导人们自助以及为实践而准备的管理书籍中不胜枚举。例如，有些作者可能认为雄心和创造性是重要的领导特质，另外一些作者可能认为移情和冷静是重要的领导特质。在这两种观点中，作者的主观经验和意见是确定领导特质的基础。尽管这些书可能对读者来说很有帮助，但是用这种方法来得出领导特质是没有太大说服力的。为了满足人们想知道领导特质的需求，作者们给出了特质列表，即使这些列表没有经过有力可靠的研究。

特质研究法因为没有从领导结果方面讨论特质而遭到批评。尽管该研究确认出了特质，但是它并没有强调领导特质是如何影响团队成员和他们的工作的。为了确定领导特质，研究者们关注了特质与领导成长的联系，但是他们并没有关注领导特质与其他结果如生产性或员工满意度的联系。例如，智商高且诚实的领导者是否比其他不拥有这些特质的领导者领导得更好，特质理论并没有提供相关的数据。特质理论不能很好地描述领导者特质如何在组织环境中影响团队结果。

关于特质理论最后的批评是它对于领导培训和发展不是很适用。尽管该理论确定了一些特质，但是教授和培养这些特质并不是很容易的，因为一个人的特质很难改变。例如，让管理者去参加培训以提高他们的智商或者让他们变得外向，这显然是不合理的。特质很大程度上是固定的心理结构，这就限制了教授和领导培训的价值。

领导特质理论在实践中的应用

特质理论尽管有很多缺点，但仍提供了一些关于领导有价值的信息。它适用于任何类型的组织，以及任何水平的个人。虽然特质理论没能给出一组确定的特质列表，但是它指导并告诉那些向往领导职位的个人什么特质是有用的。通过性格测试和其他类似的问卷调查，人们能知道他们是否拥有某些重要的领导特质，还可以准确地找出自身与领导相关的优点和缺点。

正如我们在前面讨论过的，管理者们可以运用特质理论获得的信息来评定他们在组织中的位置，以及他们需要做些什么来巩固自己的地位。特质信息能指出他们的哪些个性对公司是非常有益的，哪些方面他们还需要得到训练以增强自身的整体实力。通过特质信息，管理者们能更深刻地理解他们是谁，以及他们如何去影响组织内的其他人。

领导特质理论应用案例

这一部分提供了三个案例（案例2—1、2—2和2—3）来具体阐述特质理论，帮助理解在组织情境中特质理论是如何被运用于决策环节的。案例发生的背景是多样的——

从指导一个研究部门、经营一家办公用品生意到大银行招募主管——但是这些案例都与特质领导有关。在每一个案例结束后，会有一些问题来帮你分析案例。

案例 2—1

选择一位新的研发主管

桑德拉·科克是五大湖食品公司（GLF）研发部的副总裁，GLF是一家大型的快餐公司，有着近千名员工。最近公司重组，桑德拉必须选出一名新的主管。该主管要向桑德拉直接汇报，并且负责开发和测试新产品。这个部门的员工大约是200人。因为桑德拉受到GLF董事会主席要求提高公司的总体增长率和生产效率的压力，选出新主管就显得特别重要。

桑德拉确定了三名候选人，每个候选人都来自同一管理层。她很难做出取舍，因为每个人都有很强的实力。亚历克萨·史密斯是五大湖食品公司的老员工，上高中时就在邮件收发室做兼职，毕业后，她在公司做过十余种不同的工作，然后现在成为新产品市场的经理。在对亚历克萨的工作评价中反复提到她非常有创造性和洞察力。在任职期间，她开发并打开了四种新产品的市场。公司上上下下都知道亚历克萨对自己的工作一直坚持不懈。每当开始一个新的项目时，她一定会坚持参与直到项目结束。这或许就是她所参与的四条生产线都能获得成功的原因。

第二名候选人是凯尔希·梅茨，她来五大湖食品公司五年了，是产品包装部质量监控经理。她的聪明受到大家的一致认可。在来公司之前她在哈佛大学读MBA，毕业时成绩名列前茅。人们谈起她时都认为她某天能拥有自己的公司。同时，凯尔希非常有风度。在对她的工作评价中，社交能力和人际关系方面都得了极高的分数。公司的主管没有一个不说和凯尔希一起工作很愉快的。自加入五大湖食品公司以来，她帮助公司打开了两个新产品的市场。

第三名候选人托马斯·桑迪亚戈在五大湖食品公司工作了十年。公司高层在确定公司战略计划和未来方向上经常向他咨询。托马斯参与过公司的远景规划，一直是公司所倚重的人。他认同公司的价值观，并积极推进公司目标的实现。对托马斯的工作评价中最突出的两个特征是他的诚实和正直。在他手下工作过的员工都相信托马斯是公正的，能够一视同仁地对待他们。托马斯在公司非常受尊敬。在任职期间，他参与了三种新产品的研发。

因为上层的压力，桑德拉知道她必须为新职位选择一位最佳的领导。现在桑德拉面对的难题就是如何进行选择。

问题：

1. 根据特质理论表 2—1 和表 2—2 提供的信息，桑德拉会选择哪一位候选人？

2. 在这种类型的选择中，特质理论起了哪些作用？

3. 在这一案例中，特质理论的缺陷体现在哪些方面？

案例 2—2

一次华丽的转身

卡罗·贝恩斯与她的先生结婚 20 多年了，她的先生是贝恩斯公司的老板，不久前在车祸中丧生了。之后，卡罗没打算卖掉公司，而想自己经营。在事故发生之前，她只是在晚餐时间询问一下丈夫的生意，尽管她有大学文凭，而且学的是管理专业。

贝恩斯公司是拥有 20 万人口的城市的三家办公用品供应商之一。其他两家是国营连锁店。贝恩斯公司规模不大，只雇用了 5 个人。每年的稳定收入大约是 20 万美元，业务对象大多数是城里更小规模的公司。这么多年来公司没有壮大，并开始感觉到国营企业广告宣传和低成本所带来的压力。

前 6 个月，卡罗主要是熟悉员工和公司的经营。接下来，她对本城需要购买办公用品的公司进行了分析。基于对公司运作能力的了解以及对公司产品和服务潜在市场的评估，卡罗为公司制定了一份详细的短期目标和长期规划。在她所有计划的背后，卡罗认为贝恩斯能发展成为一个自主的、健康的、有竞争力的公司。她希望能扩大她的丈夫创立的事业，而不仅仅是让它存在下去。

最初的 5 年，卡罗投入了大量的钱在广告、销售和服务上。这些努力得到了很好的回报，因为公司立即开始快速发展。由于公司的发展，又雇用了 20 个人。

贝恩斯的发展是令人瞩目的，因为卡罗同时需要面对另外一个重大的挑战。在她丈夫去世后一年，卡罗被检查出患了乳腺癌，需要 2 个月的放射性治疗和 6 个月的化疗。尽管治疗使得卡罗头发脱落、体重剧增，但是卡罗在治疗过程中仍坚持管理公司。虽然经历着这些困难，但卡罗是成功的。在她强有力的领导下，贝恩斯持续发展了 10 年之久。

在与贝恩斯公司的新老员工交谈中更多地了解了卡罗的领导。员工说卡罗是一个非常可靠的人。她非常关心他人，做事公正且考虑周全。他们说她在贝恩斯营造了一种家庭式的氛围。卡罗照顾着每一名员工，支持他们的兴趣。例如，公司在夏季会组建一个垒球队，在冬季会组建篮球队。其他人认为卡罗很坚强，尽管身患癌症，她仍乐观地关心着他们。她没有因为癌症和由此引发的副作用而感到沮丧，虽然应对癌症是非常困难的。员工们说她是坚强、善良和优秀的典范。

55岁时，卡罗把生意交给了她的两个儿子。她仍是董事长，但不会监督公司每天的运营。公司的销售额达到了310多万美元，超过了另外两家国营连锁店。

问题：

1. 你如何描述卡罗的领导特质？

2. 在公司壮大的过程中，卡罗的个人特质起了多大作用？

3. 卡罗能在其他商业环境中成为领导者吗？

案例2—3

银行招聘

派特·尼尔森是中央银行负责招聘的人力资源部的助理主管。中央银行是一家大型的、提供全方位服务的金融机构。派特每年春季的一项主要工作就是尽可能多地走进大学校园，为中央银行商业贷款部门的信贷分析职位面试应届毕业生。尽管面试人数不同，但是派特通常招聘20名左右的新员工，其中大部分都来自同一所学校。如此，年复一年。

派特为银行招贤纳士已有10多年，他非常喜欢这份工作。但是，在即将到来的这个春季，由于他所推荐的人受到了特别的歧视，因而他从管理层那里感受的压力也与日俱增。由于近年来新进的员工中有25%选择了离开，高层人员开始关心银行内部人员的稳定率问题。一年后离职意味着培训费的浪费，同时留下来的员工也会感到压力。虽然管理层也理解一些新员工总是会离开，但是执行官们对现在的离职率感到不满意，他们开始质疑招聘和雇佣程序。

银行希望能雇用到有潜力胜任高层领导职位的人。尽管要成为信贷分析师必须具备某些能力，但是银行同样关注随着职业的发展能使个人提升至高层管理职位的技能。

在招聘过程中，派特总是寻找应聘者以下几个性格特征：第一，应聘者需要有很强的人际技能，他们要有自信，沉稳而且主动。第二，因为银行涉及信托责任问题，应聘者需要有高尚的情操，包括很强的保密意识。第三，在银行工作，他们需要有很强的分析能力和专业技能，能熟练使用电脑。最后，应聘者需要有良好的职业道德，即使是在困难的环境下，也要有完成工作的意愿和奉献精神。

派特很坚定地认为，自己选择的人是适合成为中央银行的领导者的，但是上层管理者却认为他需要重新审查自己的招聘标准。虽然派特认为他所做的事情没有什么不正确的地方，但是他也开始对自己和自己的招聘方式产生质疑。

问题：

1. 根据特质理论所描述的思想，你认为派特在他招聘的人身上寻找的性格合适吗？

2. 上层管理者提出的人员稳定问题会与派特的招聘标准无关吗？

3. 如果你是派特，你会改变你的招聘方法吗？

领导特质测量工具

组织会用各种各样的问卷调查来测量个人的性格特征。在很多组织中，普遍的做法是采用标准的个人测量法，如明尼苏达多项个性测试表（Minnesota Multiphasic Personality Inventory）或者迈尔斯-布里格斯类型指标（the Myers-Briggs Type Indicator）。这些测量方法为个人和组织提供了很多关于被测者独特的领导才能的信息，以及个人能在哪些方面最好地为组织服务。

这一小节会提供一份领导特质问卷调查表（Leadership Trait Questionnaire，LTQ），作为一种能被用来评价你个人领导特征的测量范例。领导特质问卷调查表量化了个人领导者和所挑选的观察者的感觉，如下属或同辈人。它测量了个人的特质，指出了其在哪些方面可能有特殊优势或弱势。

　　通过做领导特质问卷调查表，你能认识到特质测量是如何被用于领导评价的。你也可以评价自己的领导特质。

领导特质问卷调查表

　　说明：这份问卷调查用来测量个人的领导特征。这份问卷调查表应该由领导者和五个熟悉领导者的人一起完成。把这份问卷调查表复印五份。让你和五个熟悉你的人一起完成（如室友、同事、亲戚或朋友）。

　　参照下面的得分标准，让每个人标出他对下面 14 个表述的认可程度，别忘了完成自己的那份问卷。

　　领导者的姓名是：＿＿＿＿＿＿＿＿＿

　　答案：1. 非常不同意　2. 不同意　3. 中立　4. 同意　5. 非常同意

1. **表达能力**：能与他人有效交流。 1　2　3　4　5
2. **洞察力**：眼光敏锐，见解深刻。 1　2　3　4　5
3. **自信**：相信自己的能力。 1　2　3　4　5
4. **自我肯定**：肯定自己，没有疑虑。 1　2　3　4　5
5. **坚持不懈**：尽管受到干扰，仍坚定目标。 1　2　3　4　5
6. **决心**：立场坚定，行动果断。 1　2　3　4　5
7. **值得信赖**：待人真诚，激发他人信心。 1　2　3　4　5
8. **可靠**：言行一致，为人可靠。 1　2　3　4　5
9. **友好**：表达善意和关心。 1　2　3　4　5
10. **外向**：说话自由，与他人和睦相处。 1　2　3　4　5
11. **尽责**：做事周密，有条理，可控制。 1　2　3　4　5
12. **勤奋**：坚持不懈，工作努力。 1　2　3　4　5
13. **敏感**：容忍，机智，富有同情心。 1　2　3　4　5
14. **移情**：理解他人，认同他人。 1　2　3　4　5

得分：

1. 像例 2—1 中所显示的那样，在 1、2、3、4、5 中选出合适的答案。这个例子会告诉你怎么去用这个问卷调查。

    2. 算出 14 个条目得分的平均分，并把分数写在"平均分"这一栏里。

    3. 把自己的分数写在"自我评定"这一栏里。

例 2—1   **领导特质问卷调查评定表**

	评分1	评分2	评分3	评分4	评分5	平均分	自我评定
1. 表达能力：能与他人有效交流。	4	4	3	2	4	3.4	4
2. 洞察力：眼光敏锐，见解深刻。	2	5	3	4	4	3.6	5
3. 自信：相信自己的能力。	4	4	5	5	4	4.4	4
4. 自我肯定：肯定自己，没有疑虑。	5	5	5	5	5	5	5
5. 坚持不懈：尽管受到干扰，仍坚定目标。	4	4	3	3	3	3.4	3
6. 决心：立场坚定，行动果断。	4	4	4	4	4	4	4
7. 值得信赖：待人真诚，激发他人信心。	5	5	5	5	5	5	5
8. 可靠：言行一致，为人可靠。	4	5	4	5	4	4.4	4
9. 友好：表达善意和关心。	5	5	5	5	5	5	5
10. 外向：说话自由，与他人和睦相处。	5	4	5	5	5	4.6	4
11. 尽责：做事周密，有条理，可控制。	2	3	2	3	3	2.6	4
12. 勤奋：坚持不懈，工作努力。	3	3	3	3	3	3	4
13. 敏感：容忍，机智，富有同情心。	4	4	5	5	5	4.6	3
14. 移情：理解他人，认同他人。	5	5	4	5	4	4.6	3

得分说明：

    你通过领导特质问卷调查表得到的分数能知道你是怎么评价自己的，以及他人是如何看待你这位领导的。这个表能让你明白你的认识和他人的看法在哪些方面相同、哪些方面不同。

    例 2—1 中的得分说明了在表达能力方面领导者的自我评定要比观察者的得分高。在第二个特征洞察力方面，领导者的自我评定明显要高出他人评价。在自信方面，领导者自我评定与其他人的评价很接近，稍低一点。这份问卷调查得分没有好坏之分，主要目的是给你提供一个评定自己优缺点的方法，看看在哪些方面自己的看法和他人评价是一致的、哪些方面有所不同。

本章要点回顾

　　领导特质理论的立足点是某些人生来就具有能使他们能为伟大领袖的特质。因为人们相信领导者和非领导者在一些普遍特质上有所不同。整个 20 世纪，研究者们一直在努力找出领导者身上明确具有的特质。

　　20 世纪中叶，一些主要研究开始对特质决定领导这一基本前提提出了质疑。结果，研究者的注意力转向了情境因素的影响和追随者的影响。研究者们开始研究领导者和他们所处情境的相互关系，而不是只关注领导者的特质。最近，有迹象表明特质研究法又回到了原来的立场，研究者们新的兴趣在于直接关注领导者的关键特质。

　　经过多年对个性特征进行的大量研究，我们很清晰地知道有些特质对领导是有帮助的。在众多类似的研究中，一些重要的特质一直都是研究的焦点：如智力、自信、决心、诚实正直和社交能力等。另外，研究者们还发现领导和大五人格模型（five-factor personality made）中描述的特质有紧密的联系。外向性这个特征与领导是联系最紧密的，其次是尽责性、开放性、低神经质和宜人性。另外一批研究者关注的是情商以及情商与领导的关系。这类研究表明对自己情感很敏感以及自己的情感能影响到他人的领导者更有领导效力。

　　在实践层面，特质理论关注的是领导者展现了哪些特质以及谁具有这些特质。组织运用个性评价工具来确认个人是否能够适应组织。特质理论同时也可用于个人意识和发展，因为它能帮助管理者们分析自身的优点和缺点，进而清楚地认识到他们应该如何改变自己以提升自身的领导。

　　从特质方面来看，领导有很多优点。第一，能从直觉上引起人们的共鸣，因为它很符合大众观点，认为领导者是一类特殊的人群，鹤立鸡群，指引方向。第二，大量的研究证实了这种观点。第三，特质理论把注意力都集中在领导者身上，深刻剖析了领导过程中与领导者有关的方方面面。最后，它给出了一些参考标准，可以被个人用来评估自己的领导水平。

　　不足之处在于，特质理论没能给出一份确定的领导特质列表。在分析领导者的特质时，该方法也未能考虑到情境因素的影响。另外，该理论得出的最重要的领导特质列表具有主观性，没有经过充分可靠的研究证实。

另外，特质理论没有适当地把领导者的特质和其他结果联系起来，如团队和小组的表现。最后，这种理论不能特别用于领导培训和发展，因为个人的个性特质在很大程度上是稳定的、固定的，很难发生改变。

第 3 章

领导技能

什么是领导技能?

　　和我们在第 2 章讨论的特质理论一样,领导技能也是以领导者为中心。但是,在领导技能中,我们的思维从关注通常被认为是与生俱来的、很难改变的个性特征转向了强调可以学习和发展的技巧和能力。尽管个性一定会在领导中起着必要的作用,但是领导技能理论认为,有效领导是需要知识和能力的。

　　研究者们已经直接或间接地研究领导技能很多年了(Bass,1990,pp. 97 - 109)。尽管如此,研究技能的驱动力要源自一篇经典的论文,这篇文章是 1955 年罗伯特·卡兹(Robert Katz)在《哈佛商业评论》(*Harvard Business Review*)上发表的《有效管理者的技能》。卡兹的文章发表时,研究者们正在努力鉴别一些明确的领导特质。卡兹的方法尝试着通过把领导定义为一组可发展的技能来超越特质理论遇到的困难。最近,对技能研究的兴趣又复燃了。20 世纪 90 年代早期发表了大量有关技能的研究成果,这些研究认为领导者的效力依赖于领导者解决复杂组织问题的能力。这些研究产生了一种综合的、以技能为基础的领导模型，并在曼福特和他的同事们的努力下得到了长足发展（Mumford，Zaccaro，Harding，Jacobs，& Fleishman，2000；Yammarino，2000）。

在这一章里，对领导技能的讨论将分成两部分。首先，我们会讨论卡兹提出的三种基本管理技能：技术技能、人际技能、概念技能。其次，我们会讨论曼福特和他的同事们最近的研究，即一种新的以技能为基础的组织领导模型。

三种技能

卡兹（Katz，1955，p.34）根据管理领域的研究以及他自己对工作场所的执行官们观察到的第一手资料认为，有效的管理依赖于三种基本的个人技能：技术技能、人际技能、概念技能。卡兹认为，这三种技能与领导者的特质或品格截然不同。技能（skills）是领导者们可以学习的，而特质（traits）是领导者们身上所具有的（如他们天生的性格）。在这一章里，我们把领导技能定义为运用知识和才能去达成目标的能力。这一章说明了这些领导技能是可以获得的，领导者可以通过培训去提高这些技能。

技术技能

技术技能是指某一特定类型的工作或活动所应具备的知识和能力。它包括特殊领域的能力、分析能力和运用合适的工具和技巧的能力（Katz，1955）。例如，在一家电脑软件公司，技术技能可能包括了解软件语言和程序、公司的软件产品，以及如何使这些产品为顾客所用。类似地，在一家会计事务所，技术技能可能包括了解并有能力把普遍接受的会计原则用到顾客的审计中去。在这两个例子中，技术技能涉及了组织里对基本产品或生产过程的一种亲身实践的活动。技术技能在生产公司指定的实际产品时起着根本性的作用。

正如图3—1所阐述的，技术技能对于低层和中层管理是最重要的，对于高层管理次之。对于最高层的领导者来说——比如首席执行官、总统和高级官员——技术技能并不是最重要的。高层管理者依靠有技能的下属去处理组织运营中的技术问题。

人际技能

人际技能是指与人打交道的知识和能力。它与技术技能完全不同，技术技能是和物打交道（Katz，1955）。人际技能是"人的技能"，它是帮助领导者与下属、同辈和监管者有效合作去完成组织目标的能力。人际技能让领导者帮助小组成员像一个团队那样去合作完成共同的目标。对于卡兹来说，人际技能意味着在某些问题上能意识到自己的想法，同时也能意识到他人的想法。具备人际技能的领导者会让自己的想法去适应他人的想法。另外，他们会创造出一种信任的氛围。在这种氛围下，员工能感觉舒服和安全，也能受到鼓励去参与计划能影响到他们的事情。作为一个具有人际技能的领导者，要对他人的需要和动机很敏感，在做决策时能考虑他人的需求。简而言之，人际技能是你在处理自己的工作时与他人友好相处的能力。

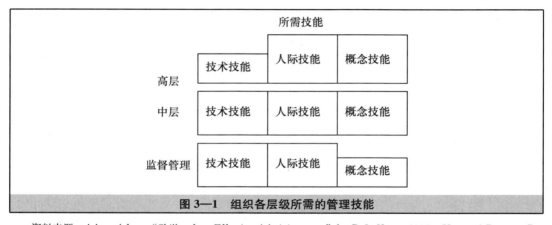

图 3—1 组织各层级所需的管理技能

资料来源：Adapted from "Skills of an Effective Administrator," by R. L. Katz, 1955, *Harvard Business Review*, 33（1），pp. 34–42。

在图 3—1 中，人际技能在三个层级的管理中都是重要的。尽管低层的管理者可以与更多的员工交流，但是在中层和高层管理中，人际技能也同等重要。

概念技能

从广义上说，概念技能是指与想法和概念相关的能力。技术技能与物有关，人际技能与人有关，而概念技能与想法有关。具有概念能力的领导者会轻松自在地谈论形成组织的想法以及其中的复杂性。他们善于用言语来表述公司的目标，并能理解和表达影响公司的经济原则。具有概念能力的领导者能很容易应付抽象的和假设性的概念。

概念能力对一个组织建立愿景和战略计划至关重要。比如，一个生计维艰的制造公司的首席执行官可能用概念能力传达出建立一条新产品线的愿景，这一新产品线可能让公司扭亏为盈。同样，非营利性的健康组织的领导者可以用概念技能制定出用有限资源与营利性健康组织竞争的战略计划。这两个例子重点在于说明概念技能与形成组织或政策问题的想法有关——明白公司代表的是什么，以及它现在处于什么位置或应该处于什么位置。

在图 3—1 中，概念技能对于高层管理来说是最重要的。事实上，当高层管理者没有很强的概念技能时，他们可能会危及整个组织。概念技能对中层管理也很重要。对于低层管理来说，概念技能就没那么重要了。

三种技能小结

总的说来，三种技能包括技术技能、人际技能和概念技能。对领导者来说，这三种技能都很重要。但是，根据它们在管理结构中的位置，某些技能会比其他技能更重要些。

20 世纪 50 年代中期，卡兹就在为从技能方面定义领导创造条件，但是直到 20 世纪 90 年代，一项基于技能的研究才在领导研究中得到认可。在下一小节中，我们将会全面阐述技能领导模型。

领导技能模型

从 20 世纪 90 年代开始，在美国国防部的资金支持下，一群研究者根据组织内的问题解决能力开始着手测试并发展一种领导学的综合理论。这些研究历经了很多年，采用了 1 800 多名军官作为抽样研究对象，他们代表了六个等级，从少尉到上校。这个研究项目运用了各种各样的新方法和工具去评价这些军官的技能、经验和他们所工作的情境。

研究者们的主要目标是要解释有效领导的潜在因素。他们提出了如下问题：什么能解释有些领导者能很好地解决问题，而另外一些领导者却不能？表现优异的领导者展示了什么特殊的技能？领导者的个性、职业经验和环境如何影响他们的工作表现？总的来说，研究者们想要确认出实际组织里产生模范工作表现的领导因素。

曼福特和他的同事们根据这项研究的研究结果构想了一个以技能为基础的领导模型。这个模型以能力（capability）为特征，因为这个模型检验了领导者的知识和技能（能力）与领导效能之间的关系（Mumford, Zaccaro, Harding, et al., 2000, p.12）。领导能力可以通过教育和经验得到发展。和"伟人"研究法所暗示的只有少数有天赋的人才具有领导能力不一样（在本书第 2 章讨论过），技能研究法认为很多人都有领导潜能。如果人们能从经验中学习，他们就能成为领导。领导技能与我们在以后章节中要讨论的领导理论也有所不同，后面章节中关注的是领导者的行为方式（如：风格研究法、变革型领导或领导—成员交换理论）。领导技能强调的不是领导者做什么，而是把领导看作使有效领导成为可能的能力（Mumford，Zaccaro，Harding，et al.，2000，p. 12）。

曼福特团队提出的以技能为基础的领导模型有五个构成要素：能力、个人特质、领导结果、职业经验和环境影响。图 3—2 阐述了该领导模型的部分内容——五个构成要素中的三个要素。这一部分是全面理解领导技能模型的基础。

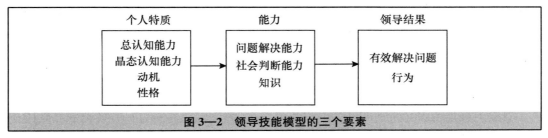

图 3—2　领导技能模型的三个要素

资料来源：Adapted from "Leadership Skills for a Changing World: Solving Complex Social problems," by M. D. Mumford, S. J. Zaccaro, F. D. Harding, T. O. Jacobs, and E. A. Fleishman, 2000, *Leadership Quarterly*, 11 (1), 23。

能力

从图 3—2 中我们可以看出，问题解决能力、社会判断能力和知识被摆在了技能模型的中心位置。这三种能力就是解释有效领导的关键因素。

问题解决能力（problem-solving skills）。什么是问题解决能力？根据曼福特、扎卡罗和哈丁的观点，问题解决能力是领导者创造性地解决新的、不同寻常的、不明确的组织问题的能力。这些能力包括能确定出重大问题、收集问题信息、重新理解问题，并为解决问题提出最初计划。这些技能不能凭空起作用，而要在组织环境内实施。当领导者在组织中运用可行方法解决独特问题时，问题解决能力需要领导者了解自己的领导能力（Mumford，Zaccaro，Connelly，& Marks，2000）。

能够想出解决方案对解决问题起着特殊作用。构想组织问题的解决方案时，有技能的领导者需要为方案的构想和实施、短期目标和长期目标、职业目标和组织目标以及内部问题做一个时间表。所有这些都会影响到解决方案的成功（Mumford，Zaccaro，Harding，et al.，2000，p. 15）。

为了阐明问题解决能力的意义，参看下面的假设情境。假设你是一个中型公司的人力资源主管，你的董事通知你制订一个减少公司医疗保健成本的计划。在决定你要做的事情时，你可以通过以下方式展示解决问题的能力。第一，你要弄清楚员工在改变他们医疗保险范围的所有分歧，即改变后会产生什么影响？第二，你要收集关于收益会被如何减少的信息。其他哪些公司也尝试了同样的改变，结果如何？第三，你要找出一个方法告知员工们这次需要做出的改变。你如何用一种大家都清楚明白的方法推进改变？第四，你为如何着手改变制定出可行的方案。如何描述这个计划？第五，你自己要审查这个解决方案。实施这次改变对公司的宗旨以及你自己的职业生涯会产生何种影响？最后，组织内是否有其他事情（例如工会规则）会影响这次改变的实施？

像这个例子所阐述的，应对这些新的、不明确的组织问题的过程是复杂的，需要领导者有很好的问题解决能力。在很多方法上就像是在解字谜。对解决此类字谜的领导者来说，技能模型认为问题解决能力是很重要的。

社会判断能力（social judgment skills）。除了解决问题的能力，有效的领导效能还需要社会判断能力（见图 3—2）。总的说来，社会判断能力是指理解人和社会制度的能力（Zaccaro，Mumford，Connelly，Marks，& Gilbert，2000，p.46）。这种能力能帮助领导者和其他人一起解决问题，以及为在组织内实施改变寻找支持。在解决组织里的独特问题时，社会判断能力是人们所必需的技能。

从概念上说，社会判断能力和卡兹（Katz，1955）早期研究的人际技能在管理中的作用是相似的。和卡兹的研究不同的是，曼福特和他的同事们把社会判断能力描绘成以下方面：观点采择、社会洞察力、行为的灵活性和社会表现。

观点采择（perspective taking）意思是要了解他人对待特殊问题或方法的态度。它可以移情于问题的解决。观点采择意味着要对他人的观点和目标很敏感——能了解他们对不同事情的看法。观点采择包括知道组织内不同的支持者是如何看待问题和解决方法的。根据扎卡罗、吉伯特、托尔和曼福特（1991）的看法，观点采择技能可以和社会智力（social intelligence）联系起来。这些技能涉及的是人和组织的社会结构以及两者之间相互联系的知识。

社会洞察力（social perceptiveness）是指意识和察觉其他人在组织中的作用。对其他人来说什么是重要的？什么能激励他们？他们遇到了什么样的困难？他们是如何回应改变的？社会洞察力意味着了解组织里不同支持者的独特需求和目标（Zaccaro et al.，1991）。具有社会洞察力的领导者十分关注员工如何回应组织内提出的改变。在一定程度上，你可以说这种能力能让领导者在任何时间任何事件上知道员工的意向。

除了能准确地理解他人之外，社会判断能力还涉及灵活回应他人。行为的灵活性（behavioral flexibility）指的是根据对他人观点的理解，去改变和适应他人行为的能力。灵活性意味着人们在解决某一问题时不能局限于一种方法。人不能教条化而是要接受改变、愿意改变。随着某一情境中的环境发生变化，一个灵活的领导者需要做出改变以满足新的需要。

社会表现（social performance）包括很多方面的领导能力。基于对员工观点的理解，领导者需要向他人交流自己的愿景。说服和交流变化的技巧在此项活动中至关重要。如果有人抵制变化或因为变化产生人际矛盾，领导者们需要去调解。为此目的，解决矛盾的技能是社会表现能力的一个重要方面。另外，社会表现有时需要领导者指导下属，给他们指引方向，并在他们朝着组织目标前进时给予支持。总的来说，社会表现包括与交流有关的许多技能。

回顾以上内容，社会判断能力是指要能感知你的想法如何与他人一致。你能了解他人的观点以及他们特有的需要和动机吗？你具有灵活性吗？你能让自己的想法适应他人吗？即使有反对的声音和矛盾，你还能与他人合作吗？社会判断能力指的是人们需要在组织里推进变化的技能。

知识（knowledge）。正如模型中所展现的（见图3—2），第三种能力就是知识。知识与组织内问题解决能力的应用和实施有着错综复杂的联系，它直接影响着领导者确定复杂的组织问题和解决这些问题的能力（Mumford，Zaccaro，Harding，et al.，2000）。知识指的是积累信息和用来组织这些信息的智力结构。这样一种智力结构被称作模式（schema）（一个摘要、一个图表或一个大纲）。知识就是对复杂的、用于学习和组织数据的图式进行分类的结果。

例如，我们每个人的大脑都会接受各种各样的事实和信息。当我们把这些信息按照范畴或模式组织起来，信息就会变得更有意义。知识产生于我们依赖的事实和组织结构。知识丰富的人会比那些知识贫乏的人拥有更复杂的组织结构。这些知识渊博的人被称作专家（experts）。

看看下面这个关于棒球的例子。一个棒球专家知道很多关于棒球运动的信息。专家知道棒球规则、战略、装备、运动员，还有很多其他的事情。专家关于棒球的知识涉及事实，但同时也涉及用于组织或构建这些事实的复杂的智力结构。棒球专家不仅知道每个运动员每季度和一生的统计数据，还知道每个运动员的突然转变和伤势情况，以及经理人的性格、替补的优缺点等。专家了解棒球是因为他们理解该运动的复杂性和细微差别。这样的情况也适用于组织内的领导。知识丰富的领导者对产品、任务、员工和组织以及这些因素之间是如何联系的都很了解。知识渊博的领导者有很多智力结构来组织生活中的事实。

知识会对领导者如何解决问题产生积极的影响。正是知识和专长让人们有可能去考虑复杂的制度问题，并为合适的变化确定出可行的战略。另外，这种能力让人们为了计划需要的改变而确定出优先完成的事例和事件。也正是知识让人们能以史为鉴，积极面对未来。

总的说来，技能模型包含了三种能力：问题解决能力、社会判断能力和知识。这三种能力总体上与有效的领导行为呈正相关（见图3—2）。

个人特质

回到图3—2，左边方格指出了四种对领导技能和知识有影响的个人特质：总认知能力、晶态认知能力、动机和性格。这些特质在技能模型中起着重要作用。解决复杂的问题是一个非常困难的过程，随着人们在组织中的发展会变得更加困难。这些特质在他们运用领导能力时会给予其支持。

总认知能力（general cognitive ability）。总认知能力可以被认为是一个人的智力。它包括知觉加工、信息加工、总的思考能力、创造性和发散性思维能力，以及记忆力。总认知能力与生物有关，而不是与经验有关。

总认知能力有时被描述成液态智力，即一种通常在成年早期出现并发展、随着年龄的增长而衰退的智力。在技能模型中，智力被描述成对领导者获取复杂的、解决问题的能力以及领导者的知识方面有着积极的影响。

晶态认知能力（crystallized cognitive ability）。晶态认知能力指的是通过实践学习或获得的智能。这是我们通过经验而获得的储备知识。我们一生中都在学习并增长着我们的能力，提升着我们的领导潜能（如问题解决能力、概念能力和社会判断能力）。对于正常的成年人来说，这种认知能力会不断增长，一般不会在成人期衰退。这种能力包括理解复杂信息、学习新技能和知识的能力，同时还包括与他人进行口头和笔头交流的能力（Connelly et al.，2000，p.71）。换句话说，晶态认知能力是一种后天习得的智力：人们通过经验获得想法和智能。因为这种能力随着时间的推移能保持相对稳定，所以随着人们慢慢老去也不会消失。

动机（motivation）。动机在技能模型中被列为第三种个人特质。尽管技能模型没有刻意解释动机在哪些方面能影响领导，但它暗示了动机的三个方面对领导成长是十分重要的（Mumford，Zaccaro，Harding，et al.，2000，p.22）：第一，领导者必须愿意（willing）去处理复杂的组织问题。第一步很关键。对于领导的发生来说，首先要有人愿意去领导。第二，领导者必须愿意展示出控制力（dominance）——像我们在第 2 章中讨论过的，去发挥他们的影响力。在影响他人时，领导者必须承担起控制的责任，因为领导的影响构成注定是控制。第三，领导者必须为组织的社会利益（social good）作出贡献。社会利益是一个宽泛的概念，可以指很多种结果。但是，在技能模型中它指的是领导者是否愿意承担提高整个人类利益和组织价值的责任。综合来说，动机的这三个方面（意愿、控制力和社会利益）为人们成为领导者做了准备。

性格（personality）。性格是技能模型中的第四种个人特质。性格在模型中所处的位置让我们想到了我们的性格对我们领导技能的发展是有影响的。比如说，开放、对模糊的容忍以及好奇心可能会影响到领导者试图解决组织问题的动机。或者，在有矛盾的情境下，特质如自信心和适应能力可能对领导者的表现有所帮助。技能模型提出了这样的假设，即任何能帮助人们应对复杂的组织环境的个性都可能与领导者的表现有关系（Mumford，Zaccaro，Harding，et al.，2000）。

领导结果

在图 3—2 右边的方格中，有效解决问题及行为就是领导结果。这些结果会受到领导者能力的重大影响（比如问题解决能力、社会判断能力和知识）。当领导者展现这些能力时，他们就提高了解决问题的机会，提升了总体表现。

有效解决问题（effective problem solving）。正如我们在前面讨论过的，技能模型是一种能力模型，旨在解释为什么有些领导者能很好地解决问题而有些领导者却不能。问题解决是技能研究法的基石。在技能模型中（见图 3—2），问题解决能力能导致问题的有效解决，这可以作为一种领导结果。有效解决问题的标准是由创新性以及表达问题解决方式的质量所决定的。有效地解决问题涉及创造性的解决方案——即该解决方案需要逻辑性强、有效、独特、超出既有的信息（Zaccaro et al.，2000）。

行为（performance）。在技能模型中，行为结果反映了领导者完成工作的质量。如果领导者完成得很好、很成功，那么对领导者的评价会是积极的。那些在年度考核中得到优秀、奖励提高的领导者会被监管者和下属认为是能干的领导者。最后，领导行为是指领导者在多大程度上成功地完成了指定职责。

综合说来，有效解决问题和行为是两种用技能模型评价领导效力的方式。另外，有效解决问题和良好的行为是密切关联的。图3—3将全面描述综合技能模型。其中包含了图3—2未提及的另外两种对领导表现有帮助的要素：职业经验和环境影响。

职业经验

从图3—3可以看出，职业经验对领导者的性格和能力是有影响的。技能模型认为，领导者在职业生涯中获得的经验影响着他们解决复杂问题的知识和技能。曼福特、扎卡罗和哈丁（Mumford，Zaccaro，Harding，et al.，2000，p.24）指出，领导者可以通过分配有挑战性的工作、师徒制度、适当的培训以及在解决新的、罕见问题的实践经验中得到帮助。另外，这些学者们还认为职业经验能积极地影响到领导者的个性。例如，特定的任务分配能提升领导者的动机或智能。

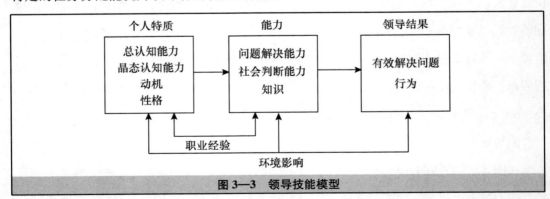

图3—3 领导技能模型

资料来源：Adapted from "Leadership Skills for a Changing World: Solving Complex Social problems," by M. D. Mumford, S. J. Zaccaro, F. D. Harding, T. O. Jacobs, and E. A. Fleishman, 2000, *Leadership Quarterly*, 11 (1) 23.

在本章的第一部分，我们讨论了卡兹（Katz，1955）的研究，卡兹认为概念技能对高层管理者是非常重要的。这一点与曼福特、扎卡罗和哈丁的技能模型所认为的领导者的能力会随着时间发展是一致的。职业经验会随着时间的推移帮助领导者提升他们的技能和知识。如果随着他们晋升到组织高层，他们面对着更复杂更长期存在的问题，领导者会学习和发展更高层的概念技能（Mumford，Zaccaro，Connelly，et al.，2000）。同样，和一线的监管者不同，高层领导者需要发展新的能力，因为人们要求他们能确认出更新奇、更难以界定的、需要更多人际互动的问题。随着这些人职业生涯的发展，高水平的问题解决能力和社会判断能力变得日益重要（Mumford & Connelly，1991）。

领导者在组织里解决越来越复杂的问题，所以他们的技能和知识是通过其职业经验形成的。这种发展领导技能的观点是独特的，与其他的领导方法截然不同。如果我们说"领导者是通过他们的经验形成的"，这就意味着领导者不是天生的（Mumford，Zaccaro，Hardicg，et al.，2000）。根据技能模型，领导者可以通过经验发展他们的能力。

环境影响

技能模型的最后一个要素是环境影响，这在图 3—3 的最下面有描述。环境影响是领导者的能力、性格和经验之外的因素。比如说，一个年代久远的工厂或缺乏高科技的工厂可能对问题解决活动的性质产生重大的影响。另一个例子可能是下属不同的技能水平：如果一个领导者的下属有很强的能力，他们肯定会提升团队的问题解决能力和表现。同样，如果任务非常复杂或者组织的沟通非常差，那么领导者的行为就会受到影响。

技能模型没有给出特殊环境影响的具体列表，而是承认这些因素的存在，并认为它们确实能影响到领导者的表现。换句话说，环境影响是技能模型的一部分，但通常是不受领导者控制的。

技能模型小结

总的来说，技能模型是通过描述领导者行为的五大要素来分析领导的。技能模型的核心是三种能力：问题解决能力、社会判断能力和知识。在有效解决问题和行为上，尽管个人特质、职业经验和环境影响对领导者的能力都有影响，但是这三种能力起着主要的决定作用。通过工作经验和培训，领导者能更好地解决问题，并成为更有效力的领导者。

如何运用领导技能理论？

领导技能主要是描述性的：它从技能方面描述了领导。技能研究法没有规定什么是成功的领导，而是为理解有效领导的本质提供了一个结构框架。在前几个部分，我们讨论了以卡兹（Katz，1955）、曼福特、扎卡罗和哈丁的研究为基础的技能理论。这些研究都提出了领导结构以及领导功能的问题。

卡兹提出的三技能法认为，领导技能的重要性依赖于领导者在组织中的管理层级。对于低层管理的领导者来说，技术技能和人际技能是最重要的。当领导者晋升到中层管理，技术技能、人际技能和概念技能这三种能力同等重要。在高层管理中，领导者最重要的是展示概念技能和人际技能。

2007 年有一项研究调查了不同层级管理的执行者所需要的技能。这项研究强化了上述理论。研究者们运用了类似于卡兹三技能法的四技能模型对组织中的 1 000 名初级、中级和高级管理者的认知技能、人际技能、商业技能和战略技能进行了评价。研究结果表明，对那些低层管理领导者来说，他们更需要的是人际技能和认知技能，而不是商业技能和战略技能。然而，随着个人职位的升迁，这四种领导技能对于高层管理来说都是必须具备的（Mumford，Campion，& Morgeson，2007）。

在曼福特、扎卡罗和哈丁的技能模型中，他们提供了一幅技能如何与有效领导相互联系的复杂画面。他们的技能模型认为，领导结果是领导者问题解决能力、社会判断能力和知识的直接结果。每一种能力又包括很多其他的能力，这些能力都能被学习和发展。另外，技能模型阐述了个人特质如总认知能力、晶态认知能力、动机和性格对领导者能力的影响。最后，该模型描述了职业经验和环境影响是如何直接或间接地对领导表现产生作用的。

技能研究法的作用是通过描述如何在组织里获得有效领导而产生的：领导者需要具备问题解决能力、社会判断能力和知识。每个人都可以通过培训和经验提升他们在这些方面的能力。尽管领导者的每一种个人特质都影响着他们的技能，但是在解决组织问题时，领导者自身的技能才是最重要的。

领导技能理论有什么优势？

在很多方面，领导技能对我们理解领导起着积极的作用。首先，正是以领导者为中心的技能模型强调了发展特殊领导技能的重要性。这种方法是第一个围绕技能去定义并建构领导过程的。尽管早期的技能研究强调的是技能的重要性以及这些技能在不同管理层的价值，但是后来的研究把学习技能放在了各管理层有效领导表现的中心位置。

其次，领导技能从直觉上能引起人的共鸣。从技能上去描述领导，能让每个人都成为领导。和特质理论不一样，技能是人们能学习或发展的能力。就像是一种体育运动，如网球或高尔夫，即使在这些运动上没有天生的能力，但是人们能通过练习和指导提升自己的能力。这对于领导也是适用的。当领导被设定成一套技能时，它就成了人们为了把工作完成得更好而学习和练习的能力。

再次，领导技能全面提供了一个关于领导的观点。它涵盖了各种要素，包括问题解决能力、社会判断能力、知识、个人特质、职业经验和环境影响。每一个要素又能被细分成很多次要素。这样这个领导模型就包含了大量的因素。正因为领导技能包含了这么多的变量，所以它能抓住许多在其他模型中未曾出现的细节和复杂性。

最后，领导技能提供了一个与多数领导教育项目的课程相一致的结构。全国范围内的领导教育项目传统上都是教授如创造性解决问题、解决矛盾、倾听和团队工作等能力。这些课程的内容正反映出了技能模型中的很多要素。很显然，技能研究法提供了一个结构来帮助构建领导教育和发展项目的课程。

领导技能理论有什么缺点？

和其他领导的研究方法一样，领导技能也有一些缺点。首先，领导技能的广度似乎超越了领导的界限。例如，领导技能涵盖了动机、创造性思维、性格和矛盾解决，它强调的不仅仅是领导。关于该模型广度的另外一个例子是，它包含了两种类型的智力（总认知智力和晶态认知智力）。尽管这两种智力在认知心理学领域被广泛研究，但是在领导研究中很少被提及。因为技能模型包括了很多要素，所以曼福特和其他人只是很笼统地而没有具体地解释领导行为。

第二个批评与第一个批评有关，即技能模型在价值预测方面作用不大。它不能具体地解释社会判断能力和问题解决能力中的变量如何影响领导行为。技能模型认为这些要素是相互联系的，但是它没能具体描述它们之间是如何联系的。简而言之，技能模型可以被认为是有误的，因为它没能解释这些技能如何产生有效的领导行为。

另外，对技能研究的批评还有：该模型声称不是特质模型，但事实上，该模型一个主要的要素就是个人特质，这和特质理论是一样的。尽管曼福特和他的同事们认为认知能力、动机和性格变量是对能力有帮助的因素，但是还有一些因素被认为是典型的特质变量。技能模型把个人特质作为组成要素有特质理论的倾向，这样使得该模型从严格意义上说偏离了领导技能研究的方向。

最后一种对技能研究的批评是：这种研究不能适时地被运用到其他领导情境中去。技能模型是通过对一大群军事人员的抽样调查以及观察他们在军事服务上的表现而构建的，这样就会出现一个明显的问题：这些研究结果能泛化到其他人群或组织环境中去吗？尽管某些研究认为这些军队的研究结果能被泛化到其他团体（Mumford，Zaccaro，Connelly，et al.，2000），但是仍需要更多的研究来应对这种批评。

领导技能理论在实践中的应用

尽管领导技能对理论家和学者很有吸引力，但是它没有被广泛地用于应用型领导环境中。例如，没有哪一种特别教授人们领导技能的培训计划是以这种理论为基础的。尽管出现了很多从自助的角度去教授领导技能的项目，但是这些项目很少是基于本章提出的概念架构。

虽然没有正式的培训项目，但是领导技能提供了有价值的领导信息。这种方法描述了领导者的技能以及组织内各个层级的管理者如何运用这些技能。另外，该方法能帮助我们识别出自己在技术技能、人际技能和概念技能上的优缺点。通过提供的技能列表（如本章列出的技能），人们能更深刻地了解自己的领导能力。他们所得的分数能让他们知道自己还需要在哪些方面进一步得到训练，以提升自己对组织的贡献。

从更广阔的角度来看，领导技能可以在将来作为构建大规模领导发展项目的模板。这一研究法为教授领导者倾听、创造性解决问题以及解决矛盾等重要技能提供了依据。

领导技能理论应用案例

下面三个案例研究（案例3—1、3—2和3—3）描述了能从技能角度分析和评价的领导情境。第一个案例涉及的是由联邦政府资助的研究团队的主要负责人。第二个案例发生在军事环境下，描述了一个陆军中校怎么裁减人员。在第三个案例中，我们会了解一家意大利餐馆的老板如何成功管理主要员工。

当你阅读每一个案例时，尽量把领导技能的原则运用到领导者以及他们的情境中。在每一个案例的结尾会提出一些问题帮助你分析案例。

案例 3—1

一个关系紧张的研究团队

亚当·伍德博士是"老年关爱计划"的主要研究人员，"老年关爱计划"是一项由联邦政府资助一百万、为期三年的关于老年人健康教育项目的研究。和以前不同的是，在这个研究项目里伍德博士有 11 个同事，而以前他都是独自工作或与一两个研究人员一起工作。他的项目团队由两名研究员（拥有博士学位）、四名调解员（拥有硕士学位）和五名普通职员（拥有学士学位）组成。

研究开展一年后，伍德博士和他的团队很明显感到预算不足、资源有限。团队成员花在该项目上的时间要比预算的多 20％～30％。尽管资源紧张，但是所有的团队成员都在为此项目尽心尽力，因为他们相信此项研究的目的，也相信研究结果的重要性。

在健康教育研究领域，伍德博士被公认为全国范围内最负盛名的学者。他经常受到邀请成为国家评论和咨询委员会的委员。他的出版记录是首屈一指的。另外，伍德博士的大学同事都知道他是一个非常有能力的研究者。人们会向伍德博士寻求有关研究设计和方法论问题上的建议。他们还向他咨询有关理论构想的问题。他被人们认为是能统领研究项目全局的人。

尽管伍德博士有出众的研究能力，但是他的研究团队却面临着一些问题。伍德博士担心有大量的工作要做，还担心团队成员不会花足够的时间在"老年关爱计划"上。他很沮丧，因为很多日常的研究任务都落在了他的头上。他走进一个正在进行的研究会议，把笔记本往桌上一扔，说道，"我希望我从来没有承接这个项目。这个项目占用了我太多的时间，可你们连自己的那一部分工作都没有完成"。团队成员被伍德博士的评论激怒了。尽管他们尊重他的才华，但是他们发现他的领导风格太让人失望了。他在员工会议上所作的负面评论让研究团队的成员们很泄气。虽然他们努力工作、尽心尽责，但是伍德博士很少用赞美之词或很少表扬他们的辛勤劳动。团队成员认为他们在这个项目上花费的时间要比预期的多，但得到的报酬却比期望的少。这个项目占用了员工大量的精力，但是伍德博士似乎并不能理解员工们所面对的压力。研究人员开始觉得筋疲力尽了，但是他们知道他们需要继续努力，因为时间紧迫，并承诺过联邦政府要完成工作。

这个团队需要为"老年关爱计划"的参与者做一个小册子，但是小册子的花费要比经费预算多很多。伍德博士非常擅长找出他们可以在哪里找到一些零用钱以弥补这些开销。尽管团队成员很高兴伍德博士能筹到钱，但是他们坚信他会把这当作另外一个例子来展现自己是如何完成这个项目的大部分工作的。

问题：

1. 根据领导技能，你会如何评价伍德博士的领导以及他和"老年关爱计划"项目团队成员的关系？这个项目会成功吗？

2. 伍德博士具备成为这个项目团队有效领导者的必要技能吗？

3. 技能模型描述了领导者三种重要的能力：问题解决能力、社会判断能力和知识。如果你去教伍德博士运用这个模型，你会跟他谈论什么能力？你会建议他在自己的领导中做出什么样的改变？

案例 3—2

陆军中尉亚当的转变

陆军中尉约翰·亚当是空军的一名航空工程师，他被认为是一名很有能力的军官。从中尉到上尉再到少校，他晋升得很快。另外，他在空军部队里成功地完成了许多专业进修的课程，并获得了工程学的硕士学位。在早期工作中，他的指定任务是监督15～20名士兵的轮班，负责空军中队和基地的日常维护计划。随着他的晋升，他转到监督由一小群技术工人实施的工程项目。

根据亚当优异的表现，他比其他同级别的人更早地晋升为中校。但是他并没有去和工程有关的另外一个职位任职，因为人事办公室和给他指派任务的官员认为亚当能从一次可以扩大专业背景、增长经验的经历中获益匪浅。结果，他被任命到 X 基地担任行政机构的指挥官。X 基地有着近 5 000 名军事人员和文职人员。

作为行政长官，亚当是高级人力资源官员，还是负责所有人力资源问题的基地指挥官的主要顾问。亚当和 135 名文职人员和军事人员负责各类人事问题、食物供给、娱乐消遣、家庭支持和医疗服务。另外，亚当中校被任命为该基地人力—管理关系委员会的主席。

冷战最后阶段，作为和平的一部分，政府决定削减国防预算。这年 2 月，就在亚当接掌行政机构指挥权仅 6 个月后，联邦政府宣布要缩小军事规模，关闭一些军事基地。X 基地作为空军基地也要被关闭，然后归于军队。关闭行动将于一年内进行，然后在两年后为第一批军队的到来做准备。作为削减计划的一部分，联邦政府启动了文职人员和军事人员的自愿退役计划。这些希望退役的人员要等到 4 月 1 日才能决定。

空军基地的调整命令包括以下内容：

基地将继续正常运转 6 个月。

中队——包括机组人员、装备和家属（1 000 人）——必须被重新安置到新基地，8 月 1 日完成。

基地剩下的人员，包括文职人员和军事人员必须减少 30%。

基地必须继续为军事任务提供人力。

减员必须与联邦早期自愿退役计划保持一致。

基地必须要为接受在两年内到来的 2 000 名新兵做准备。

亚当被要求制定一份人力资源计划，该计划要符合上级为整个基地制定的人员水平，但同时要确保基地有能力完成指定的军事任务。面对这个棘手的任务，亚当仔细翻看了关于基地调整的所有相关的命令，并熟悉了有关早期退役计划的所有规定。在与其他基地的行政长官召开一系列初期会议后，亚当制定了一个能在规定的截止日期内完成任务的计划。同时，他在自己的员工内部召开了一些在本机构内如何满足上级的削减计划的会议。

对早期退役计划的目标人数进行思考后发现，很明显这个数字是难以达到的。简单地让每个申请了早期退役的人离开不能被认为是一个选择，因为这样做会破坏基地的整体结构。减员是必需的，但是也要选择谁能留下、为什么留下、被留在哪个领域。会议上，在决定哪个部门应当首当其冲地遭到额外的削减问题上，亚当遇到了强硬的抵抗。

亚当在与员工商量之前，独自对自己的部门做了分析。基于对这些数据的详尽审查，他决定从自己的部门进行彻底的削减，特别要针对那些基地住所、单人宿舍、家庭服务和娱乐部门的人员。他还命令在他的部门里再砍掉10%的军事职位。

在达到上级的减员目标后，亚当中校被告知联邦政府可能会接受所有申请早期退役的人员，这实在是一个预期之外的决定。除了已有的削减命令，这一方案又造成了关键部门的人员削减。在实施计划几周里，基地指挥官就收到了文职人员和军事人员对计划实施的诸多抱怨。

压力、沮丧和不满急剧上升。正在寻找后勤服务的家庭被削减或撤销。过渡期的人员被强迫晚上和周末工作。家庭后勤服务忙得不可开交，正寻求额外帮助。

尽管花了大量额外的时间来解决基地内和自己部门里的这些各式各样的问题，但是亚当觉得自己是在挣扎着应付。更糟糕的是，基地在完成军事任务上出现了困难，关键部门出现严重的人手不足。基地指挥官希望得到答案。紧急之下，亚当陈述了他满足所有截止日期和目标的计划，符合所有早期退役计划的条款。"这些计划可能行得通，"基地指挥官回答道，"但是你忘记了一个更大的问题。"

问题：

1. 根据技能模型，你会如何评价约翰·亚当中校应对基地行政职位挑战时所展现的能力？

2. 你会如何评价他面对基地调整过程中附加任务的能力？

3. 如果你要指导亚当该如何提升自己的领导能力，你会告诉他什么？

案例 3—3

安迪的食谱

安迪·加拉法罗在美国一个中西部大城市附近的麦田中间有一家意大利餐馆。餐馆最远的墙上是一幅威尼斯运河的精美壁画。墙的另一面悬挂着一个吊船，直达天花板。沿着另一面墙有一排盆栽的柠檬树。"我的祖先来自西西里岛。"安迪说道。"事实上，我还记得去看我祖父时咬了一口柠檬，就像挂在这些树上的柠檬一样。"

安迪对自己经营餐馆的方法非常自信。他应该自信，因为这家餐馆正在庆祝它 25 岁的生日。"我十分确信我要做什么，我没有尝试用各种时尚来吸引顾客。人们来这里是因为他们知道会吃到好吃的食物。他们还想支持他们能联系到的人。这就是我的方法。没有比这更重要的，也没有比这更受轻视的。"尽管其他餐馆已经关门大吉，但是安迪似乎找到了一个成功的食谱。

在他的餐馆刚开业时，安迪有很多经理。现在他只有三个：凯利、丹妮尔和帕特里克。凯利是厨房经理，非常诚实可靠。她很喜爱自己的工作，并且很高效。她很擅长点菜和备菜。安迪非常喜欢凯利，但是有时对她也有些失望，因为她和销售员、送货员和服务生相处得很不愉快。

丹妮尔在餐馆的前场工作，她跟着安迪的时间最长，有六年。丹妮尔很喜欢在这家餐馆工作——她在这里生活、呼吸。她完全遵照安迪顾客至上的方法。事实上，安迪说她甚至在顾客还没点餐之前就能知道顾客的需求。虽然她很热情友好，但是安迪说她对数字很不在行。她似乎不能理解商业的另一面。

帕特里克跟着安迪四年了，他通常在前场工作，但也能下得厨房。尽管帕特里克有很高的工作热情，对数字很在行，但是在人际方面却有点弱。有时候，帕特里克招待顾客时就好像他们是无面人，经过他们时也面无表情。另外，帕特里克解决问题时很较真。这让他不止一次陷入困境。安迪希望帕特里克学会放轻松些。"他是一个好经理，但是他需要分辨出哪些事情其实是没那么重要的。"安迪说道。

安迪对待这些经理们就像是老师和教练。他总是尽力帮助他们提高自己。他认为自己的部分职责就是教会他们餐馆生意的各个方面。安迪的既定目标是希望他的经理们在离开他去从事其他工作时能成为最好的人选。帮助他们达到最好是他对餐馆里的员工们的目标。

尽管安迪每天工作 12 个小时，但是他花在分析数字上的时间很少。他没有考虑如何去提高利润率，如通过减少角落的闲置空间、提高菜价，或者降低质量等。安迪说，"就像这样：有一天晚上我接到一个人的电话，他说他们要来一群人，想知道能否自带一个蛋糕。我说'可以'但是有一个条件……要分我一块蛋糕！那群人来了，消费了很多钱。然后他们告诉我其实他们是想去另外一家餐馆的，但是另一家不允许他们自带蛋糕"。安迪非常赞同他自己的经营方式。"按照应有的方式去经营，你就会得到生意。"和其他餐馆相比，他的餐馆做得非常好。虽然很多餐馆能得到5％～7％的净收入就很高兴了，但是安迪的意大利餐馆每年的净收入是30％。

问题：

1. 什么能解释安迪餐馆生意上的成功？

2. 从领导技能上看，你会如何描述三位经理：凯利、丹妮尔和帕特里克？他们各自需要在哪些方面提升自己的技能？

3. 你会如何描述安迪的能力？安迪的领导暗示了一个人为了效力可以不需要完全具备这三种技能吗？

领导技能测量工具

很多调查问卷可以用来评价个人的领导技能。在网上一搜索就能找到大量这样的调查问卷。几乎所有的问卷都旨在让人们了解自己的领导能力。这类问卷调查已经多年来被用于帮助人们了解和改变他们的领导风格，但是大多数问卷调查没有被用于研究，因为它们的信度和效度没有得到测试。尽管如此，它们作为自助的工具还是很用的，因为它们能让人们更细致地了解自己的领导技能。

在本章中，基于很多关于领导技能的实证研究，我们呈现了一个综合的技能模型。尽管这些研究中用到的调查问卷有很高的信度，是令人信服的工具，但是对我们在本书中讨论领导的实用性时却不是很适用。从本质上说，它们太复杂，涉及的内容太多。比如说，曼福特、扎卡罗和哈丁（Mumford, Zaccaro, Harding, et al., 2000）用的测量工具包括一些开放性的回答，这使得计分程序非常复杂。尽管这些复杂的测量工具对证实技能模型相当重要，但是作为用于自我指导的调查问卷却意义不大。

在下一节会提供一份技能明细表，以帮助你理解领导技能是如何被测量的，以及你自己可能有什么样的技能。你在调查中的得分会让你了解自己的领导能力。你可能在三种技能上都很强，也有可能某种技能比其他技能更强一些。这份问卷调查会让你知道自己的技能概况。如果你的某项技能很强，而另一项技能很弱，这份调查会帮你确定将来你要提高哪方面的能力。

技能明细表

说明： 仔细阅读每个陈述，判断这个陈述是否真实地描述了你自己。标出你的回答，从每题右边五个数字中圈出你的选择。

答案：1. 不正确　2. 很少正确　3. 偶尔正确　4. 有点正确　5. 非常正确

1. 我喜欢了解事情起作用的细节。　　　　　　　　　　　　1　2　3　4　5
2. 作为一项规定，让自己的想法适应人们的需求对我来说很容易。

                                                  1　2　3　4　5
3. 我喜欢和抽象的想法打交道。　　　　　　　　　　　　　1　2　3　4　5
4. 技术上的事情让我着迷。　　　　　　　　　　　　　　　1　2　3　4　5
5. 能了解他人是我工作中最重要的一部分。　　　　　　　　1　2　3　4　5
6. 统观全局对我来说很容易。　　　　　　　　　　　　　　1　2　3　4　5
7. 我的一项技能就是擅长让事情运转起来。　　　　　　　　1　2　3　4　5
8. 我主要关心的是要有一个支持性的交流氛围。　　　　　　1　2　3　4　5
9. 我对复杂的组织问题感到困惑。　　　　　　　　　　　　1　2　3　4　5
10. 听从指示、填写表格对我来说很容易。　　　　　　　　1　2　3　4　5
11. 了解组织的社会结构对我来说很重要。　　　　　　　　1　2　3　4　5
12. 我喜欢为我所在组织的发展制定出战略。　　　　　　　1　2　3　4　5
13. 我擅长完成指派给我的任务。　　　　　　　　　　　　1　2　3　4　5
14. 让所有的部门团结起来工作是我喜欢的一个挑战。　　　1　2　3　4　5
15. 设计一个任务方案是一项有回报的工作。　　　　　　　1　2　3　4　5
16. 我知道如何去做一些必要的、基础的事情。　　　　　　1　2　3　4　5
17. 我关心我的决定会如何影响其他人的生活。　　　　　　1　2　3　4　5
18. 思考组织的价值和哲学理念对我有吸引力。　　　　　　1　2　3　4　5

评分

　　技能明细表旨在测量三种宽泛的领导技能：技术技能、人际技能和概念技能。按照以下步骤计分：首先，把第1、4、7、10、13和16题的得分相加，这就是你技术技能的得分。然后，把第2、5、8、11、14和17题的得分相加，这就是你人际技能的得分。第三，把第3、6、9、12、15和18题的得分相加，这就是你概念技能的得分。

　　总得分：技术技能＿＿＿＿＿＿　　人际技能＿＿＿＿＿＿　　概念技能＿＿＿＿＿＿

　　在技能调查表中你的得分给你提供了你在这三个领域的领导技能信息。通过比较你的得分，你能决定出你在哪个方面具有优势、哪个方面很薄弱。你的得分还指出你可能最适合的管理层级。

本章要点回顾

　　领导技能是以领导者为中心的理论，强调的是领导者的能力。它在卡兹（Katz，1955）早期的三种技能研究以及曼福特和他的同事们（Mumford，Zaccaro，Harding，et al.，2000）近期的研究中得到了最好的陈述。曼福特和他的同事们促进了综合领导技能模型（skill model of leadership）的发展。

　　在三技能研究法中，有效领导依赖于三种基本的个人技能：技术技能、人际技能和概念技能。尽管这三种技能对于领导者都很重要，但是每种技能的重要程度根据管理层级有所不同。在低层管理中，技术技能和人际技能是最重要的。对于中层管理者来说，这三种技能同等重要。在高层管理中，概念技能和人际技能是最重要的，技术技能变得不那么重要了。如果领导者的技能与他们的管理层级相符合的话，他们会更有领导效能。

　　在20世纪90年代，技能模型发展成为解释使有效领导成为可能的能力。这个模型比卡兹的图示更复杂，描绘了有效领导者表现的五大要素：能力、个人特质、领导结果、职业经验和环境影响。该模型的核心领导能力是问题解决能力、社会判断能力和知识。这些能力直接受到领导者个人特质的影响，包括领导者的总认知能力、晶态认知能力、动机和性格。领导者的能力还受到他们职业经验和环境的影响。该模型提出的假设是：有效解决问题和行为能由领导者的基本能力来解释，这些能力反过来又会受到领导者性格、经验和环境的影响。

从技能角度去研究领导有一些优点。第一，它是一个以领导者为中心的模型，强调的是领导者的能力，它把学习技能放在了有效领导行为的中心位置。第二，技能研究法把领导描述成每个人都能获得的能力。技能是我们所有人都能学习和提高的能力。第三，技能研究法细致地解释了有效领导行为是如何达到的。根据这个模型，研究者们为研究领导过程制定了复杂的计划。最后，这个研究为领导教育和发展项目包括创造性解决问题、矛盾解决，倾听和团队合作提供了一个框架。

除了这些积极的特征，领导技能也存在一些不足。第一，该模型的广度似乎超越了领导的界限，比如说冲突管理、批判性思维、动机理论和个性理论。第二，技能模型在价值预测方面不是很强。它不能解释一个人的能力是如何产生有效的领导行为的。第三，技能模型声称它不是特质研究，但是，个人特质如认知能力、动机和性格在这个模型中起着很大的作用。最后，技能模型在普适性方面不强，因为它建构所采用的数据仅仅来源于军事人员。在这个模型没有被其他人群测验之前，比如小的或大的组织和商业，它的基本原则必定会受到质疑。

第 4 章

领导风格

什么是领导风格?

领导风格强调的是领导者的行为。这与第 2 章的领导特质和第 3 章的领导技能都不相同,领导特质强调的是领导者的个性特征,领导技能强调的是领导者的能力。领导风格只关注领导者做了什么、是怎么做的。领导风格扩大了领导研究的范围,把领导研究转移到了领导者的风格或行为上,包括在不同情境中对待下属的行为。

领导风格的研究者们认为,领导由两种最基本的行为组成:任务行为(task behaviors)和关系行为(relationship behavior)。任务行为有助于目标的完成:它能帮助群体成员达到他们的目标。关系行为帮助下属对自我、对他人以及对自己所处的情境感到舒适自在。研究领导风格的主要目的在于:解释领导者如何把这两种行为结合起来,并努力影响下属达成目标。

很多研究都是围绕风格理论而展开的。早期的一些研究是 20 世纪 40 年代晚期在俄亥俄州立大学开展的,以史托迪(Stogdill,1948)的研究结果为基础——在关于领导的研究中有比领导特质更重要的东西。同时，密歇根大学的另外一组研究者开展了一系列探索领导是怎么在小团体里发挥作用的研究。第三组研究是布莱克（Blake）和穆顿（Mouton）在 20 世纪 60 年代开始的，旨在探索管理者如何在组织情境中运用任务行为和关系行为。

尽管很多研究都能归类于风格研究，但是俄亥俄州立大学的研究、密歇根大学的研究以及布莱克和穆顿（Blake & Mouton，1964，1978，1985）的研究都是风格研究思想的典型代表。通过近距离地观察每一组研究，我们可以清晰地理解领导风格的基础和内涵。

俄亥俄州立大学的研究

俄亥俄州立大学的一组研究人员认为，从特质上去研究领导似乎没有取得什么有用的成果，并决定去分析个人在领导团队或组织时是如何表现的。分析是通过让下属完成关于他们领导者的问卷调查而展开的。在问卷调查中，下属需要确认他们的领导者某类行为的次数。

这些研究最初的问卷调查由 1 800 多项描述构成，描述的是领导者行为的各个方面。根据这一长列的描述，组成了一份有 150 个问题的问卷调查，被称作领导者行为描述问卷调查（LBDQ；Hemphill & Coons，1957）。这份问卷调查发给了教育、军事和工业环境中的数百人，调查结果表明某类行为是领导者的典型行为。6 年之后，史托迪（Stogdill，1963）发表了一份删减版的领导者行为描述问卷调查，这份被称作 LBDQ-Ⅻ 的新问卷调查成为了领导学研究中使用得最为广泛的工具。本章末尾我们会提供一份类似于 LBDQ 的问卷调查表，你可以用这份问卷调查表对自己的领导行为做出评价。

研究者们发现，下属在问卷调查中的反馈信息集中于两种最基本的领导行为类型：定规行为（initiating structure）和关怀行为（consideration）（Stogdill，1974）。定规行为主要是任务行为，包括组织工作、根据工作情境设立工作结构、界定角色责任、计划工作事务等。关怀行为主要是关系行为，包括在领导者和追随者之间建立起同志般的友谊、互相尊重、信任和喜欢。

由 LBDQ-Ⅻ 确定的两种行为类型代表了领导风格的核心，也是领导行为的核心：

领导者为下属提供组织任务结构，并培养他们去完成任务。俄亥俄州立大学的研究认为这两种行为是显著的、独立的。它们不是一个独立连续体的两点，而是两个不同的连续体。比如说，一个领导者可以有较高的定规行为或者较低的关怀行为。同样，一个领导者也可以有较低的定规行为或者较高的关怀行为。领导者运用某一行为的程度与他运用另外一种行为的程度是没有关系的。

很多研究是为了确定哪一种领导风格在特殊情境下最有效。在某些环境下，高的关怀行为最有效，但是在另外一些环境下，高的定规行为最有效。许多研究表明，两种行为都很强是最佳的领导形式。确定领导者如何最佳地把任务行为与关系行为结合起来是风格理论研究者的中心任务。第7章讨论的路径—目标理论，就是试图研究领导者应该如何把关怀行为和定规行为融合到领导者的风格中去。

密歇根大学的研究

在俄亥俄州立大学的研究者们开发 LBDQ 的同时，密歇根大学的研究者也在探索领导行为，特别是关注领导者的行为对小团体的影响（Cartwright & Zander，1960；Katz & Kahn，1954；Likert，1961，1967）。

密歇根大学的研究将领导行为划分为两种：员工导向（employee orientation）和生产导向（production orientation）。员工导向是指领导者对待下属时非常重视与下属的关系，从人性的角度去关心员工，尊重员工的个性，并特别关注他们的个体需要（Bowers & Seashore，1966）。员工导向与俄亥俄州立大学研究中的关怀行为很相似。

生产导向强调工作的技术和生产方面。根据这个导向，员工被视为达成目标的工具（Bowers & Seashore，1966）。生产导向行为与俄亥俄州立大学研究中的定规行为类似。

与俄亥俄州立大学的研究者不同的是，密歇根大学的研究者在他们最初的研究中，把员工导向行为和生产导向行为看作一个连续体上的两端。这表明那些生产导向行为的领导者不具有员工导向行为，而那些具有员工导向行为的领导者不具有生产导向行为。但是，随着更多研究的完成，研究者们重新定义了这两种行为，像俄亥俄州立大学一样，认为员工导向行为和生产导向行为是两种独立的领导倾向（Kahn，1956）。当这两种行为被视为独立的导向时，领导者会同时既有员工导向行为，也有生产导向行为。

20世纪50年代和60年代，俄亥俄州立大学和密歇根大学开展了大量的研究来确定领导者如何把任务行为和关系行为最佳地结合起来，使得这些行为对追随者的满意度和绩效产生最大的影响。从根本上说，研究者们正在寻找一种能解释每种情境下的领导效力的普遍理论。但是从众多文献中得到的却是相互矛盾的结果（Yukl，1994）。尽管有些研究结果指出了在所有情境下既有很高的任务行为又有很高的关系行为的领导者的价值（Misumi，1985），但是该领域中的大部分成果都是没有明确结论的。

布莱克和穆顿的管理（领导）方格法

最著名的管理行为模型可能就是管理方格法。它最初出现在20世纪60年代早期，此后经过了多次改进和修订（Blake & McCanse，1991；Blake & Mouton，1964，1978，1985）。这一模型已被广泛地运用于组织培训和发展中。管理方格法后来被改名为领导方格法，是用来解释领导者如何通过两种因素——"关心生产"（concern for production）和"关心人"（concern for people）——来帮助组织实现目标。尽管这些因素在模型里被描述成领导倾向，但它们与本章中讨论的任务行为和关系行为紧密相连。

关心生产是指领导者如何关心完成组织任务。它涉及广泛的活动，包括关心政策计划的制定、新产品的开发、生产过程问题、工作负担以及销售数量等。关心生产不仅仅局限于一个组织生产的产品和服务，它还指组织正努力完成的所有目标（Blake & Mouton，1964）。

关心人是指领导者如何关心组织中正努力达成目标的人。它包括建立组织内的责任感和信任、提高员工的自身价值、提供良好的工作条件、维持公平的薪资结构以及促进良好的人际关系（Blake & Mouton，1964）。

管理（领导）方格法把关心生产和关心人结合起来，所以在这个模型中有两条相交轴（见图 4—1）。横轴代表的是领导关心生产结果的行为，竖轴代表领导关心人的行为。横轴和竖轴都被分成了 9 段，1 代表最小的关心（minimum concern），9 代表最大的关心（maximum concern）。通过标出横轴和竖轴上相应的点，就能显示出不同的领导风格。领导方格法描绘了五种主要的领导风格：权威—顺从型（9，1）、乡村俱乐部型（1，9）、贫乏型（1，1）、中庸型（5，5）、团队型（9，9）。

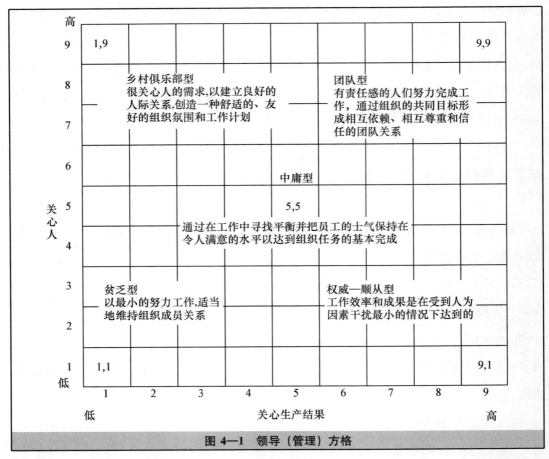

图 4—1 领导（管理）方格

资料来源：The Leadership Grid © figure, Paternalism Figure and Opportunism from *Leadership Dilemmas—Grid Solutions*, by Robert R. Blake and Anne Adams McCanse. (Formerly the Managerial Grid by Robert R. Blake and Jane S. Mouton). Houston：Gulf Publishing Company (Grid Figure：p. 29, Paternalism Figure：p. 30, Opportunism Figure：p. 31). Copyright 1991 by Scientific Methods, Inc. Reproduced by permission of the owners.

权威—顺从型（9，1）

权威—顺从型的领导风格特点是，非常重视任务和工作需求，而较少重视人，只是把人视为完成工作的工具。不强调与下属的交流，除了对任务进行说明。这种领导风格以工作结果为导向，而人被视为实现目标的工具。此类型领导者的行为通常是控制、命令、强硬和压制甚至独裁。

乡村俱乐部型 (1, 9)

乡村俱乐部型的领导风格特点是，不特别关心任务的完成，但很关心人际关系。这种类型的领导者不强调工作，而是重视人的态度和感觉，保证追随者的个人和社会需求得到满足。他们试图通过令人愉快的行为、乐于帮助、抚慰和不引起争论来创造一种积极的氛围。

贫乏型 (1, 1)

贫乏型的领导风格特点是，领导者既不关心工作，也不关心人际关系。这种类型的领导者尽管担任领导职务，但在行为上却事不关己、沉默寡言。所以此类型的领导者常常很少与追随者接触，并被描述成冷漠、不负责任、听之任之以及无动于衷。

中庸型 (5, 5)

中庸型的领导风格描述的是那些妥协的领导者，他们对任务以及对完成任务的人均采取中度关心。他们在关心人和强调工作需求之间寻找平衡。他们的这种妥协风格既没能促进工作，也没能真正关心员工的需求。为了达到一个平衡，此类型的领导者回避冲突，强调适度的生产水平和人际关系。这种类型的领导者经常被描述成一个权宜之计的领导者，喜欢中立，弱化反对的声音，为了"发展"会忍气吞声。

团队型 (9, 9)

团队型的领导风格对任务和人际关系均非常强调。它促进组织内的高度参与以及团队合作，满足员工参与和投入工作的基本需求。下面这些词可以用来描述此类型的领导者：激发员工的参与意识、行为坚决、让问题公开化、工作重点清晰、前后一致、行为开放、喜欢工作。

除了在领导方格中描绘的五种主要领导风格之外，布莱克和他的同事又确定了另外两种领导者风格来体现领导方格的众多方面。

家长型/溺爱型

家长型/溺爱型的领导者既用（1，9）型风格，又用（9，1）型风格，但并不将这两者融合在一起（见图 4—2）。这是一个"仁慈的独裁者"，既表现出仁慈，又是为了达成目标。从根本上说，家长型/溺爱型的领导风格是把人与任务分开对待。

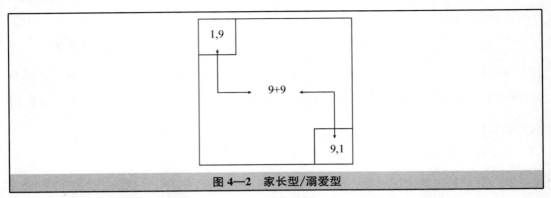

图 4—2　家长型/溺爱型

注：在家长型/溺爱型管理中，奖励和准许是对忠诚和服从的回报，不服从的人会受到处罚。

资料来源：The Leadership Grid © figure, Paternalism Figure and Opportunism from *Leadership Dilemmas—Grid Solutions*, by Robert R. Blake and Anne Adams McCanse. (Formerly the Managerial Grid by Robert R. Blake and Jane S. Mouton). Houston：Gulf Publishing Company (Grid Figure：p. 29, Paternalism Figure：p. 30, Opportunism Figure：p. 31). Copyright 1991 by Scientific Methods, Inc. Reproduced by permission of the owners.

机会主义型

机会主义型的领导风格是指那些为了个人的进步把五种最本的领导风格任意结合起来的领导者（见图 4—3）。在机会主义型管理中，人们为了获得最大的优势去适应、变换为任何一种所需的领导风格。行为的发生往往是为了自私的获利，只有为了个人的利益才去花费精力。

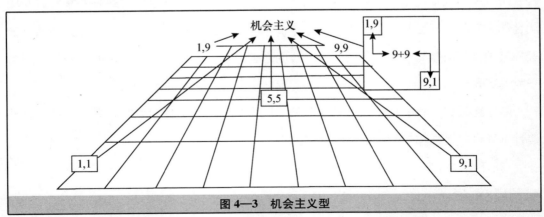

图 4—3　机会主义型

注：在机会主义领导中，人们不断调整和改变领导方法以获得最大的优势。努力只是为了获得个人利益。

资料来源：The Leadership Grid © figure, Paternalism Figure and Opportunism from *Leadership Dilemmas—Grid Solutions*, by Robert R. Blake and Anne Adams McCanse. (Formerly the Managerial Grid by Robert R. Blake and Jane S. Mouton). Houston：Gulf Publishing Company (Grid Figure：p. 29, Paternalism Figure：p. 30, Opportunism Figure：p. 31). Copyright 1991 by Scientific Methods, Inc. Reproduced by permission of the owners.

布莱克和穆顿（Blake & Mouton，1985）指出，人们通常有一种占主导地位的领导风格（在大多数情况下使用的风格）和一种辅助型的领导风格。辅助型的领导风格是指当常用的方法不能完成任务时，领导者在压力下会使用另外的方法。

总的来说，领导方格法是一个实用领导模型的范例，它是基于两种主要的领导行为类型：任务行为和关系行为。这个模型与俄亥俄州立大学以及密歇根大学研究中的思想与发现是非常相似的。领导方格法在世界范围内被用来为组织的发展提供咨询。

如何运用领导风格理论？

领导风格和本书讨论的其他理论不一样，它并没有提供一套用于高效领导行为的完备的指导准则，而是提供了一个基于任务行为和关系行为的维度、以更宽泛的方式去评价领导行为的框架。领导风格理论不是要告诉领导者们怎么做，而是描述了他们行为的主要构成。

领导风格提醒领导者从任务层面和关系层面上注意自己对待他人的行为。在某些情境下，领导者更需要以任务为导向；但是在另外一些情境下，他们需要以关系为导向。同样，有些下属希望领导者能给他们大量的指导，而另外一些下属则希望领导者能给他们大量的培养和支持。领导风格让领导者通过这两个维度来看待自己的行为。

有一个例子可能会帮助解释领导风格理论是怎么起作用的。假设开学的第一堂课，有两个风格迥异的教授分别在两个大学教室里上课。史密斯教授走进教室，先做自我介绍、点名，接着对教学大纲进行总体说明，讲解完第一次的课堂任务，然后下课。琼斯教授走进教室，先做自我介绍、分发教学大纲，然后请每一位学生做一个简短的关于个人、专业以及最喜欢的课外活动的自我介绍，尽量帮助同学们相互了解。史密斯教授的做法可以被认为是任务行为，琼斯教授的做法可以被认为主要是关系行为。领导风格可以让教授们知道他们行为上的差别。根据学生对他们风格的反应，教授们可能希望改变他们的行为以改善他们的第一堂课。

总的来说，领导风格理论提出了一种全面评价领导者行为的方法。它提醒领导者对他人的影响既可以由完成任务的过程产生，也可以由其所创建的关系产生。

领导风格理论有什么优势?

领导风格理论对理解领导过程作出了一些贡献。第一,领导风格理论对领导研究的重心做出了重大转变。在领导风格理论以前,研究者们无一例外地认为领导是一种特质(见第 2 章)。领导风格理论扩大了领导研究的范围,把领导者的行为以及在不同情境下的行为方式都囊括进来。领导学研究的重心不再是领导者的个人特征,而是延伸到领导者做了什么以及是如何做的。

第二,大量关于领导风格的研究证实了该研究的基本原则。首先,俄亥俄州立大学和密歇根大学的研究者们构想并发表了他们的研究成果。随后布莱克和穆顿(Blake & Mouton,1964,1978,1985)、布莱克和麦坎斯(Blake & McCanse,1991)也发表了类似的研究成果,风格理论得到了大量研究的证实,为理解领导过程提供了一个可靠的研究方法。

第三,从概念层面上说,风格理论的研究者确定出领导者的风格包含了两种主要的行为:任务行为和关系行为。这个思想的意义不容轻视。领导过程无论发生在任何时候,领导者都既表现出任务行为,又表现出关系行为。成为有效领导者的关键就在于领导者如何平衡这两种行为。任务行为和关系行为构成了领导过程的核心。

第四,领导风格理论是启发式的。它给我们提供了一个宽泛的概念图,在我们尝试理解领导的复杂性时有很大帮助。领导者能更多地了解自己,并在和他人交往时尽量从任务和关系维度来审视自己的行为。基于风格理论,领导者能评价自己的行动,并确定为了完善自己的领导风格要做出如何的改变。

领导风格理论有什么缺点?

除了这些优点之外,风格理论还有一些缺点。第一,风格理论没有充分说明领导者的风格与行为结果是如何关联的(Bryman,1992;Yukl,1994)。研究者们没能在任务行为和关系行为与行为结果（如道德、工作满意度和生产能力）之间建立起一贯的联系。根据尤克尔（Yukl，1994，p.75）的观点，"大量研究所得出的结果大多数是矛盾的、不确定的"。他进一步指出，只有在那些考虑周到并且让追随者感到满意的领导者身上发现的领导风格才具有说服力。

另外一个批评是，这种理论没有找出一种几乎在任何情境下都有效的领导风格。风格理论学者们的主要目标是确定一套通用的、能够产生有效结果的领导行为准则。因为研究结果的不一致性，所以这个目标未能实现。和特质理论未能识别出领导者身上确有的个性特征一样，风格理论也未能确定出与有效领导相关的普遍行为。

关于风格理论的最后一个批评是，该理论认为大多数有效的领导风格是高—高风格（如高任务行为、高关系行为）。尽管有些研究者（Blake & McCanse，1991；Misumi，1985）认为高—高的管理者最有效力，但并非在所有的情境下都是如此。事实上，全部的研究结果仅为强—强模式（Yukl，1994）观点提供了极其有限的支持。不同的情境可能要求不同的领导风格。有的情境可能比较复杂，需要高任务行为；而另外一些情境可能比较简单，需要支持性行为。在风格理论的发展中，高—高风格是否是最佳的领导风格仍然未能确定。

领导风格理论在实践中的应用

领导风格理论容易应用到现行的领导情境中。在所有类型组织的各个层级中，领导者都在不断地实施着任务行为和关系行为。通过评价自己的领导风格，领导者能决定自身该如何与人相处，以及如何使自己的行为更有效。从本质上说，领导风格理论为领导者提供了一面镜子，通过这面镜子能帮助领导者回答经常被问及的一个问题："作为一个领导者，我做得如何？"

全国范围内很多领导培训和发展项目都是沿着领导风格的思想来设置的。几乎所有的设计都一样，包括给领导者提供问卷调查，从某种程度上对他们的任务行为和关系行为进行评价。领导者利用这些评价来全面改善他们的领导风格。

专门针对领导风格而设计的领导培训和发展项目的一个例子就是布莱克和穆顿的领

导方格研讨会。方格研讨会主要是关于提高生产力、鼓舞士气、赢得员工的尊重和信任。这是由科学方法（Scientific Methods）公司赞助的，这是一家涉及组织发展的国际公司（http://www.gridinternational.com）。在方格研讨会上，自我评价、小组经验、坦率的批评让管理者们学会了如何定义有效的领导行为、如何获得最好的结果以及如何确认和改变无效的领导行为。方格研讨会开展的理念依据就是领导风格理论。

简而言之，风格理论几乎可以应用在领导者所做的每一件事情上。这种理论模型已被很多培训和发展公司采用，以教授管理者如何改善自己的领导效力，提升组织的生产力。

领导风格理论应用案例

在这一部分，你会了解三个案例，分别描述的是三个领导者的领导风格，每个领导者工作的组织环境都不同。第一个案例是关于一家大型医院的维修主管，第二个案例是关于一家小型体育用品商店的主管，第三个案例涉及的是一家大型制造公司设计部的主管。每一个案例描述完后都会提出一些问题，帮助你从领导风格理论的角度分析该案例。

案例 4—1

最初的新兵教官

马克·扬是一家大型医院粉刷部的主管，手下有 20 名员工。医院认为在粉刷事务方面应该有所改变。

开始新工作时，马克花了 4 个月的时间分析了关于粉刷事务直接和间接的成本。分析结果与他的上司得出的粉刷服务效率低下而又花费较高的看法完全吻合。因此，马克彻底对该部门进行重组，制定了一个新的进度计划，并重新确立了绩效评估标准。

马克说当他开始这份新工作时，他的准则是"唯任务论"，就像一个新兵教官，根本不理会下属反映的情况。在他看来，医院这一工作环境是不允许有差错的，所以他需要在医院环境的限制下严格审查下属的工作。

随着时间的推移，马克放松了他的领导，不再要求太多。他把一些职责交给了两名员工，由这两名员工向他汇报工作情况，但他还总是会与每一个员工近距离地交流。一周下来，马克会带着一小组工人去当地的运动休闲酒吧免费吃汉堡。他爱和员工们开玩笑，把汉堡放进去又拿出来。

马克为他的部门感到非常骄傲。他说他总想当教练，这就是他管理部门的感觉。他喜欢和人们一起工作，尤其是看到他们意识到自己出色地完成了工作，并且是靠自己完成时的那种喜悦的目光。

因为马克的领导，粉刷部得到了实质性的发展，被其他部门的工人认为是医院维护最有效率的部门。顾客对粉刷服务的好评高达 92%，这在医院的所有服务项目中是最高的。

问题：

1. 从领导风格理论的角度，你会如何描述马克的领导？

2. 他的领导风格是如何随着时间发生改变的？

3. 总的来说，你认为他是更以任务为导向还是更以关系为导向？

4. 如果用布莱克和穆顿的方格对他进行测试，你认为他能得多少分？

案例 4—2

站着吃午餐

苏珊·帕克斯是"马拉松运动"的合伙人兼经理，"马拉松运动"是一家专门经营鞋和其他配件的田径器材商店。该店雇用了 10 名员工，大多是兼职的大学生，工作日白天工作，周末全天工作。在这座有着 125 000 人的大学城，"马拉松运动"是仅有的一家经营马拉松装备的商店。该店的销售额以 15% 的增长率稳步发展。

苏珊对这家商店的投资很大，她工作非常努力，以确保商店能保持它的声誉和增长率。她在商店每周工作 50 个小时，同时扮演着很多角色，包括采购、调度员、训练员、规划者和销售员等。她没有哪一刻是闲着的。有传言说她是站着吃饭的。

员工们对苏珊的反应很强烈也很不同。有些人很喜欢她这种风格，但是另外一些人不喜欢。那些喜欢她的人认为在她负责期间，商店秩序井然，效率颇高。苏珊给每个人的任务非常明确。她让每个人都很忙碌。当他们晚上回家时会很有成就感。他们喜欢为苏珊工作，因为她知道自己在做什么。那些不喜欢苏珊的人抱怨她太有紧迫感了，就好像她在店里唯一的目的就是工作。她很少休息，也很少让员工放松一下。这些人认为苏珊不好相处，在"马拉松运动"工作不开心。

苏珊开始感觉到员工对她的领导风格有不同的反应。这让她很烦恼，但是她又不知如何是好。除了在店里工作，苏珊还要努力做一个好妻子，并当好三个孩子的母亲。

问题：

1. 根据风格理论，你如何描述苏珊的领导行为？

2. 为什么她的领导风格会让下属有如此明显的反应？

3. 你认为她需要改变她的风格吗？

4. 如果她改变了，还会有领导效力吗？

案例 4—3

提升部门的文化

道格拉斯·路德维希是一家有着 1 200 名员工的大型办公家具制造公司设计部的主管。设计部由 80 名员工组成，被分成了 8 个工作团队，所有团队都要向他汇报。道格拉斯是这家公司的新员工，曾经受雇的公司是该公司的竞争对手，在那家公司他是研发部的副总。他在以前的公司当领导时有很好的名声。

道格拉斯第一年花了很多时间去提升部门的文化。以前的主管把大量的时间花在项目监控和强调公司目标上，而道格拉斯则不同，他关注的是部门的情绪、氛围和理念。最后，道格拉斯制定了一种新的部门会议计划，目的是让每个人都能相互分享自己的想法和意见。在做具体工作的同时，道格拉斯还通过周五带便当等方法更大地促进部门的团队精神。每周，道格拉斯还会非正式地与各小组的领导交流，以了解他们需要什么，以及他们是如何工作的。

道格拉斯还积极支持员工工作之外的社会活动。夏天，设计部举办了一次户外家庭烧烤——这对于很多老员工来说是第一次。节假日时，在公司的资助下，道格拉斯还在自己家举行了家庭招待会。员工认为这是一流的招待会，此事被谈论了数月之久。道格拉斯还说服公司赞助成立了一支由设计部所有员工组成的男女混合的室内足球队。

设计部大多数的员工对道格拉斯第一年的领导工作给予了积极的评价。这个好小伙给设计师和普通职员都留下了深刻的印象。几年来，设计部的气氛有点陈旧了，但是随着道格拉斯的到来，为这个部门带来了生气。人们开始喜欢部门里出现的新活力，他们发现自己与他人的交流更多了，抱怨也更少了。

问题：

1. 道格拉斯的领导行为很明显属于领导风格中的一种主要类型，这是哪种类型？

2. 在家具公司的设计部，这种风格是否很有效？

3. 你喜欢为道格拉斯工作吗？

4. 这种风格有不利的地方吗？如果有，请描述出来。

领导风格测量工具

研究者和实践者喜欢用很多种不同的工具来评价领导者的风格。最常用的两种测量工具就是领导者行为描述问卷调查（Stogdill，1963）和领导方格（Blake & McCanse，1991）。这两种工具都能测量出领导者以任务为导向或以人为导向的程度。LBDQ 主要是为研究而设计的，自 20 世纪 60 年代以来被广泛使用。领导方格主要是为领导培训和发展而设计的，如今在领导过程中仍被用来培训管理者和监督者。

为了帮助你更好地理解如何测量领导风格，以及你自身的风格如何，我们在这一部分提供了一份领导风格的问卷调查表。这份调查问卷表由 20 个条目组成，主要评价两个方面：任务行为和关系行为。通过得分，你可以对自己的领导行为有一个总体的了解。

领导风格问卷调查表

说明： 仔细阅读每个条目，在所描述的行为中想想自己是怎么做的。标出你的回答，从每题右边五个数字中圈出你的选择。

答案： 1＝从不　2＝很少　3＝有时　4＝经常　5＝总是

1. 告诉小组成员他们应该做什么。

2. 对小组成员很友好。

3. 为小组成员设立行为标准。

4. 帮助小组中的其他人感到舒适自在。

5. 对如何解决问题提出建议。

6. 善意对待他人提出的建议。

7. 让他人明白自己的观点。

8. 公平待人。

9. 为小组制订行动计划。

10. 以可预测的方式对待小组成员。

11. 为每一个小组成员制定角色职责。

12. 积极与小组成员交流。

13. 明确自己在小组中的角色。

14. 对他人的个人福利表示关心。

15. 为完成工作而制订计划。

16. 做决定时有灵活性。

17. 对小组的目标设立标准。

18. 向小组成员表露自己的想法与感受。

19. 鼓励小组成员高效工作。

20. 帮助小组成员友好相处。

评分

这份领导风格问卷是用来衡量两种主要的领导行为：任务行为与关系行为。按照下面的方法来计分：将奇数题的答案相加，就是任务行为的分数；将偶数题的答案相加，就是关系行为的分数。

总分数：任务行为＿＿＿＿＿＿＿＿ 关系行为＿＿＿＿＿＿＿＿

得分说明：

45—50 非常高

30—34 相对低

40—44 高

25—29 低

35—39 相对高

10—24 非常低

你在任务行为上的得分指的是你帮助他人的程度，通过给他们分配任务，让他们知道组织对他们的期望。当你在领导职位上时，这个因素描述了你关心任务的倾向。你在关系行为上的得分测量的是你让下属、同事之间和团队感觉舒适自在的程度。它反映了你如何关心人的程度。

领导风格问卷调查会让你了解自己以任务为导向和以人为导向的程度。得分如何表现你的领导能力呢？你更倾向于强调任务行为还是关系行为？为了获得更多关于自己领导风格的信息，你可以让4～5位同事根据他们对你的看法完成问卷调查表。这样你可以把他们的数据与你自己的得分做个比较。

本章要点回顾

领导风格理论与特质理论和技能理论截然不同，因为领导风格理论关注的是领导者做了什么而不是领导者是谁。该理论认为领导者的行为主要有两类：任务行为和关系行为。领导者如何把这两种行为结合起来去影响他人就是领导风格理论关注的焦点。

领导风格理论来源于三种不同的研究：俄亥俄州立大学的研究，密歇根大学的研究，以及布莱克和穆顿研究的管理方格法。

俄亥俄州立大学的研究者开发了一种叫做领导者行为描述问卷调查的问卷调查表，以定规行为和关怀行为作为领导行为的核心。密歇根大学的研究结果与俄亥俄州立大学的研究结果类似，但是它把领导者的行为叫做生产导向行为和员工导向行为。

以俄亥俄州立大学和密歇根大学的研究为基础，研究者又开展了许多研究为领导者找出结合任务行为和关系行为的最佳方式，研究目的是要找出一组能解释所有情境下领导效力的普遍领导行为。这些努力所得出的结果并不具有决定性，研究者仍很难确定出一种最佳的领导风格。

布莱克和穆顿研发出了一种适用于管理者培训的模型：把领导行为描述成一个有横轴和竖轴的方格：横轴代表领导关心生产结果的行为，竖轴代表关心人的行为。根据领导者如何结合这两种导向，产生了五种主要的领导风格：权威—顺从型（9，1）、乡村俱乐部型（1，9）、贫乏型（1，1）、中庸型（5，5）、团队型（9，9）。

领导风格理论有很多优点和缺点。从积极的方面来说，风格理论扩大了领导研究的范围，包括了研究领导者的行为，而不仅仅是研究领导者的特质或性格。第二，这个理论有信度，因为它得到了大量研究的支持。第三，风格理论很有价值，因为它强调了领导两个核心行为的重要性，即任务行为和关系行为。第四，风格理论是启发式的。它给我们提供了一个宽泛的概念图，对我们理解自身的领导行为很有用。从消极的方面来说，领导风格理论的研究者没有说明领导者的风格与行为结果（如道德、工作满意度和生产能力）是如何产生关联的。另外，研究者没有确定出能一贯产生有效领导结果的一组普遍的领导行为。最后，风格理论认为大多数领导风格应该是高—高风格（高任务行为和高关系行为），但是没有得到证实。

总的来说，领导风格理论没有提出一套用于高效领导行为的完整的指导准则，而是提供了一个基于任务行为和关系行为的维度、用更宽泛的方式去评价领导行为的框架。最后，领导风格理论让领导者注意他们的任务行为和关系行为对他人的影响。

第 5 章

领导情境理论

什么是领导情境理论?

领导情境理论是得到广泛认可的领导方法之一,它是由赫塞和布兰查德(Hersey & Blanchard, 1969a)在雷丁的三维管理风格理论(Reddin, 1967)的基础上发展起来的。情境理论自提出以后经过了多次修正和完善(Blanchard, Zigarmi, & Nelson, 1993; Blanchard, Zigarmi, & Zigarmi, 1985; Hersey & Blanchard, 1977, 1988),并在组织的领导培训和发展中被广泛运用。

正如情境理论的名字所揭示的,它主要关注的是具体情境中的领导。该理论的基本假设是:不同的情境需要不同的领导。基于这种观点,要成为有效的领导者,个人的领导风格需要适应不同情境的要求。

情境下的领导强调领导是由指导和支持两个维度构成的,每个维度都应被恰当地应用于某种特定的情境中。为了确定在某一特定的情境中该做些什么,领导者就必须对员工进行评估，以了解他们完成既定任务的能力和积极性。由于员工的技能和积极性会随时间而变化，情境领导理论认为，领导者应该改变指导或支持的程度以满足下属不断变化的需要。

简言之，情境理论本质上要求领导者的领导风格要与下属的能力和积极性相匹配。有效的领导者能够认识员工的需要，然后调整自己的领导风格以满足这些需要。

布兰查德（Blanchard，1985；Blanchard et al.，1985）建立的领导模型很好地描述了情境理论，这个模型被称作情境领导模型Ⅱ（SLⅡ，见图5—1），这是在赫塞和布兰查德（Hersey & Blanchard，1969a）最初构想的情境领导模型的基础上扩展和完善起来的。

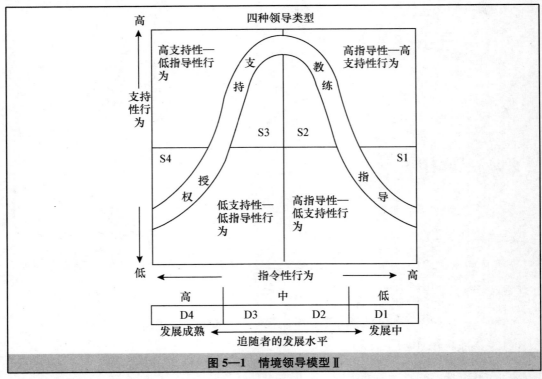

图5—1　情境领导模型Ⅱ

我们把SLⅡ模型分成两个部分：领导风格（leadership style）和下属的发展水平（development level of subordinates），这样能更好地理解情境领导。

领导风格

领导风格是指一个人试图影响他人的行为模式。它包括指导性（任务）行为［directive（task）behaviors］和支持性（关系）行为［supportive（relationship）behaviors］。指导性行为通过给予指导、建立目标和评估方法、安排时间、分配角色以及展示目标实现方式等手段来帮助群体成员实现目标。指导性行为通常是通过单向交流来说清楚做什么、怎么做以及由谁来负责。支持性行为帮助群体成员对自己、同事以及所处的情境感到满意。支持性行为是双向交流的行为，还包括对他人表示社会性支持和情感性支持。征求意见、解决问题、赞扬、共享个人信息以及倾听等都属于支持性行为。支持性行为大多是与工作有关的。

根据指导性行为与支持性行为，领导风格可以进一步分成四种不同的类型。第一种类型（S1）是高指导性—低支持性类型（high directive-low supportive style），这种类型也被称为"指导"类型（directing style）。在这种领导方式中，领导者的交流主要是针对目标的实现，在支持性行为方面的交流较少。因此，领导者会向下属说明目标是什么以及如何去实现目标，然后认真地对他们进行监管。

第二种类型（S2）的领导方法被称作"教练"方法（coaching），这是一种高指导性—高支持性的类型（high directive-high supportive）。在这种领导方法中，领导者的交流既集中于目标的实现，同时也满足下属的社会情感需要。教练类型要求领导者通过鼓励和向下属征求意见等方式与下属建立关系。但是，教练型是 S1 类型的一种延伸，这种类型仍然要求领导者对目标的确定及如何实现做出最终决策。

类型三（S3）是一种"支持"型（supporting）的领导方法，这种方法要求领导者采取高支持性—低指导性的类型（high supportive-low directive style）。在这种领导方法中，领导者并不专注于目标，而是运用支持性行为促进员工改进工作技巧、达到完成任务的目的。支持类型包括倾听、称赞、征求意见和给予反馈。采用这种类型的领导者授权下属去决定日常工作，并在问题解决的过程中随时向下属提供帮助。S3 类型的领导者会给下属及时的认可和社会支持。

最后，类型四（S4）被称作低支持性—低指导性类型（low supportive-low directive style）或授权（delegating）方法。采用这种方法的领导者对于任务很少有什么指示，不提供社会支持，也不帮助员工坚定信心和提高积极性。授权式的领导者很少参与计划、控制细节以及明确目标等事务。在下属明确了应该做什么之后，这种类型的领导就让下属负责，用他们觉得最适合的方式来完成工作。采用 S4 方法的领导将控制权交给下属，并避免用不必要的社会支持干扰下属。

成熟程度

情境领导模型的第二个主要部分是下属的成熟程度。成熟程度是指下属完成既定目标或任务所必备的能力和积极性（Blanchard et al.，1985）。换言之，它指的是一个人是否具备了完成特定任务的技能，以及是否以积极的态度来对待任务（Blanchard et al.，1993）。如果员工对工作很有兴趣和信心，并知道如何去完成，那么他们就有很高的成熟程度。如果员工的技能不足，但是他们有完成工作的动力或信心，那么他们就处于较低的成熟程度。

成熟程度在图 5—1 的下面部分有描述。在既定任务中，员工的积极性与能力的不同结合构成了不同的成熟程度。这些程度针对的是特定的任务，不是用来划分追随者水平的。

在特定任务中，员工的成熟程度从低到高可以被划分成四类：D1、D2、D3 和 D4。具体来说，D1 型的员工能力较低，积极性很强。他们对任务很陌生，不知道具体要怎么去做，但是他们很高兴接受这样的挑战。D2 型的员工有一些能力，但是积极性较低。他们在了解工作的同时也失去了对工作的主动性。D3 型的员工一般都有很强的能力，但是很多人积极性不高。他们已经完全具备了工作所需要的技能，但是他们不确定自己是否能独自完成任务。最后，D4 型的员工的成熟程度是最高的，他们既具有很强的能力，也有很高的积极性，他们有完成工作的能力和信心。

如何运用领导情境理论？

情境理论是围绕员工的能力和积极性在发展过程中会不断变化这样一个思想而构建

的。领导者要有效力，确定下属在发展过程中所处的位置，并让自己的领导风格适应下属的成熟程度非常重要。

在特定的情境中，领导者的第一个任务就是要确定情境的属性。这涉及如下一些问题：需要下属完成什么任务？任务有哪些复杂性？下属有足够的能力去完成任务吗？一旦开始工作，他们有完成任务的积极性吗？回答这些问题能帮助领导者正确地确定下属具体的成熟程度。比如说，新员工可能积极性很高，但是对工作要求理解不够，那么这类员工可以被确定为处在 D1 水平。反过来，有经验的员工，既有很强的能力，又非常愿意为公司作贡献，他们可以被确定为处在 D4 水平。

在确定了员工正确的成熟程度之后，领导者的第二个任务是让自己的领导风格与 SL Ⅱ 模型中展现的领导风格相适应。下属的成熟程度与领导者风格之间是一对一的关系。例如，如果下属的发展水平处在 D1 阶段，那么领导者需要采用高指导性—低支持性类型（S1，或指导型）。如果下属的发展水平有提升，处在 D2 阶段，那么领导者需要采用高指导性—高支持性的类型（S2，或教练型）。员工所处的每一个成熟程度，领导者都应该采用与之相应的领导方式。

因为下属在发展过程中是不断变化的，所以领导必须采用灵活的领导行为。下属可能在短时间内（如一天或一周）从一个成熟程度跨越到另一个成熟程度，或者要花更长的时间才有进步（如一个月）。领导者不能在所有情境中都采用相同的类型，而是需要让自己的领导风格适应下属以及独特的情境。和特质理论提倡领导者用一种固定的风格不一样，情境理论要求领导者表现出很强的灵活性。

领导情境理论有什么优势？

情境理论有很多优点，特别是对于实践者来说。第一个优点是，该理论在商业界经受住了时间的考验。情境理论经常被用于组织内部的领导者培训。赫塞和布兰查德（Hersey & Blanchard，1993）的报告中指出：世界 500 强的公司里有 400 多家的培训项目用到了该理论。公司认为这是一种把员工培训成有效领导者的可靠模型。

情境理论的第二个优点是它的实用性。情境领导很直观，易于理解，同时很容易被用于不同的情境。有些领导方法提供的评价自身领导行为的方法很复杂（如 1973 年弗鲁和耶顿提出的决策制定法），但是情境理论提供了一个直接明了、便于使用的方法。由于它将抽象的员工成熟程度描述得极易理解，所以领导者很容易就能把握这一方法所隐含的内容。另外，情境理论所提出的一些原则便于在不同的情境中使用，包括工作场所、学校和家庭。

情境理论的第三个优点与实用性非常相似：指导性。尽管很多领导理论从本质上说是描述性的，但是情境理论是指导性的。它告诉你在不同的情境下应该做什么、不应该做什么。例如，如果你的下属能力非常低，情境领导为你提供了指导性风格。另一方面，如果你的员工很有能力但是缺乏信心，情境理论建议你采用支持性风格。这些成果为领导者提供了一套有价值的指导原则，能有助于领导效能的提升。

情境理论的第四个优点是强调领导者的灵活性（Graeff，1983；Yukl，1989）。情境领导强调领导者需要发现下属的需求，然后采用相应的领导风格。领导者不能用单一的风格，他们必须愿意变化他们的风格去满足情境的需要。情境理论指出，员工在完成不同任务时有不同的表现，即使在同一任务的不同阶段也会有不同的表现。那些能根据任务需要和下属的需要改变领导风格的人就是有效的领导者，即使是在任务完成的中间阶段也要这样。

最后，情境领导理论要求我们根据员工负责的具体任务区别对待他们，寻找机会帮助下属学习新技能，让他们工作起来更有信心（Fernandez & Vecchio，1997；Yukl，1998）。总的来说，该理论强调下属有独特的需求，需要领导者的帮助来更好地完成工作。

领导情境理论有什么缺点？

尽管情境领导理论在领导培训和发展中得到了广泛应用，但是该理论仍具有某些局限性。下面的批评指出了情境领导的一些缺点，能帮助我们更全面地了解情境理论在研究和实践中的应用。

对情境理论的第一个批评是，只有少数的研究证明了该理论提出的假设和命题。尽管有很多博士论文是关于情境领导维度的，但是大多数论文都没有出版。因为情境领导缺乏强有力的研究支持，所以导致了对该理论基础的质疑（Fernandez & Vecchio，1997；Graeff，1997；Vecchio & Boatwright，2002；Vecchio，Bullis，& Brazil，2006）。我们能确定这是一种能令人信服的方法吗？这种理论真能提升领导效能吗？与其他领导理论相比，这种理论对下属的影响会更强大吗？因为在检验这一理论时并没有得出大量有意义的、可供发表的研究结果，所以对这些问题很难给出确切的答案。

第二个批评是关于模型中下属成熟程度这一模糊概念。该模型的构想者没有很清楚地说明积极性如何与能力结合起来构成四种显著的成熟程度（Graeff，1977；Yukl，1989）。在最初的模型中，赫塞和布兰查德（Hersey & Blanchard，1969b）定义的四种水平（成熟）是意愿不强和能力不强（水平 1）、意愿强和能力不强（水平 2）、意愿不强和能力强（水平 3）、意愿强和能力强（水平 4）。在最近的 SL II 模型的研究中，成熟程度被描述成：D1 表示高意愿和低能力、D2 表示低意愿和一些能力、D3 表示多种意愿和高能力、D4 表示高意愿和高能力。

情境理论的创立者没有解释每一个成熟程度发生变化的理论基础。另外，他们也没有说明能力和意愿在不同成熟程度中孰轻孰重。正如布兰查德等人（Blanchard et al.，1993）指出的，有必要开展进一步的研究来确立能力和意愿在每一个成熟程度阶段是如何被界定的。与对成熟程度这一概念的模糊性质疑相类似，另外一种质疑主要是针对意愿这一概念本身在模型中是如何确定的。比如说，格雷夫（Graeff，1997）指出，意愿的定义不是很清楚。布兰查德等人（Blanchard et al.，1985）指出，下属的意愿是由信心和动力组成的，但是不清楚信心和动力是如何结合形成意愿的。根据 SL II 模型，从 D1 开始，意愿表现为高，转变为 D2 时，意愿下降，在 D3 时表现为多种意愿，到 D4 时又上升为高。从直觉上看，把下属的意愿描述成低—中—高这样的顺序似乎更合乎逻辑。

布兰查德等人（Blanchard et al.，1993）认为，在 SL II 模型中下属的意愿会有不同，因为下属通常开始工作时会很有动力，渴望学习，随后他们可能会受到挫折、幻想破灭。另外，他们开始可能会缺乏信心或动力，或两者都缺乏，最后他们又变得很有自信和动力。但是为什么是这样的呢？为什么处在学习中的下属的意愿会减少呢？为什么在第 2 成熟程度和第 3 成熟程度时意愿会下降呢？没有研究结果证实下属的意愿是如何被定义的，因此情境领导的维度仍然不明确。

对情境理论的第四个批评是关于该模型中领导风格与下属成熟程度是如何匹配的。为了确定赫塞和布兰查德的方法中所提出的意见是否有效，维基奥（Vecchio，1987）对 300 多名高校老师和他们学校的校长进行了一项研究。他发现，在具有高度结构化领导风格的校长管理下，新进的老师更容易满足，表现得更好，但是那些有经验的和成熟的老师的表现和校长展现的风格无关。

维基奥和他的同事们把这个研究重复做了两次：第一次是在 1997 年，研究对象是大学的教职工（Fernandez & Vecchio，1997）；另外一次是在 2006 年，研究对象是 800名军事院校的学生（Vecchio et al.，2006）。两次研究都没有找到有力的证据证明情境领导模型中提出的基本观点。

对情境领导的第五个批评是，该理论不能解释某种特定的人口统计特征如何影响该模型中的领导与下属之间的关系。例如，由维基奥和波特瑞特（Vecchio & Boat-wright，2002）开展的一项研究表明，教育水平和工作经验与指导性领导是成反比的，与支持性领导没有关系。换句话说，受过更多教育、有着更丰富工作经验的员工不太需要任务指导。一个有趣的发现是，年龄和任务指导需求积极相关：年长的员工比年轻的员工需要更多的任务指导。另外，他们的研究结果表明，女性员工和男性员工对领导风格有着不同的偏好，女性员工更喜欢支持性领导，而男性员工更喜欢指导性领导。这些研究结果表明，人口统计特征可能影响员工对某一特殊领导风格的喜好。但是，在情境领导模型中，这些特征并没有被考虑进去。

还有从实践角度批评情境领导的，因为它没有充分解决组织环境中一对一的领导和团队领导之间的问题。例如，一个带领着 20 名员工的领导者应该让他的风格适应团队的总体成熟程度还是适应团队中单个成员的成熟程度？卡鲁、派瑞西-卡鲁和布兰查德（Carew，Parisi-Carew，& Blanchard，1990）认为，团队经历的发展阶段和个人经历的阶段是相似的，因此，领导者应该尽力让他们的领导风格适应团队的成熟程度。但是，如果领导者让自己的领导风格适应了团队的平均水平，那么如何去影响那些成熟程度与其他同事完全不同的个人呢？现行的有关情境领导的研究没有回答这一问题。还需要更多的研究来解释领导者如何让他们的领导风格既适应团队成员的成熟程度，又能适应团队的整体水平。

关于情境理论的最后一个批评是与模型所使用的领导问卷调查表有关。问卷调查主要是让被调查者分析各种工作情境，并为每一种情境选择最佳的领导风格。问卷调查表的设计迫使被调查者从情境领导的具体参数上（如指导、教练、支持和授权）去描述领导风格，而不是从其他领导行为来描述领导风格。因为被调查者的最佳答案都是预先设定的，因此该问卷调查表有一定的倾向性（Graeff，1983；Yukl，1989）。

领导情境理论在实践中的应用

正如我们在这一章中所讨论过的，领导情境理论主要提供咨询，因为这一理论很容易被界定和应用。领导情境理论简单明了，可为管理者所用。

该理论的原则可以被运用到组织里不同的管理层级中。这些原则大公司的 CEO 可以在董事会中用到，配件厂的小组长在领导一小群生产工人时也能用到。另外，中层管理者可以运用情境领导去指导员工会议，部门领导可以用情境领导去计划组织内的结构变化。总的来说，并不缺少运用情境领导理论的机会。

情境领导可以用在想法形成的重要阶段即项目的最初阶段，也可用在实践想法的重要阶段即项目实施的发展阶段。根据不同项目中下属的表现，情境领导的灵活性可以使该理论得到合理的运用。因为情境领导强调领导风格适应追随者，所以该理论可以被合理地用到那些意愿和能力随着项目的进展而变化的追随者们身上。

鉴于情境理论的广泛性，它几乎可以用于各种类型以及各种水平的组织中。

领导情境理论应用案例

为了了解领导情境是如何被运用到不同的组织情境中的，你可以阅读下面的案例 5—1、5—2 和 5—3。在阅读每个案例时，问问自己如果处在相同的情境中时你会怎么做。每个案例后面会提出一些问题来帮你从情境理论的角度去分析该案例。

案例 5—1

我该采用哪种领导风格？

布鲁斯·坎农是一家塑料厂的老板，这家塑料厂经营了 5 年之久，大约有 20 名员工。该厂由三个部分组成：产品设计、销售和生产。每个环节都有一名负责人。

已经 55 岁的里克·纳卡诺是设计部门的领导。他是一个很有经验的工程师，也是公司最老的员工。他被雇用主要是因为他的设计能力和经验。

里克在加入这家公司之前曾是福特汽车公司的一名工程师，他在那里工作了 20 年。同事们都认为他非常有能力，脾气温和，也很敬业。

最近几周，里克大部分时间都花在研究公司的长期战略上。他的目标是发展一种创新的决策模式来决定未来的材料、设备、工厂发展和人事等事务。里克认为上层领导很满意他最初的计划方案。

贝丝·爱德华兹主管公司最小的一个部门——销售部。贝丝是公司最新招进来的，此前曾有 15 年销售不同产品的经验。贝丝的同事们认为她对工作有很高的积极性，但是对公司的产品不够了解。贝丝的目标是把公司的年销售额提高 30%。但是，第一季度的销售量显示增长率只有 2%。

尽管贝丝刚进公司时很积极乐观，但是最近几周她的销售部出现了一些问题。她的下属抱怨她对塑料行业了解得太少。谈起新产品时，贝丝总是一头雾水。另外，她在向顾客描述公司的服务能力时也有困难，因为她并不十分了解这种类型的塑料公司是如何运转的。

史蒂夫·林奇是生产部的经理，自公司创立之日起就一直在这里工作。史蒂夫高中毕业后就开始在这家公司的生产线工作，通过自身努力晋升到公司的管理层。他的目标是提高生产效率，把成本降低 10%。他对生产了解得很透彻，但是对生产经理这个新角色还有点不适应。事实上，史蒂夫担心自己可能当不好这个经理。他不知道自己是否做好了让别人依靠的准备，因为他一直是依靠别人的。布鲁斯老板对史蒂夫很有信心，宽慰他能胜任此工作。布鲁斯确信史蒂夫会是一个出色的生产经理。

布鲁斯每周都要与每个部门的经理会面，商谈各个部门的工作进展，以及如何适应公司的总体目标。在接下来的每周例会上，他想和他们讨论应该在各部门里实施什么样的新举措以提升员工们的长期绩效。布鲁斯正在思考他应该如何与每个经理进行探讨。

问题：

1. 根据领导情境理论的基本假设，你认为这三个经理分别处在 SL Ⅱ 模型的哪个发展水平（见图 5—1）？

2. 如果你是布鲁斯，你会用同样的方式对待这三个经理吗？

3. 对你来说，哪次会议是最困难的？哪次是最简单的？为什么？

案例 5—2

他们为什么不听?

吉米·安德森是一家大型医药公司人力资源部的培训专家。为了响应近期在全公司范围内开展的一项调查，吉米特别设计了为期 6 周的关于倾听和交流技巧的培训项目，目的是激励公司内部的有效管理。吉米培训会有两个目标：一是让参与者学习新的交流行为，二是让参与者体验这种讲座，以便下次再继续参加。

参加讲座的第一组人来自研发部的中层管理人员。这一组大约有 25 人，几乎所有人都有很高的学历。大多数人在过去都参加过一些室内的培训计划，所以他们知道研讨会的设计和开展过程。因为以前的培训会一直都没有多大作用，所以很多经理对即将举行的讲座没有太多期待。有一个经理说道："又是那样的情况：只是一次花哨的研讨会，我们不会有什么收获。"

因为吉米知道这些经理们都非常有经验，所以他不想对参与会议设置一些限制。他采用了多种介绍方法，并积极邀请经理们参加。在前两次会议中，他尽力表现得很友好。会议中间经常会休息一下，喝点咖啡。在休息间隙，他会促进组内的群体化观念和人际交往。

在第三场会议期间，吉米开始意识到培训会中的一些困难。参加培训会的一共有 25 名经理，但是现在只剩下 15 名。虽然会议 8 点半开始，但是与会者 10 点才来。在下午的会议中，有些经理中途离场，回到了他们的办公室。

在第四场会议开始之前，吉米还在担心为什么事情进展得如此糟糕。他有点六神无主了。脑子里萦绕着许多问题：对待经理们的方式有错吗？对参加会议的限制太不严格了？是否该提醒一下那些下午逃课的人们？参与者是否认真对待这次培训会吗？吉米相信这次培训会的内容很创新、很实在，但他不知道该如何进行改善以使这个项目更成功。他觉得自己的风格对这个群体不奏效，但他不明白应该如何做才能让会议进展更顺利。

问题：

1. 根据 SL Ⅱ 模型（见图 5—1），吉米组织培训会时采用的是哪种领导风格？

2. 经理们处在什么水平？

3. 从领导的角度看，吉米做错了什么？

4. 为了改善这次培训会，吉米具体能做出哪些改变？

案例 5—3

让别人了解信息

安·卡尔德拉是校园广播电台（WCBA）的节目编导，WCBA 有很长的历史，深受学生、院系、学校董事会和社团成员的喜爱。

在招募学生进校园广播电台工作方面，安没有遇到困难。事实上，这是最受学生欢迎的校园活动之一。能进入校园广播电台工作的学生一直都有很高的积极性，因为他们很珍惜这次能获得媒体经验的实践机会。另外，被录取的人对自己的广播能力也非常自信（有时很天真）。尽管他们热情高涨，但是他们大多数对广播的法律责任了解得不够全面。

安每学期面临的最大的一个困难就是如何对新学生进行培训，让他们在播报新闻、体育、音乐和其他广播节目时遵循校园广播电台的规定和程序。似乎每学期都会出现一些播音员违反广播通信法规的小事故，例如，有一年，一个大一的音乐节目主持人在晚间的节目中播报：有一个新乐队在本镇演出，门票五美元，很值得大家去听一听。播报这样的消息很显然是违反 FCC 规定的：因为这是不合法的。

安对这种尴尬的局面感到很沮丧，但是她没能找出为什么这种事情屡禁不止的原因。她花了很多时间和精力去帮助新的节目主持人，但是他们似乎不明白 WCBA 的工作是很严肃的，必须服从 FCC 的规定。安很想知道她的领导风格是否偏离了目标。

每学期，安会给学生们分发有关政策和程序的完整稿。另外，她会逐个去了解这些新学生。因为她想让每个人在 WCBA 愉快地工作，所以很努力地创造良好的人际氛围。学生们不止一次地说起安是校园里最好的顾问。因为她了解自己学生的品质，在广播电台总是让他们做自己想做的事情。

问题：

1. WCBA 的工作出现了什么困难？

2. 以 SL Ⅱ 为基础，你会建议安在广播台做出哪些改变？

3. 根据领导情境理论，安可以采用什么创造性的计划让新生们少违反 FCC 的规定？

领导情境测量工具

尽管有很多种工具可以用来测量领导情境，但几乎所有这些工具的建构都很类似。问卷调查表会提供 12～20 种与工作有关的情境，让被调查者从 4 个选项中为每一种情境选出他们喜欢的领导风格。问卷调查中涉及的情境和类型直接反映了模型中对应的领导风格。问卷调查表最后的评分会给被调查者一些信息，让他们了解自己首要的领导风格和次要的领导风格、自身的灵活性以及领导的有效性。

本节中提供了一份简单的问卷调查表，阐明了在情境领导的调查中如何对领导风格进行测量。在问卷中的每一种情境里，你都需要确认员工的成熟程度，然后从 4 个选项中选出一种你最可能采用的领导风格。

简明问卷调查表的扩展版可以让被调查者全面了解他们的领导风格。通过分析被调查者的选择，可以确定被调查者首要的领导风格和次要的领导风格。通过分析这些答案的选择范围，可以确定出被调查者领导风格的灵活性。通过分析被调查者准确评价其最适当的领导风格的次数可以确定其领导行为的有效性和判断力。

除了这种自测的问卷调查表，领导情景理论还采用了类似的表格去测量老板、同事和追随者对某人领导风格的看法。这些问卷调查让被调查者从众多方面对自己的领导风格做出反馈，并有机会把自己的评价与他人对自己领导角色的评价进行比较。

情境领导

说明：看看下面四种领导情境，判断出每种情境中员工的发展水平成熟程度、每一个选项所代表的领导风格以及在每种情境下应采用的领导风格（从 A、B、C、D 中进行选择）。

情境 1

由于你所在的部门受到财政预算限制，所以部门内部有必要进行合并。你正考虑从本部门找一位能力强且经验丰富的员工负责此事。这名员工在本部门的所有岗位都工作过，也赢得了大多数员工的信任和尊敬。她也非常愿意帮你进行合并。

A. 把任务分配给她，让她决定如何去完成。

B. 把任务分配给她，向她详细指明什么是必须要做的，同时对她进行密切监督。

C. 把任务分配给她，给她必要的支持和鼓励。

D. 把任务分配给她，向她详细指明什么是必须要做的，但是要确保能够体现她的建议。

员工的成熟程度＿＿＿＿＿＿＿＿＿＿＿　　所采取的措施＿＿＿＿＿＿＿＿＿＿＿

情境 2

你最近被任命为新区域办公室的部门主管，在了解本部门员工的过程中，你注意到有一个缺乏经验的员工未能完成所分配的任务。但她对这份新工作很有热情，希望能在组织内崭露头角。

A. 和她讨论不能完成任务的原因，找出解决问题的办法。

B. 具体告诉她怎么去完成任务，但是听取她可能提出的意见。

C. 为她制定完成任务的步骤，时常监督她的表现。

D. 让她意识到自己未能完成任务，给她更多时间去提升自己。

员工的成熟程度＿＿＿＿＿＿＿＿＿＿＿　　所采取的措施＿＿＿＿＿＿＿＿＿＿＿

情境 3

在过去的三个月里，因为一项新的且非常重要的项目，你确信让员工们明白了各自的职责以及对他们的期望，你对他们也进行了严格监督。但是最近项目的进展遇到了一些挫折，员工们开始有点泄气。他们的士气和表现都有所下滑。

A. 继续指挥和严格监督他们的表现。

B. 给团队成员更多时间去克服困难，但偶尔要检查他们的工作进展。

C. 继续执行团队任务，但是让团队成员更多地参与决策，听取他们的想法。

D. 参与他们解决问题的行动，鼓励并支持他们努力克服困难。

员工的成熟程度＿＿＿＿＿＿＿＿＿＿　　　所采取的措施＿＿＿＿＿＿＿＿＿＿

情境 4

作为销售部门的主管，你让一名员工去负责一次新的销售活动。你曾经和他一起参加过其他的销售活动，你知道他具备完成此项任务的能力和经验。尽管如此，他似乎对自己的能力还有些担心。

A. 把这次新的销售活动任务分配给他，让他自己去完成。

B. 自己为这次新任务制定目标，但是要考虑他的建议，并让他参与决策。

C. 倾听他的疑虑，但是相信他能完成任务，对他的努力表示支持。

D. 告诉他这次新活动具体涉及的事情，以及你希望他达到的目标，并严格监督他的表现。

员工的成熟程度＿＿＿＿＿＿＿＿＿＿　　　所采取的措施＿＿＿＿＿＿＿＿＿＿

资料来源：Adapted from *Game Plan for Leadership and the One Minute Manager* (Figure 5.20, Learning Activity, p.5), by K. Blanchard, P. Zigarmi, and D. Zigarmi, 1992, Escondido, CA: Blanchard Training and Development (phone 760-489-5005). Used with permission。

评分说明

简单地讨论问卷调查表中的正确答案会有助于解释领导情境问卷的特性。

问卷中的情境 1 描述了组织在缩减规模时会普遍面临的一个困难：需要进行合并。在这种特殊的情境中，领导者指定了一名有能力、有经验并且有热情的员工负责缩减计划。根据 SLⅡ 模型，该员工应该处于 D4 水平，需要的是授权，就是 4 个选项中的 A 选项，"把任务分配给她，让她决定如何去完成"代表了授权式的领导风格（S4）：低支持性—低指导性的领导风格。

情境 2 描述的是几乎所有组织各个层级的领导者都很熟悉的问题：一个有热情的员工不能完成任务。在给出的例子中，该员工处在 D1 水平，因为她没有相关的工作经验，尽管她很想成功。针对这一类型的员工，SLⅡ模型建议采用指导性领导（S1）。需要具体地告诉她什么时候做什么，以及如何去做。给她指导后，还要对她的表现进行严格监督。所以正确的答案是C，"为她制定完成任务的步骤，时常监督她的表现"。

情境3描述的情境很特别。在这种情境下，员工似乎已经有了一些经验，也理解领导者对他们的期望，但是他们失去了完成任务的动力。因为近期遇到的困难，他们的表现和意愿有所停滞，尽管领导还是很仔细地指导他们。根据SLⅡ模型，领导者正确的回应是转向支持性的教练类型（S2）。答案中反映教练风格的是C，"继续执行团队任务，但是让团队成员更多地参与决策，听取他们的想法"。

情境4描述了当一位主管试图让一个合适的人去负责一次新的销售活动时而引起的问题。主管指定的这个人很明显具备完成此项工作的能力，但是他对自己的能力还有些担心。在这种情况下，SLⅡ模型建议主管应该采用支持性风格（S3），这一风格适合领导有能力但是缺乏自信的员工。选项中代表支持性风格的是C，"倾听他的疑虑，但是相信他能完成任务，对他的努力表示支持"。

现在你可以选择两名员工。诊断一下他们在三种不同任务上的成熟程度以及你在每种情境下会采用的领导风格。成熟程度和领导风格相匹配吗？如果不匹配，为了确保他们具有获得成功的条件，作为一个领导者你具体会为他们做些什么？

本章要点回顾

领导情境理论是一种指导性的领导方法，为领导者如何在不同类型的组织情境中完成各种组织任务时更有领导效能提出了一些建议。该理论还建立了一个模型，建议领导者如何根据特殊情境要求采取适当的领导行为。

领导情境理论把领导风格分成四种类型：高指导性—低支持性的S1类型、高指导性—高支持性的S2类型、高支持性—低指导性的S3类型以及低支持性—低指导性的S4类型。情境领导模型描述了如何把这四种领导风格应用到处在不同成熟程度的下属身上，从D1（能力较低但意愿很强）到D2（有些能力但意愿较低）到D3（有些能力但缺乏意愿）到 D4（能力很强而且意愿很高）。

　　如果领导者在一个任务情境下能准确地判断出下属的成熟程度，然后采用与情境相匹配的领导风格，这时有效的领导行为就会发生。

　　领导情境理论是用问卷调查来测量领导的，让被调查者对一系列与工作有关的情境做出评价。问卷调查能测量出领导者的判断能力、灵活性和有效性，有助于领导者改变自己的领导风格，在不同的情境下更有效能。

　　情境理论有四个主要的优点。第一，很多人把它作为培训领导者的标准。第二，它是一种很实用的理论，易于理解和运用。第三，如果领导者想提升他们的领导效能，该理论为他们提供了一套清晰的指导建议。第四，领导情境理论承认并强调不是只有一种最佳的领导风格，领导者需要具有灵活性，让自己的领导风格适应不同的情境需求。

　　对情景领导理论的批评认为该理论也存在一些局限性。和很多其他的领导理论不同，该理论没有用大量的研究结果来证明和支持它所依赖的前提条件和理论基础。因此，该理论在对定义领导过程的某些方面时有些模棱两可。该理论没有清楚地说明下属如何从低的成熟程度过渡到高的成熟程度，也没有说明下属的意愿是如何随着时间而发生变化的。没有基础的研究结果支持，让领导风格与下属的成熟程度相匹配的建议就会受到质疑。另外，该模型也没有说明人口统计特征如何影响员工对领导风格的喜好。最后，该模型没有提供指导原则去指导领导者如何在团队和一对一的情境之间运用该理论。

第 6 章

权变理论

什么是权变理论?

尽管有很多种领导理论都能被称作权变理论,但是最广为接受的还是费德勒以及费德勒和加西亚(Fiedler,1964,1967;Fiedler & Garcia,1987)提出的权变理论。权变理论是一种"领导匹配"(leader-match)理论(Fiedler & Chemers,1974),即试图将领导者与适当的情境相匹配。之所以称其为权变理论(contingency),是因为该理论认为领导的有效性取决于领导者的风格与情境相适应的程度。为了了解领导者的效能,很有必要先了解他们领导行为所处的情境。有效领导是依据领导者的风格与情境相匹配的程度而定的。

费德勒权变理论是通过研究不同情境(主要是军事组织)中领导者的风格而发展起来的。他评价了领导者的风格、工作情境以及领导效能。在分析了数百名领导者的领导风格后,费德勒和他的同事根据实证研究总结了在某一特定的组织情境下,哪种领导风格是最好的、哪种是最差的。

总之，权变理论与领导者的风格和情境（styles and situations）有关。它为领导者和情境的有效匹配提供了理论构架。

领导风格

在权变理论的架构内，领导风格被描述为任务取向型（task motivated）或关系取向型（relationship motivated）。任务取向型的领导者主要关注目标的实现，而关系取向型的领导者关注的是发展良好的人际关系。为了测量领导风格，费德勒建立了最难共事者（Least Preferred Coworkers，LPC）评分体系。在这个体系中，得分高的领导者被视为关系取向型，得分低的领导者被视为任务取向型。

情境变量

权变理论认为情境可以从三个因素上来定义：领导者—成员关系（leader-member relations）、任务结构（task structure）和职位权力（position power）（见图 6—1）。领导者—成员关系是指群体氛围、追随者对领导者的信任、忠诚和吸引程度。如果群体氛围是积极的，而且下属信任、愉快并与领导者和睦相处，那么领导者和成员的关系被认为是积极的；相反，如果群体氛围不友好，群体内部存在隔阂，领导者和成员的关系就被认为是消极的。

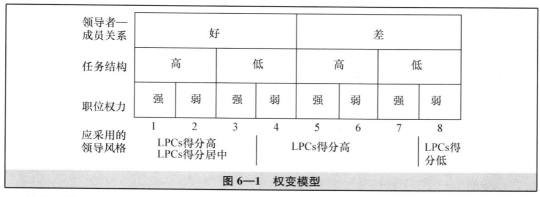

图 6—1　权变模型

资料来源：Adapted from *A Theory of Leadership Effectiveness*，by F. E. Fiedler，1967，New York：McGraw-Hill. Used by permission.

情境的第二个变量是任务结构，是指一项任务的要求是否清晰以及是否被清晰地说明。构建完善的任务会给予领导者更多的控制权，而模糊不清的任务会削弱领导者的控制和影响。一项任务在以下情况中才被认为是结构清晰的：（1）任务的要求被清晰地说明，而且为每个操作的人所了解；（2）完成任务的途径几乎是固定的；（3）任务的完成与否能清楚地显示；（4）仅存几种正确方法去完成任务。任务被很好构建的一个例子是麦当劳里完成清洁任务的奶昔机。向员工清晰地说明该机器的使用规则，这种机器只有一种使用方法，并有办法核实该机器是否被使用过，还能轻易地判断出使用方法是否正确。未能很好构建任务的一个例子是当地志愿者组织举办的一次募捐活动。募捐活动没有一套明确的规则可循，完成本次活动还能采用许多其他的方式，人们无法判断完成任务的方法是否正确，另外，最佳的方法也不止一种。

职位权力是情境的第三个特征，是指一个领导者奖励或惩罚追随者的权力。它包括个人因其在组织中所处的职位而拥有的法定权力。如果一个人有权力决定雇用、解雇、升职和加薪，那么他的职位权力就强。如果他没有权力做这些事情的话，那么他的职位权力就弱。

总体来讲，这三个情境因素决定了各种情境的"受欢迎程度"。"最受欢迎"的情境具有：良好的领导者—成员关系、明确具体的任务、强的职位权力；而在"最不受欢迎"的情境里，领导者—成员关系差、任务不明确、职位权力弱；而"中度受欢迎"的情境则介于两者之间。

根据研究结果，权变理论认为某些领导风格在某些情境下是有效的。任务取向型的人（LPC 得分较低）在最受欢迎的情境下以及最不受欢迎的情境下都有领导效能。也就是说，任务取向型的人在非常顺利的情境下有效，在失去控制的情境下也有效。关系取向型的人（LPC 得分较高）在中度受欢迎的情境下很有效，即事情既不是完全在掌握之中但也没完全失去控制。

为什么 LPC 得分高的领导者在中度受欢迎的情境下很有效，以及为什么 LPC 得分低的领导者在最受欢迎的情境下以及最不受欢迎的情境下都有效，这个问题还没有完全得到解答。费德勒（Fiedler，1995）在解释权变理论时对这个问题作了一定程度的补充解释。对为什么在不合适的情境下工作的领导者没有效能，他给出了以下的推理思路：

（1）一个 LPC 风格与特定情境不匹配的领导者感觉到紧张和焦虑；

（2）在压力下，领导者会采用不成熟的应对办法，即照搬早期发展中学习到的模式；

（3）领导者不成熟的应对方法会产生低质量的决策，导致消极的工作成果。

虽然能对权变理论做出各种各样的解释，但是研究者对这一理论的内部机制尚不清楚。

如何运用权变理论？

通过测量一个领导者的 LPC 分数与三项情境因素，可以预测出该领导者是否会在一个特定的情境下有效。图 6—1 描述了领导者的风格和不同类型的情境之间的关系。对这个图的最好理解是从上至下地去解释每行代表的意义。例如，具有良好的领导者—成员关系、任务结构明确和强的职位权力的情境应该属于第 1 类，即最受欢迎的领导风格。领导者—成员关系差、任务结构不明确、职位权力弱的情境属于领导风格的第 6 类。图 6—1 呈现了八种类别，通过评估这三个情境变量，任何组织情境都能从中找到相应的类别。

一旦情境的性质被确定，就能对领导者的风格和情境之间的匹配程度做出评价。图 6—1 表明 LPC 得分低的领导者在第 1、2、3、8 种类别中很有效，LPC 得分高的领导者在第 4、5、6、7 类别中很有效。LPC 得分处在中间的领导者在第 1、2、3 类别中很有效。如果一个领导者的领导风格与模型中相应的类别很吻合，那么他会很有领导效能。如果领导者的领导风格与类别不符，那这个领导者会缺少领导效能。

权变理论强调领导者不是在所有情境下都有效，这一点很重要。如果你的风格与你所工作的情境很匹配，那你会取得成功。如果你的风格与情境不匹配，那你很有可能会失败。

权变理论有什么优势？

权变理论有其优点。第一，它得到了一大批实证研究的支持（Peters，Hartke，& Pohlman，1985；Strube & Garcia，1981）。在这个印刷媒体和电子媒体充斥着大量关于"如何成为一个成功的领导者"叙述的时代，权变理论为有着悠久传统的领导学研究提供了一个研究方法。许多研究者对它进行了检验，发现它能充分可靠地解释如何实现有效领导。权变理论是以研究为基础的。

第二，通过让我们考虑情境对领导者的影响，权变理论拓展了我们对领导的理解。在权变理论发展之前，领导理论主要集中讨论是否存在一种单一的、最好的领导风格（例如特质理论）。然而，权变理论强调领导者风格和各种情境需求之间关系的重要性。从本质上讲，权变理论把重点转移到了领导情境上，特别是领导者与工作情境之间的联系。

第三，权变理论具有预测性，因此，它能为某些情境下哪种领导风格可能最有效提供信息。根据 LPC 和情境的三个因素（即领导者—成员关系、任务结构和职位权力）所提供的数据，我们能确认出某人在特定的情境下取得成功的可能性。权变理论具有其他领导理论所没有的预测和判断能力。

第四，权变理论并不要求领导者在所有情境下都有效。组织里的领导者常常觉得有必要对所有人所有事都面面俱到，但这样可能对他们要求太高。权变理论认为领导者不应该期望在每一种情境中都能起到领导作用。组织应尽量把领导者放在最适合的、与他们的领导风格最匹配的情境中。当领导者的风格与情境不相符时，就应该努力对工作做出调整或把领导者调离到另外一个情境中。权变理论需要领导者和情境相匹配，但不要求领导者适合每一种情境。

第五，权变理论提供了关于领导风格方面的数据，对组织内领导形象的发展很有益处。可以采用 LPC 提供的信息以及人力资源计划的其他评价来构建员工的个人形象，以确定他们如何以及在哪个位置能最好地为组织服务。

权变理论有什么缺点？

尽管有很多研究支持权变理论的有效性，但在权变理论方面还是有很多批评的意见。下面简单地讨论一下这些批评，希望能帮助大家明确权变理论作为一种领导理论的整体价值。

首先，权变理论受到批评是因为它没有充分解释为什么某种领导风格在某些情境中会比在其他情境中更有效。费德勒（Fiedler，1993）称之为"黑匣子问题"，因为为什么任务取向型的领导者在极端情境中表现良好，而关系取向型的领导者在中等受欢迎的情境下表现良好仍然是一个谜。

为什么 LPC 得分低的领导者在极端情境中很有效，权变理论给出的答案是：这些领导者在这种有很强控制力、并能随心运用权力的情境下很有自信。另一方面，LPC 得分高的领导者在极端情境下没有效力，是因为当他们有大量的控制力时，他们往往反应过度，而当他们几乎没有控制权时，他们会把重点放在人际关系上，无法完成任务。在中间情境下，LPC 得分高的领导者很有效，是因为他们能处理好人际关系，LPC 得分低的领导者会因为缺乏确定性而对这一问题感到沮丧。因为批评者认为这些解释不是特别充分，所以权变理论经常受到质疑。

对权变理论的第二个主要批评与 LPC 问卷有关。LPC 受到质疑，因为它看起来并非有效，与其他标准的领导测量工具也没有很好地联系（Fiedler，1993），并且很难正确地完成。

LPC 问卷通过让被调查者对另外一个人的行为做出描述来测量被调查者的领导风格。因为在这种测量方式中含有推断的成分，所以很难让被调查者理解他们对另一个人的描述是否反映了自身的领导风格。从表面上看也很难理解为什么通过你对他人的评估可以测出你自己的领导风格。

权变理论的支持者对这种批评是这样回应的：LPC 问卷是用来测量一个人的动机层面的，但是这个理由对很多人来说并不是很充分。那些具有积极任务取向的人以一种否定的眼光去看待他们的最难共事者，因为这些人阻碍了他们达成目标。对他们来说，完成工作是摆在第一位的，人际关系只是在完成工作之后要关心的问题。另一方面，那些关系取向型的人以积极的心态去看待他们的最难共事者，因为他们的首要目标是与人友好相处，完成任务只是他们第二位的目标。简而言之，LPC 通过评价被调查者在自己达成目标过程中对起阻碍作用的人的态度来测量领导风格。

虽然完成问卷只需要几分钟的时间，但是 LPC 测验的说明不是很清楚，它们没有充分解释被调查者如何去选择最难共事者。一些被调查者可能会对谁是他们最不喜欢的同事和谁是最难共事的同事感到迷惑。因为他们的最后得分是基于他们的选择。因为在选择谁是最难共事者方面缺乏明确的方向，所以 LPC 测量是有问题的。

尽管费德勒和他的同事们通过研究来支持 LPC 测试—重测的可靠性（Fiedler &

Garcia，1987），但是它仍然受到许多实践者的怀疑，因为它缺乏表面效度。对权变理论的另一个批评是，它在现实情境中运用非常麻烦。因为这需要对领导者的风格以及三种复杂情境因素（领导者—成员关系、任务结构和职位权力）进行评估，并且每一次评估都需要不同的测量工具。在现行的组织内展开这样的问卷调查会很困难，因为它打破了组织内部的交流和运作。

对权变理论的最后一个批评是，它未能充分解释当领导者的风格与其工作情境不匹配时，组织应该做些什么。因为权变理论是一个个性理论，它没有教授领导者如何让他们的风格适应各种情境，以此来提升自己在组织内的领导。相反，这种方法倡导领导者改造情境，在本质上说就是改变情境以适应领导者。虽然费德勒和他的同事认为，大多数情境都能从一个方面或另一个方面做出改变以适合领导者的风格，但是如何对情境做出改变该理论没有清楚地说明。

事实上，改变工作情境以适应领导者的领导风格并不总是那么容易。例如，如果一个领导者的风格与一种任务建构散乱、职位权力低的情境不相匹配，那么，该领导者不可能改变这种情境下的任务建构，更无法提升自己的职位权力。同样，组织内管理职位的提升可能意味着领导者进入到一种新的情境，而这种情境与他的风格是不相符的。例如，LPC 得分高的经理（关系取向型）可能会被提升到一个具有良好的领导者—成员关系、任务结构清晰、职位权力高的情境中，根据权变理论，在这种情境下他是没有领导效力的。当然，如果公司去改变这种情境可能会出现问题，因为在大多数情况下这被认为是过于理想化的。总的来说，改变情境可能会带来积极的成果，但是也会给组织的工作带来重大问题。

权变理论在实践中的应用

权变理论在许多组织中得到应用，因为它可以被用来回答不同类型组织中关于个人领导的一些问题。例如，它可以用来解释为什么一个人在特定的职位上没有领导效力，即使此人是一个有责任心、忠诚、工作勤奋的经理。在某一职位上表现良好的个人被调到组织内另外一个截然不同的职位上以后是否具有同样的领导效力，该理论能对此做出预测。此外，权变理论意味着上层管理人员可能对低层职位做出改变以确保现任的经理与这个特殊的工作情境相匹配。这些仅仅是该理论用于组织中的少数几种方法。

权变理论应用案例

以下三个案例（案例 6—1、6—2 和 6—3）提供了从权变理论的角度去分析和评价领导情境的例子。当你阅读案例时，尝试使用权变理论的原则对它们做出诊断。图 6—1 提供的信息会帮助你对每个案例进行分类。每个案例的最后会提出一系列问题，以帮助你分析。

案例 6—1

对学生会没有控制

塔玛拉·波波维奇在当地的一所大学上学，她被选为了学生会主席，她很喜欢学生会的其他成员，他们似乎也很喜欢她。她上任后的首要任务是为学生电脑费用制定了新的政策。这是第一次调整电脑费用，所以对政策中应该包括什么内容没有具体的准则。因为学生会的成员是由学生选出来的，所有塔玛拉并不能控制他们的工作方式，也无权进行奖励或惩罚。在领导课程上，塔玛拉做了一份 LPC 的问卷调查，她的得分是 98 分。

问题：

1. 作为学生会主席，塔玛拉该怎么做？
2. 根据她的 LPC 得分，什么是她的首要需求？
3. 这些需求会如何影响她制定新的电脑收费政策的能力？
4. 塔玛拉应如何改变这种情境，以适合她的管理风格？

案例 6—2

让他难堪

比尔·史密斯在一所高中当了 15 年的乐队老师。每年，他都负责策划和开展不同类型的假日音乐会。今年，他计划与合唱团联合呈现一个特别的爵士节目。出于某种原因，乐队和合唱团成员总是跟比尔过不去，还不断给他制造麻烦。乐队及合唱团是课外活动团体，学生自愿参加。在当地大学的管理课上，比尔做了 LPC 问卷调查，他的得分为 44 分。

问题：

1. 根据图 6—1，这种情境属于哪一类？

2. 比尔努力做的假期节目会成功吗？

3. 学校当局应该对比尔的职位进行调整吗？

案例 6—3

谁是最合适的领导者？

通用制药是一个家族制药公司，生产如阿司匹林和维生素等普通药品。该公司的董事们对公司的管理表示出浓厚的兴趣，该公司传统的管理一直很专制，现在他们希望能改造成团队合作的模式。

为了设计和实施新的管理体制，老板决定设立一个新的职位。这个位置上的人将直接向董事们汇报，并完全可以对所有直接参与新体制的管理人员进行绩效评价。公司内部的两名员工已经对该职位提出了申请。

玛尔塔·利已经在通用制药工作了 15 年，曾 3 次被她的同事评为"最优秀的经理"。她待人友好而真诚，对达成短期和长期目标极其认真。人事部门让她做 LPC 问卷调查，她得到了 52 分。

比尔·华盛顿 5 年前来到通用制药，在组织发展方面有很高的水平。他是培训部的经理，他所有的下属都说他是他们见过的最好的经理。在公司，比尔被认为是一个真正会处事的人。其 LPC 的得分是 89 分，这正是他声誉的体现。

问题：

1. 根据权变理论，公司董事会选择哪一位申请人来领导新的管理体制？为什么？

2. 董事能根据权变理论来定义这个新职位吗？即让申请者中某个人比另外一个人更适合这一职位？

3. 运用权变理论对通用制药会有益吗？

权变理论领导风格测量工具

权变理论采用 LPC 问卷调查表来测量一个人的领导风格。例如，这一测验通过让你描述一个很难共事的同事来测量你的领导风格。你选择的这个人不需要是你最讨厌的，而是你最不愿意一起共事的。当你选择好要描述的对象后，LPC 工具会要求你用 18 组形容词来描述他。

LPC 得分低（low LPCs）的人是以任务为取向的。他们的首要需求是完成任务，如何与人相处是摆在第二位的。在某一工作环境中，他们关心的是成功完成既定任务，即使以同事之间的人际关系为代价。LPC 得分低的人通过实现目标来获得自尊。他们也会关注人际关系，但是在他们完成团队任务之后。

LPC 得分居中（middle LPCs）的人属于社会自主型。在工作中，他们自我指导，而不是过分地关心任务或他人的评价。他们更不受情境的影响，行动上比 LPC 得分低或得分高的人更加独立。

LPC 得分高（high LPCs）的人是以关系为取向的。这些人在组织里的满足感主要是从人际关系中获得的。LPC 得分高的人会从最不愿意共事的同事身上发现积极的品质，即使他们与此人相处得并不愉快。在某一组织情境下，LPC 得分高的人也会关注任务，但是在他们确保人与人之间融洽相处之后。

LPC 测量工具

说明：想想你最难相处的同事。这个人可以是你现在的同事，也可以是你过去的同事。这个人没必要是你最不喜欢的，但应该是最难与你共事的。描述一下这个人，选择最合适的数字。

1. 快乐	8	7	6	5	4	3	2	1	不快乐
2. 友善	8	7	6	5	4	3	2	1	不友善
3. 拒绝	1	2	3	4	5	6	7	8	接纳
4. 紧张	1	2	3	4	5	6	7	8	轻松
5. 疏远	1	2	3	4	5	6	7	8	亲近
6. 冷漠	1	2	3	4	5	6	7	8	热心
7. 助人	8	7	6	5	4	3	2	1	敌意

8. 沉闷	1	2	3	4	5	6	7	8	有趣
9. 好争	1	2	3	4	5	6	7	8	宽容
10. 郁闷	1	2	3	4	5	6	7	8	开朗
11. 开放	8	7	6	5	4	3	2	1	封闭
12. 中伤	1	2	3	4	5	6	7	8	忠诚
13. 不可靠	1	2	3	4	5	6	7	8	可信
14. 体贴	8	7	6	5	4	3	2	1	不体贴
15. 令人厌恶	1	2	3	4	5	6	7	8	讨人喜欢
16. 宜人的	8	7	6	5	4	3	2	1	难相处的
17. 不真诚	1	2	3	4	5	6	7	8	诚实
18. 友好	8	7	6	5	4	3	2	1	不友好

资料来源：Adapted from "The LPC Questionnaire," in *improving Leadership Effectiveness* by Fielder, F. E., & Chemers, M. M. Copyright © 1984. Reprinted with permission.

得分说明

把 18 个描述的得分相加就是你 LPC 最后的得分。如果你的得分在 57 分以下，你属于 LPC 得分低的，这表明你是以任务为导向的。如果你的得分在 58～63 分之间，你的得分居中，说明你属于自主型。得分在 64 分以上，你属于 LPC 得分高的，说明你是以关系为导向的。

因为 LPC 是一种人格测量工具，你通过 LPC 得到的分数是相当稳定的，不易改变。随着时间的流逝，LPC 得分低的人仍然偏低，得分居中的仍然居中，得分高的依然很高。正如本章前面所指出的，研究表明 LPC 重测的信度是非常强的。

本章要点回顾

权变理论表现了领导学研究从关注领导者转移到关注领导者以及他们工作的情境上。权变理论是一种领导者的匹配理论，强调领导者的领导风格与情境需求匹配的重要性。

为了测量领导风格，研究者们采用的是一种被称为最难共事者量表的个性测量工具（LPC 测验）。这一测验描述出三类领导者：以任务为导向的领导者（LPC 得分低的）、社会自主型的领导者（LPC 得分居中的）、以关系为导向的领导者（LPC 得分高的）。

为了测量情境，需要对它的三个变量进行评估：领导者—成员关系、任务结构和职位权力。三个变量结合在一起，指出了最有机会获得成功的领导风格。一般说来，权变理论认为 LPC 得分低的人在极端的情境中很有领导效力，LPC 得分高的人则适合于中间情境。

权变理论有以下优势：它得到了大量研究的支持；它是第一个强调情境对领导者产生影响的领导理论；它能预测领导效能；它不要求领导者在所有情境下都有效；它可以提供有用的领导参数。

同时，权变理论也受到了很多批评，因为它没有充分解释领导风格与情境之间的联系，并过分依赖 LPC 量表，而 LPC 量表的有效性和可操作性一直受到质疑。权变理论很难运用到现行的组织中。最后，它没有完全解释组织在情境变化时如何运用这一理论。尽管存在许多不足，但是权变理论对我们理解领导过程作出了重大贡献。

路径—目标理论

什么是路径—目标理论?

  路径—目标理论是关于领导者如何激励下属完成指定目标的理论。路径—目标理论在很大程度上借鉴了关于什么能激励员工的研究,它最早出现在 20 世纪 70 年代早期的领导学文献中,包括埃文斯(Evans,1970)、豪斯(House,1971)、豪斯和德斯勒(Dessler,1974),以及豪斯和米切尔(House & Mitchell,1974)的著作。这一领导理论的既定目标是通过关注员工的动机来提高员工的绩效和满意度。

  路径—目标理论与第 5 章的情境理论和第 6 章的权变理论不同,情境理论强调领导者必须适应下属的成熟程度,权变理论强调领导者的风格要与具体的情境变量相匹配,而路径—目标理论强调领导者的风格与工作情境和下属特征之间的关系。

路径—目标理论中的假设前提来自于期望理论。期望理论认为，如果下属觉得自己能胜任工作，相信自己的努力会产生一定的成果，并认为工作报酬是合理的，他们就会受到激励。

对于领导者而言，这一理论提出的挑战是，如何采取一种最恰当的领导风格来满足下属积极性的需要，所以选择的行为要能弥补工作环境中的缺失部分。领导者通过给下属提供信息或在工作环境中对下属进行奖赏来促进下属达成目标（Indvik，1986）；领导者还为下属提供一些在实现目标时所需要的条件。

根据豪斯和米切尔（House & Mitchell，1974）的观点，如果能提高下属从工作中得到的报酬和奖赏种类，那么领导就能对下属进行激励。另外，如果通过培训和指导使得目标途径变得很清楚而且容易实现，如果扫清了目标道路上的障碍物，如果这项工作能使员工的满意度更高，那么领导行为也能起到激励作用（见图 7—1）。

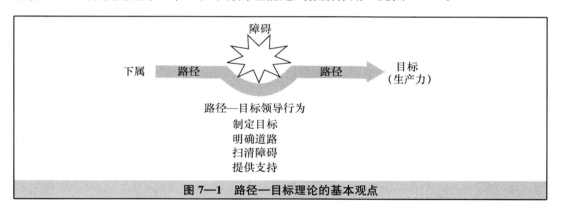

图 7—1　路径—目标理论的基本观点

简言之，路径—目标理论可以解释为：领导者如何通过选择特定的行为，即最适合下属需要和工作情境需求的行为来帮助下属沿着通向他们目标的道路前进。通过选择恰当的领导风格，领导者增强了下属对成功的期望和满意度。

从概念上看，路径—目标理论是很复杂的。如果把它分解成许多小的组成部分，我们能更好地理解该理论的复杂性。

图 7—2 说明了路径—目标理论的主要组成部分，包括领导者的行为、下属特征、任务特征和动力。路径—目标理论认为，每一种领导行为都会对下属的动力产生不同的影响。特定的领导行为是否能够激励员工与员工个性特征以及任务特点密切相关。

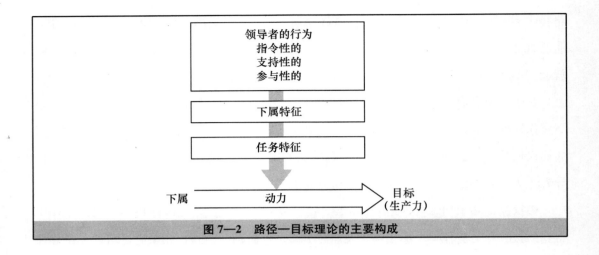

图 7—2　路径—目标理论的主要构成

领导者的行为

尽管许多不同的领导者的行为可以被选为路径—目标理论的一部分，但这种方法目前主要研究了指令性（directive）、支持性（supportive）、参与性（participative）和以成就为导向（achievement-oriented）的领导行为。路径—目标理论明确表示还会研究其他的领导行为。

指令性领导

指令性领导，类似于俄亥俄州立大学研究（Halpin & Winer，1957）中"定规"的概念和情境领导中描述的"指示"风格。它是指领导者对下属的任务进行指导，包括对他们的期望、如何完成任务以及时间表的制定。指令性的领导者会对下属制定一个明确的标准，并把规则和规章明确地传达给下属。

支持性领导

支持性领导类似于第 4 章俄亥俄州立大学研究中的关怀行为。支持性领导指的是作为一名领导者要与人为善，要考虑下属的福利和需求。领导者通过支持性行为让下属愉快地工作。此外，支持型领导者还平等地对待下属，对他们给予应有的尊重。

参与性领导

参与性的领导者会邀请下属一起参与决策，会向他们咨询，了解他们的想法和意见，在制定组织进一步的发展决策中考虑他们的建议。

以成就为导向的领导

以成就为导向的领导者会激励下属最出色地完成工作。领导者为下属设立了很高的标准，力求精益求精。除了对下属有很高的期望之外，这类领导者对下属表现出高度的信任，相信他们能完成一些有挑战性的目标。

豪斯和米切尔（House & Mitchell，1974）提出，领导者可能在不同的情境下对不同的下属展现出这四种领导风格中的某一种或全部风格。路径—目标理论不像特质理论那样把领导者锁定在一种领导风格内。领导者要让他们的领导风格适应不同的情境或下属的动机需求。例如，如果下属在工作中的某个阶段需要参与性领导，而在另一阶段需要指令性领导，那么领导者能根据需求改变他的风格。不同的情境可能需要不同类型的领导行为。此外，可能会出现要求领导者在同一时间使用多种风格的情况。

除了领导者的行为，图 7—2 还阐释了路径—目标理论的另外两个主要因素：下属特征和任务特征。这两组特征都会影响到领导者影响下属动机的行为。换句话说，领导的影响力也要视下属特征以及他们的任务特征而定。

下属特征

下属特征决定了下属在既定的工作环境下如何理解一个领导者的行为。研究者对下属的归属需求（needs for affiliation）以及他们对组织结构的喜好（preferences for structure）、控制欲（desires for control）和自我能力评估（self-perceived level of task ability）等方面进行了研究。这些特征决定了在何种程度上下属能从领导者的行为中间接地获得当前的和未来的满足。

路径—目标理论预测，有强烈归属需求的下属更喜欢支持性领导，友好、关心的领导行为是他们获得满足的源泉。在不确定的环境下，对于那些具有教条主义和权力主义的下属，路径—目标理论建议采用指令性领导，因为指令性领导在心理学结构和任务的清晰化上提供帮助，使这些下属更加明确目标的途径。当领导者提供了一个更具有确定性的工作环境时，此类下属会感到更舒适自在。

在路径—目标理论的研究中，下属的控制欲已经受到了特别的关注，通过对个性构建的研究发现控制源可分为内控和外控。内控倾向（internal locus of control）的下属认为他们自己掌控着生活中的事情，而外控倾向（external locus of control）的下属则认为是机会、命运或外在力量决定着自己的人生。路径—目标理论认为，对于内控型下属，最好的方式是参与性领导，因为这样能让他们感觉到自己控制着工作，并参与着决策制定。对于外控型下属，路径—目标理论认为指令性领导是最好的，因为这样会让下属感觉到确实有外在力量控制着他们。

领导还可以通过另外一种方式影响下属的动机，那就是下属在完成既定任务时对自我能力的评估（subordinates' perception of their own ability）。随着下属对自己的能力越来越有信心，对指令性领导的需求就会越来越少。实际上，当下属觉得自己有能力完成工作时，指令性领导就变得多余或者说是控制过度了。

任务特征

除了下属特征外，任务特征（task characteristics）在领导者的行为影响下属的动机时也起到了重大作用（见图 7—2）。任务特征包括设计下属的任务（subordinates' task）、该组织的正式权力体系（formal authority system）以及下属的主要工作群体（primary work group）等。总的来说，这些特征本身可以激励下属。当某一情境提供了一个清晰的结构任务、强有力的群体规范和完善的权力体系时，下属会很容易地找到通往理想目标的途径，而不需要领导者来帮他们明确目标或指导他们如何完成这些目标。下属会认为他们能够完成工作，并觉得他们的工作是有价值的。在这些情境下，领导行为就显得不重要、不必要或者说是控制过度了。

尽管如此，在某些情况下，任务特征要求有领导参与。当任务不明确时，需要领导参与以明确任务结构。此外，高度重复性的任务也需要领导的支持以保持下属的积极性。在正式权力体系比较薄弱的工作环境中，领导通过制定规则和明确工作要求来帮助下属。在群体规范较弱或缺乏支持的环境中，领导能有助于建立团队凝聚力和角色责任感。

路径—目标理论特别关注如何帮助下属克服障碍。在工作中下属遇到的障碍可能就是某些威胁。具体来说，障碍会让员工产生过度的不确定性和挫折感。在这些情境下，路径—目标理论认为，帮助下属清除这些障碍或绕过这些障碍是领导者的责任。帮助下属解决这些障碍会提高下属的期望，让他们期待自己能够完成任务，并增加对工作的满足感。

1996 年，豪斯发表了新路径—目标理论，把领导行为扩展到了八类。除了本章前面讨论的四种领导行为：（1）指令，（2）支持，（3）参与，（4）成就导向，新理论还增加了：（5）工作支持，（6）群体化决策过程，（7）工作团队的表现和相互联系，（8）以价值为基础的领导行为。新理论的本质和原先的理论一样：为了提高效率，领导者需要帮助下属，给下属提供工作环境中缺少的东西，并帮助他们弥补能力上的不足。

如何运用路径—目标理论？

路径—目标理论是一种理论上复杂却很有实效的领导学说。在理论上，它提供了一套假设，说明了不同的领导风格如何与下属特征和工作环境相互作用来影响下属的动机。在实践中，该理论为领导者如何用令人满意的方式帮助下属完成工作指出了方向。表 7—1 阐述了在路径—目标理论中领导者的行为是如何与下属特征和任务特征联系起来的。

表 7—1　　　　　　　　　　路径—目标理论：如何发挥作用

领导者的行为	下属特征	任务特征
指令性的 提供指导和心理支持	教条主义的 权力主义的	模糊不清 规则不明确 复杂
支持性的 提供支持	不满足的 有隶属需求 需要人文关怀	重复 没有挑战 平凡
参与性的 参与	自主的 有控制欲 要求清晰度	模糊不清 不清楚 没有建构
以成就为导向的 提供挑战	高期望 胜过他人	模糊不清 有挑战性 复杂

从理论上讲，路径—目标理论表明，领导者需要选择一种与下属需求以及他们正在进行的任务最为匹配的领导风格。该理论还指出，指令性领导风格最适合用在这样的情

境下——下属具有教条主义和权力主义、任务要求模糊不清、组织规则不明确、任务很复杂。在这种情境下，指令性的领导能为下属提供指导和心理支持（House & Mitchell，1974，p.90）。

在任务构建明确，但不能令人满意、甚至令人沮丧的情境下，路径—目标理论建议领导者应该使用支持性领导风格。在下属从事重复的、没有挑战性的任务时，支持性风格能给予他们支持，使得那些从事平凡、单调工作的下属感觉到人性关怀。

当任务模糊不清时，参与性领导被认为是最好的，因为它能更清楚地解释特定路径如何达到特定目标，让下属了解什么路径会导致什么结果（House & Mitchell，1974，p.92）。另外，当下属有很强的自主性和控制欲时，参与性领导也能起到积极的作用，因为这种类型的下属能从参与决策和工作建构中获得满足。

此外，路径—目标理论认为，以成就为导向的领导风格在下属被要求完成不明确的任务时最有效。在这些情境中，领导者对下属提出挑战，并为他们设定高标准，从而提升下属的信心，让他们相信自己有能力实现目标。事实上，以成就为导向的领导风格能让下属觉得他们的努力会带来有效的结果。但是，在任务结构很明确的情境中，以成就为导向的领导风格似乎无法有效地唤起下属对工作成就的期望。

在实践中，路径—目标理论简单明了。一个高效的领导者应该考虑下属的需要。领导者应该帮助下属确定他们的目标以及达成这些目标的路径。当障碍出现时，领导者需要帮助下属面对困难，或者帮助他们清除障碍。领导者的工作是通过指点、引导和培训帮助下属达到目标。

路径—目标理论有什么优势？

路径—目标理论有以下积极的特性。首先，路径—目标理论为了解各种领导行为如何影响下属的满意度和工作表现提供了有益的理论框架。它是最早从概念上对四种不同的领导风格（指令、支持、参与和成就导向）进行描述的理论之一，扩展了先前研究的重点——先前的研究只关注于任务导向行为和关系导向行为（Jermier，1996）。路径—目标理论也是最早的情境和权变领导理论之一，解释了任务特征和下属特征如何影响下属表现。路径—目标理论提供了一个框架，告诉领导者如何根据不同的任务需求和不同类型的下属选择最合适的领导风格。

路径—目标理论的第二个优点是，它试图把期望理论中的动机原则融入领导理论中。这使得路径—目标理论与众不同，因为没有其他领导学说像这样直接把动机融入其中。路径—目标理论促使我们不断地提出类似以下有关下属动机的问题：我如何才能激励下属让他们觉得自己有能力去完成工作呢？我如何才能帮助他们认识到如果成功完成工作后会得到奖励？我能做些什么来提高下属所希望获得的报酬？路径—目标理论旨在让这些涉及动机的问题一直处在领导者头脑中的最前沿。

路径—目标理论的第三个优点可能是其最大的优点，它提供了一个在某些方面非常实用的模型。该模型（见图 7—1）突出强调了领导者帮助下属的重要途径。它要求领导者明确达成目标的路径，并帮助下属清除或绕过道路上的障碍。该理论用最简单的方式提醒领导者：领导的首要目的是在下属达成目标的道路上对他们进行指导。

路径—目标理论有什么缺点？

虽然路径—目标理论有诸多优点，但也有一些明显的缺点。首先，路径—目标理论是如此复杂，因为它整合了领导许多不同的方面，所以使得解释起来很混乱。例如，对于构建程度不同的任务、清晰度不同的目标、不同能力水平的下属、正式权力程度不同的组织，路径—目标理论在预测四种领导风格中哪一种最合适时就比较混乱。至少可以说，在选择最佳领导风格时要同时考虑到所有这些因素是一项艰巨的任务。由于路径—目标理论的范围太广泛，涵盖了这么多相互关联的假设，所以很难在一个特定的组织情境中充分运用这个理论去改善领导过程。

路径—目标理论的第二个局限是，它仅仅得到了许多检验其有效性的实证研究的部分支持（House & Mitchell, 1974；Indvik, 1986；Schriesheim, Castro, Zhou, & DeChurch, 2006；Schriesheim & Kerr, 1977；Schriesheim & Schricsheim, 1980；Stinson & Johnson, 1975；Wofford & Liska, 1993）。比如说，有一些研究支持这样的预测：当任务不明确时，领导者的指令效力与下属的满意度呈正相关。但其他研究没有

证实这一关系。此外，该理论的不同方面没有得到同等重视。大量的研究都是针对指令性领导和支持性领导的，只有很少一部分是针对参与性领导和以成就为导向的领导的。由于这些研究结果至今没能充分一致地证明路径—目标理论所提出的基本假设和推论，所以路径—目标理论的结论仍然被认为是初步性的（Evans，1996；Jermier，1996；Schriesheim & Nelder，1996）。

另一种对路径—目标理论的批评是，它不能充分解释领导行为和员工动机之间的关系。路径—目标理论的独特性在于它结合了期望理论的观点，但它不能解释领导是如何与这些原因产生联系的。期望理论的原则认为，如果下属相信自己的能力，并相信努力之后会得到结果，那么下属会被激励，但路径—目标理论没有描述领导者是如何使用各种不同的领导风格直接帮助下属确立信心，相信自己有能力并能获得成功。例如，路径—目标理论并没有解释在任务不明确的情况下指令性领导如何增强下属的信心。同样，它没有解释在烦闷的工作环境中支持性领导如何与下属的动机相关联。其结果是，实践者们还是不能充分了解他的领导行为会如何影响下属对工作的期望。

最后一种批评与该理论的一个实际结果有关。路径—目标理论认为，领导者为下属提供指导和培训，帮助下属界定和明确目标，并帮助他们清除目标前进道路上的障碍，这些都是很重要的。实际上，该理论把领导过程视为一种单向行为，即领导者影响下属。但这种"帮助"型的领导方式潜在的困难是，下属在完成任务的过程中可能很容易对领导者产生依赖。路径—目标理论把大量的责任加在了领导者身上，而对下属的要求很少。随着时间的推移，这样的领导行为可能会适得其反，因为它加深了下属的依赖感，没有让下属完全认识到自己的能力。

路径—目标理论在实践中的应用

路径—目标理论不是一种制定管理培训方案的领导理论。你也不会找到名为"改善你的路径—目标领导"或"评估你的路径—目标领导技能"的研讨会。不过，路径—目标理论确实在提升个人领导能力时为现行的组织提供了一些真知灼见。

根据下属特征和任务特征，路径—目标理论为那些希望提高领导效能的领导者提出了一套普遍的、在不同的情境下应该如何行事的建议。它告诉我们分别在什么时候采用指令性、支持性、参与性或成就导向性的领导风格。例如，该理论认为，当任务很复杂时，领导者应该采用指令性的领导风格。当任务很乏味时，领导者应当给予支持。同样，它认为，当下属需要控制力时，领导应该是参与性的。当下属想超越他人时，领导者的领导风格应该是以成就为导向的。总体说来，路径—目标理论为领导者提供了一个路线图，为如何提升下属的满足感和绩效指出了方向。

　　路径—目标理论的原则可以用在组织内的各级领导以及所有的任务中。应用路径—目标理论时，领导者必须仔细评估下属以及任务特征，然后选择一种合适的领导风格以适应这些特点。如果下属没有把握去完成任务，领导者需要采取一种能建立下属信心的领导风格。例如，在某一所大学中，有一个新任教师对他的教学和研究感到担心，这时，部门的教授应该给予他支持。通过给予关心和支持，教授帮助新任教师获得自信（Bess & Goldman，2001）。如果下属不能确定他们的努力是否能达成目标时，领导者需要向他们证明，他们的努力会得到回报。正如本章前面所讨论过的，路径—目标理论很有用，因为它不断地提醒领导者他们的主要目的是帮助下属明确自己的目标，然后以最有效的方式帮助下属达成目标。

路径—目标理论应用案例

　　下列案例描述了在不同的情境中领导者运用路径—目标理论的尝试。其中，案例7—1 和 7—2 来自传统的商业环境，案例 7—3 来自一个非正式的社会组织。当你阅读这些案例时，尽量用路径—目标理论的原则来判断每个案例中的领导者在多大程度上运用了这一理论。

案例 7—1

三次轮班，三名监管

　　布拉科是一家小型制造公司，为汽车产业生产零部件。该公司在零部件上拥有多项专利，几乎在所有国内外汽车的刹车装置上都有应用。每年，公司生产 300 万个零部件，并运到世界各地的集成工厂。布拉科生产过程中实行三班倒，每班约 40 名工人。

每班都有一个监管人（阿特、鲍勃和卡罗尔），他们都有着丰富的经验，在公司工作了20多年。他们似乎对自己的工作很满意，在监管过程中没有遇到重大困难。

阿特负责第一班。员工形容他是一个动手型的领导者。他积极参与设施的日常运作。工人开玩笑说，阿特任何时候都知道公司现有多少原材料，并能精确到毫克。经常可以看到阿特在工厂里走动，提醒工人遵循正确的工作程序。即使是对那些在生产线上工作的工人，阿特也总是给予一些指导和提醒。

第一班的工人很少对阿特的领导做出负面评论。但是，他们对自己工作的很多方面不是很满意。这一班的大部分工作非常简单且带有重复性，这样一来，工作非常单调。生产线或包装区的工作规则都明确规定工人不允许自作主张。工人只需按时上班，完成任务即可。在午餐时间，经常听到大家抱怨工作是多么的无聊，同样的东西做了一遍又一遍。工人不批评阿特，但他们认为阿特并不真正了解他们的状况。

鲍勃负责第二班。他很喜欢在布拉科工作，并希望所有这一班的工人也能喜欢他们的工作。鲍勃是一位以人为本的主管，工人们认为他非常真诚，并很热心。鲍勃几乎每天都会发布某人生日的消息或对某人的成绩进行表扬。鲍勃努力地建立同志般的友情，包括倡导组织一支公司的垒球队、带领员工出去吃午饭、邀请大家到他家去参加社交活动等。

尽管鲍勃很有人情味，但是第二班的旷工率和人员流动率最高。第二班的任务是负责组装机器和设备。另外，那些监控设备复杂运转的电脑程序也由他们负责维护。第二班的工人因为工作表现不好而受到了严厉的批评。

第二班的工人感到压力很大，因为他们不知道如何工作。每一种组装过程都是不同的，对电脑程序的要求相应也不同。虽然计算机在完成某些任务时非常有用，但是当软件超出使用范围时，完成任务就会变得极其困难。工人们多次向鲍勃和高层管理人员抱怨他们工作上的困难。

卡罗尔负责第三班。她的风格与布拉科的其他人不同。卡罗尔定期开会，她称之为疑难解答会议，目的是解决工人们工作中遇到的困难。每当生产线上出现小故障时，卡罗尔都想弄明白，这样她可以帮助工人找到解决办法。如果工人无法完成特定工作时，她就会告诉他们如何做。对于那些自信心不足的人，她会给他们鼓励。卡罗尔试图与每个工人交流，帮助他们确定个人目标。此外，如果工人能够做出成绩，她还强调公司的目标以及可获得的回报。

第三班的工人喜欢为卡罗尔工作。他们发现她很善于帮助他们完成工作。他们说她有一个很棒的诀窍，能让一切都顺利进行。有问题时，她会解决；员工感到沮丧时，她能让大家振作起来。一个员工形容卡罗尔是"家长、教练和制造专家的有趣结合体"。布拉科的高层管理者对卡罗尔的领导感到很满意，但是，当把卡罗尔这一班的工人调到其他班工作时，他们会反复遇到困难。

问题：

1. 根据路径—目标理论的原则，描述一下为什么阿特和鲍勃没有卡罗尔有领导效力？

2. 三个监管者的领导行为如何影响其各自下属的动机？

3. 假如布拉科公司正在向你咨询有关领导方面的问题，你会对阿特、鲍勃和卡罗尔的监管做出什么改变？会给他们提出什么建议？

案例 7—2

指导与支持，因人而异

丹尼尔·希维茨是一家小复印中心的经理。这家复印中心位于一所大型大学的附近。复印中心雇用了约18名员工，其中大多数人是做兼职的学生。这家商店为了迎合大学校园，专门做大学课程辅助教材，同时也提供了页面设计和标准化复印服务。该中心有三台最先进的大型复印机和多个电脑工作站。

在复印中心附近还有两家全国连锁的复印店，但复印中心的业务比另外两个商店加起来的业务还多。复印中心成功的一个主要因素是丹尼尔的领导风格。

其中一个比较突出的表现是丹尼尔与兼职人员的相处方式。兼职者大多数是学生，工作的时间要根据他们的课程来安排。丹尼尔非常擅长解决时间上的冲突。丹尼尔对待时间冲突问题非常认真，他总是乐意把计划安排得让每个人都满意。学生们非常喜欢复印中心的精神。丹尼尔把这个小店打造得就像他们的第二个家。

复制中心的工作分成两部分：复印服务和印刷品设计业务。在这两个领域，丹尼尔的领导工作都非常有效。

复印是一种简单的操作，根据客户的原件进行复印。因为这项工作是乏味的，所以丹尼尔想方设法帮助员工忍受这种枯燥的工作。他努力创建一种友好的工作氛围，允许员工穿休闲装，让他们自己选择喜欢的背景音乐，允许他们在工作中耍点小脾气。丹尼尔每天花很多时间与每个员工随意交谈，他还鼓励员工彼此之间相互交流。丹尼尔有诀窍能使每一个员工感觉到工作的意义，即使此工作是微不足道的。他提倡员工之间建立同志般的友谊，并愿意与他们打成一片。

印刷品设计业务比复印复杂得多。它涉及为客户创建商业表格、广告页和简历。印刷品设计需要写作、编辑、设计和排版等方面的技能。这是一项具有挑战性的工作，因为要满足客户的需求并不总是那么容易。这一领域的大部分雇员是全职的。

这些年来，丹尼尔发现，在印刷品设计业务方面，工作效率最高的员工有着独特的个性，与复印的员工有非常大的区别。他们通常相当独立、自信，有自我激励的能力。在管理他们的过程中，丹尼尔给他们很大的空间，在他们需要帮助时给他们提供帮助，不需要帮助时就让他们自己干。

对于这些员工，丹尼尔喜欢扮演导师的角色。例如，如果一个员工正为某一客户的项目发愁，那么丹尼尔很愿意和他去一起解决问题。同样，如果一名职员在某一个软件程序上遇到困难，丹尼尔会很迅速地向他提供自己的技术专长。因为印刷品设计业务的雇员很自主，所以丹尼尔花在他们身上的时间要比做复印工作的员工少得多。

总体而言，丹尼尔认为他在复印中心的领导很成功。小店的利润每年持续增长，优质服务的美誉也传播开来。

问题：

1. 根据路径—目标理论，为什么丹尼尔是一个有效的领导者？

2. 他的领导风格如何影响复印中心的员工的积极性？

3. 任务特征和下属特征是如何影响丹尼尔的领导的？

4. 路径—目标理论的一个原则是让员工觉得最终的目标有价值。在这一方面，丹尼尔能做些什么来提升下属的动机呢？

案例 7—3

不同水平的马拉松选手

大卫·阿布鲁佐是新都城田径俱乐部（MSTC）新当选的主席。作为主席，他的职责之一就是担任那些希望完成纽约市马拉松比赛的选手们的教练。因为大卫曾成功地跑完过许多马拉松和极限马拉松，所以他对马拉松教练的角色和责任很了解。

对想参加纽约马拉松的选手需要进行为期 16 周的训练。在训练的前几周，大卫对选手们的进步感到很高兴，作为教练也没遇到什么困难。但是，进入第 8 周也就是训练进行到一半时，大卫开始思考一些问题：如何最有效地帮助这些选手？这些思考似乎与大卫期望从选手们那里听到的完全不同。总的说来，选手以及他们所关心的事情主要可以分成三类。

第一类选手的大部分人从来没有参加过马拉松比赛，他们喜欢在所有问题上都得到指导。他们非常关心如何进行马拉松比赛以及他们是否有能力成功完成这样一项具有挑战性的活动。他们向教练提出各种问题，如：训练中要跑多远？吃什么、喝多少以及穿什么样的鞋？某一名选手想知道马拉松比赛前一个晚上吃什么，另外的选手想知道是否有可能在他越过终点线时会昏倒。对于大卫来说，这样的问题没完没了，并相当基础。

第二类选手似乎最关心训练的效果。例如，他们想确切地知道他们每周跑的里程数与可能完成马拉松的时间如何相关联。长跑练习能帮他们克服马拉松比赛 20 英里处的人体极限障碍吗？在跑马拉松的过程中，富含碳水化合物的食物能改善他们的成绩吗？在训练过程中休息一天真的对他们的整体状况有帮助吗？基本上，这一类的所有选手似乎都希望大卫确认他们正在进行的训练是正确的。

第三类的选手有丰富的经验，其中大多数参加过一些马拉松比赛，有一些在各自的年龄组还进过前十名。虽然有经验，但这些选手似乎也有困难。他们抱怨训练太平淡，没有太高的积极性。尽管他们对自己跑完马拉松并取得好成绩很有信心，但是他们对纽约的这场比赛缺乏热情。他们偶尔会问到自己的总体训练战略是否恰当，除了纽约的马拉松比赛，这些训练对其他赛事是否有帮助。

问题:

1. 根据路径—目标理论所描述的原则,对这三类选手大卫应该分别采用什么样的领导风格?

2. 大卫需要做些什么来帮助选手们达成目标?

3. 大卫可以帮助选手清除或面对什么样的障碍?

4. 总的来说,大卫如何才能激励这三类不同的选手?

路径—目标理论领导风格测量工具

因为路径—目标理论这套复杂的理论假设最初的目的是为了对于研究人员开发新的领导理论给予指导,所以它采用了许多不同的方法来测量领导过程。路径—目标领导问卷对测量和了解路径—目标领导理论的重要方面非常有用(Indvik,1985,1988)。本问卷为受访者提供了四种不同的领导风格(指令性、支持性、参与性和成就导向性)的信息。受访者对每种风格的评分会表明他们在哪种风格上有优势、哪种比较弱,还体现了他们对每种风格的重视程度。

为了更好地了解路径—目标问卷,先分析一组假定的分数可能会有所帮助。例如,假设你在问卷调查的得分分别为:指令性29分,比较高;支持性22分,比较低;参与性21分,中等;成就导向性25分,比较高。这些分数表明,和大多数领导者相比,你的领导风格更倾向于指令性和成就导向性,支持性领导用得较少,在参与程度上和其他领导者非常相似。

根据路径—目标理论的原则,如果你的分数与这些假设的分数很匹配,那么,在任务不明确、程序不清晰、下属需要得到肯定的情境下,你会很有效。当任务明确且缺乏挑战性时,你的效能不大。此外,在模棱两可、下属想要控制力的情境下,你的领导效能处于中间水平。最后,在不确定的情境下,你会做得很好,你可以设置高标准,激励下属去达到这些标准,并帮助他们建立自信。

除了路径—目标领导问卷,研究人员通常使用多种工具去研究路径—目标理论,包括测量任务结构、控制源、员工预期以及员工的满意度等。虽然这些工具主要用于理论的构建，但是它们也提供了许多有价值的与实际领导问题相关的信息。

路径—目标领导问卷调查表

说明：这份问卷包含的问题涉及路径—目标领导的不同风格。根据你自己的行为选择最恰当的描述。

答案： 1＝从不　2＝极少　3＝很少　4＝偶尔　5＝经常　6＝通常　7＝总是

1. 我让下属知道我对他们的期望是什么。　　　　　　　　　1　2　3　4　5　6　7

2. 我与下属保持友好的工作关系。　　　　　　　　　　　　1　2　3　4　5　6　7

3. 遇到问题时，我会向下属咨询。　　　　　　　　　　　　1　2　3　4　5　6　7

4. 我善于倾听下属的想法和建议。　　　　　　　　　　　　1　2　3　4　5　6　7

5. 我告诉下属需要做什么以及需要如何去做。　　　　　　　1　2　3　4　5　6　7

6. 我让下属知道我期待他们有最好的表现。　　　　　　　　1　2　3　4　5　6　7

7. 我做事情不向下属咨询。　　　　　　　　　　　　　　　1　2　3　4　5　6　7

8. 我从不费力去使员工们觉得身为团队一员是件愉快的事。

　　　　　　　　　　　　　　　　　　　　　　　　　　1　2　3　4　5　6　7

9. 我要求下属遵守标准的规则和条例。　　　　　　　　　　1　2　3　4　5　6　7

10. 我为下属设立极具挑战性的业绩目标。　　　　　　　　1　2　3　4　5　6　7

11. 我说过伤害下属感情的话。　　　　　　　　　　　　　1　2　3　4　5　6　7

12. 就如何分配任务，我问过下属的意见。　　　　　　　　1　2　3　4　5　6　7

13. 我鼓励下属不断进步。　　　　　　　　　　　　　　　1　2　3　4　5　6　7

14. 我向下属解释过对他们工作绩效的期望。　　　　　　　1　2　3　4　5　6　7

15. 我帮下属解决他们在完成任务过程中遇到的问题。　　　1　2　3　4　5　6　7

16. 对下属达成目标的能力，我表现出怀疑。　　　　　　　1　2　3　4　5　6　7

17. 就任务应该如何分配，我征求下属的意见。　　　　　　1　2　3　4　5　6　7

18. 我没向下属说清楚对他们工作上的期望。　　　　　　　1　2　3　4　5　6　7

19. 我不断地给下属设定具有挑战性的目标。　　　　　　　1　2　3　4　5　6　7

20. 我在做事情时会考虑下属的个人需求。　　　　　　　　1　2　3　4　5　6　7

评分：

1. 把第 7、11、16 和 18 题的选项得分倒过来，即 1 是 7 分，2 是 6 分，3 是 5 分，依此类推。

2. 指令性领导风格：把第 1、5、9、14 和 18 题的得分相加。

3. 支持性领导风格：把第 2、8、11、15 和 20 题的得分相加。

4. 参与性领导风格：把第 3、4、7、12 和 17 题的得分相加。

5. 以成就为导向的领导风格：把第 6、10、13、16 和 19 题的得分相加。

得分说明：

指令性领导风格：一般得分为 23 分，高于 28 分属于高，低于 18 分属于低。

支持性领导风格：一般得分为 28 分，高于 33 分属于高，低于 23 分属于低。

参与性领导风格：一般得分为 21 分，高于 26 分属于高，低于 16 分属于低。

以成就为导向的领导风格：一般得分为 19 分，高于 24 分属于高，低于 14 分属于低。

你从路径—目标问卷中得到的分数说明了你最经常使用哪种领导风格以及哪些风格你很少使用。此外，你可以用这些分数来评估一下你使用某一风格与其他风格的相对关系。

资料来源：Adapted from A *Path-Goal Theory Investigation of Superior Subordinate Relationships*, by J. Indvik, unpublished doctoral dissertation, University of Wisconsin-Madison, 1985; and Indvik (1988). Based on the work of House and Dessler (1974) and House (1977) cited in Fulk and Wendler (1982). Used by permission.

本章要点回顾

路径—目标理论解释了领导者如何激励下属取得成效，并对自己的工作表示满意。这是一种权变领导理论，因为领导方法的有效性取决于领导者的行为与下属特征和任务特征的匹配程度。

路径—目标理论的基本原则是源于期望理论，期望理论认为：如果员工觉得自己有能力，如果他们认为自己的努力将会得到回报，如果他们发现回报是有价值的，那么，他们会得到激励。一个领导者可以通过选择领导风格（指令、支持、参与或成就导向）来帮助下属，为他们提供特定环境下所缺少的东西。简单来说，领导者有责任通过持续的指导、引导和培训去帮助下属达成自己的目标。

路径—目标理论提供了大量的预测，涉及领导者的风格如何与下属需求和任务性质相互作用。另外，它预测，指令性的领导在任务不明确时很有效，支持性的领导对重复的任务非常有效，参与性的领导在任务不清楚、下属很自主的情境下很有效，以成就为导向的领导在应对具有挑战性的任务时很有效。

路径—目标理论有三大优点。第一，它为四种领导风格（指令、支持、参与或成就导向）如何影响领导效力能以及下属的满意度提供了一个有用的理论框架。第二，路径—目标理论的独特之处在于，它把期望理论的动机原则融入了领导理论中。第三，它提供了一个实用的模型，强调领导者帮助下属的重要途径。

在不足方面，对路径—目标理论有四个层次的批评。首先，路径—目标理论的范围太大，包含了许多相互关联的假设，使得该理论很难被用于某一特定的组织情境中。其次，研究结果至今无法完整一致地支持该理论的观点。此外，路径—目标理论没有明确说明领导行为如何直接影响下属的动机水平。最后，路径—目标理论以领导者为主要对象，没有认识到领导是双向的，因而忽视了下属在领导过程中的作用。

第 8 章

领导—成员交换理论

什么是领导—成员交换理论?

目前本书讨论的领导理论大多是从领导者的角度强调领导（例如特质理论、技能理论和风格理论），或从追随者和情境的角度强调领导（例如情境理论、权变理论、路径—目标理论）。领导—成员交换理论（LMX）则采用了另外一种方法，即把领导定义为一种过程，关注的是领导者和追随者之间的相互作用（interactions）。如图 8—1 所示，领导—成员交换理论将领导者和追随者之间的这种二元关系（dyadic relationship）视为领导过程的核心。

在领导—成员交换理论之前，研究者把领导行为看作领导者对其所有追随者所做的事情。这个假设暗含着领导者以一种集体的方式对待追随者，把他们看作一个群体，使用一般的领导风格。领导—成员交换理论对这种假设提出质疑，并把研究者的注意指向领导者和每个下属之间可能存在的差异上。

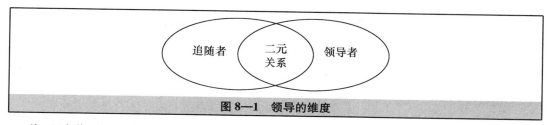

图 8—1　领导的维度

注：28 年前，领导—成员交换理论首次出现在丹塞劳乌、格雷恩、黑格（1975 年），格雷恩、卡什曼（1975 年），以及格雷恩（1976 年）等人的诸多著作中。此后，这些著作一版再版，并且持续博得了领导过程研究者的青睐。

资料来源：Reprinted from *Leadership Quarterly 6*（2），G. B. Graen & M. Uhl-Bien，Relationship-Based Approach to Leadership：Development of Leader-Member Exchange（LMX）Theory of Leadership Over 25 Years：Applying a Multi-Level，Multi-Domain Perspective（pp. 219-247），Copyright © 1995，with permission from Elsevier。

早期研究

领导—成员交换理论早期的研究成果被称为垂直二元联结理论（VDL），研究者关注的是领导者与每个下属之间形成的垂直关系（vertical linkages）的性质（见图 8—2）。领导者与整个工作团队的关系被视为一系列的垂直二元体（见图 8—3）。在评估这些垂直二元体的特点时，研究者们发现两种最基本的联系：一种是基于扩大的和协商的角色职责（额外职责），被称为内团体（in-group）；另外一种是基于正式的雇佣合约（规定职责），被称为外团体（out-group）（见图 8—4）。

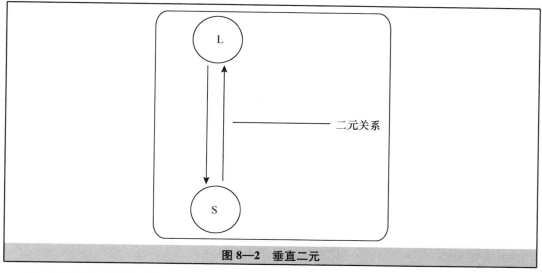

图 8—2　垂直二元

注：领导者（L）与每个下属（S）形成个性化的工作关系。领导者和下属之间的交换（包括内容和过程）决定其二元关系。

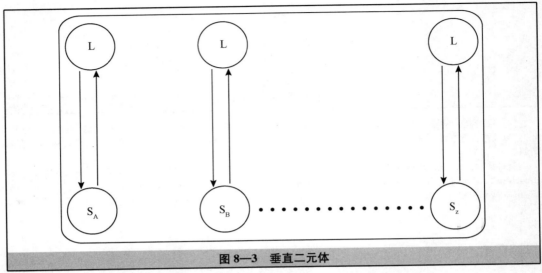

图 8—3 垂直二元体

注：领导者（L）与其所有的下属（S）形成特殊的关系。每一种关系都有其独特之处。

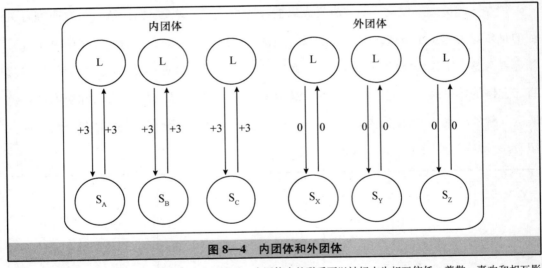

图 8—4 内团体和外团体

注：领导者和他的下属之间形成了特定的联系。内团体中的联系可以被标志为相互信任、尊敬、喜欢和相互影响。而外团体中的联系则可以看作基于通常的工作要求而建立的正式交流。+3 代表着一种高质量的联系，而 0 代表的是形同陌路的关系。

  在一个组织的工作单位中，下属根据他们与领导者在工作中的相互协调和适应程度来决定成为内团体或外团体的成员。个性和其他个人特征与这一过程有关（Dansereau et al.，1975）。此外，选择成为哪一组的成员是基于下属如何与领导者一起扩大自己的角色职责。那些有兴趣与领导者商量他们愿意为团队做些什么的下属有可能成为内团体的一员（Graen，1976）。这些协商包括下属会做一些超出他们正式职责范围的事情，反过来，领导者也会为下属做一些事。如果下属对新的和不同的岗位职责没有兴趣，那么他们就会成为外团体的成员。

内团体的下属会比外团体的下属获得更多的信息、影响力和信心，也会得到领导者更多的关注（Dansereau et al.，1975）。此外，他们更可靠、更积极，比外团体的下属更善于交流（Dansereau et al.，1975）。内团体的小组成员为领导者做些额外的工作，而领导者也为他们做一些事情。外团体的下属不善于与领导者交流，通常只是上班干活、下班回家。

后期研究

早期的研究之后，领导—成员交换理论的重心也发生了转移。尽管这一理论初步的研究主要是针对内团体和外团体之间性质的差异，但是后续的研究重点是领导—成员交换理论如何与组织效能相联系。

具体来说，这些研究关注的是领导—成员交换的质量如何与领导者、追随者、团队和整个组织的积极成果相联系（Graen & Uhl-Bien，1995）。

研究者们经过 25 年的研究发现，高质量的领导—成员交换会减少员工流失率，产生更积极的绩效评估和高频率的提升，会提高组织员工的积极性，他们会更期待有工作任务，工作态度更端正，得到领导更多的关注和支持，主人翁意识更强，职业发展更快（Graen & Uhl-Bien，1995；Liden，Wayne，& Stilwell，1993）。

阿特沃特和卡迈里（Atwater & Carmeli，2009）以以色列组织中从事不同工作的员工为样本，研究了员工对领导—成员交换理论的看法与他们的工作积极性和创造性之间的关系。他们发现，高质量的领导—成员交换与员工的情感和积极性呈正相关，反过来，更能促进下属积极地、创造性地工作。领导—成员交换理论与创造性不直接相关，但是它作为一种机制能培养下属的感情，然后增强他们的创造力。

研究者们还研究了领导—成员交换理论如何与授权有关。哈里斯、惠勒和卡科马（Harris，Wheeler，& Kacmar，2009）探讨了授权如何调节领导—成员交换对工作成果的影响，比如工作满意度、员工流失率、工作表现和组织内的主人翁行为等。根据对两个高校校友的样例研究，他们发现授权和领导—成员交换质量对工作成果有一些协同作用。领导—成员交换对没有授权的员工来说是最重要的。对于这些员工，高质量的领导—成员交换似乎能弥补不被授权的遗憾。

从本质上讲，上述调查结果清楚地表明，组织非常得益于能创造良好工作关系的领导者。如果领导者和追随者有很好的交流，他们会感觉更好，不仅能完成更多的任务还能促进组织繁荣。

领导的形成

领导—成员交换理论的研究还开始关注领导者和下属的交换如何有助于领导的形成（Graen & Uhl-Bien，1991）。领导的形成是研究领导的一种指示性方法，它强调领导者应该与其所有下属一起开展高质量的交换，而不仅仅是与少数的下属。这种方法尝试着让每个下属都感觉到自己是内团体的一员，这样可以避免因下属处于外团体所带来的不公正的或消极的影响。一般而言，领导的形成能帮助领导者与工作单位的所有员工建立起高效的二元伙伴关系（Graen & Uhl-Bien，1995）。此外，领导的形成还表明，领导者可以在组织中建立伙伴关系网，这对组织的目标和领导者自己的职业发展都是大有裨益的。

格雷恩和尤尔-比恩（Graen & Uhl-Bien，1991）提出，领导的形成和逐步发展经历了三个阶段：（1）陌生人阶段，（2）熟人阶段，（3）成熟的伙伴关系阶段（见表8—1）。在第一阶段，即陌生人阶段，领导—下属二元中的交互作用一般都受到了规则的约束，很大程度上是依赖合约关系。领导者和下属的关系都限定在规定的角色范围之内。他们的交换质量较低，类似于我们在本章前面所提到的外团体成员。下属遵从于正式的领导者，他们有等级地位的观念，希望获得由领导者控制的经济回报。在此阶段，下属追求的是个人利益，而不是团体利益（Graen & Uhl-Bien，1995）。

表 8—1 　　　　　　　　　　　　　　　 **领导形成的阶段**

	第一阶段 陌生人	第二阶段 熟人	第三阶段 合作伙伴
角色	合约关系	考验	协商
影响	单向	混合	相互
交换	低质量	中等质量	高质量
利益	个人利益	个人利益和他人利益	团体利益
	时间		

资料来源：Adapted from "Relationship-Based Approach to Leadership: Development of Leader-Member Exchange（LMX）Theory of Leadership Over 25 Years: Applying a Multi-Level, Multi-Domain Perspective," by G. B. Graen and M. Uhl-Bien, 1995, *Leadership Quarterly*, 6（2），231.

　　第二阶段，即熟人阶段，开始于领导者或下属为改善以职业为导向的社会交换而创造的机会，包括分享更多的资源、个人信息或与工作有关的信息。对领导者和下属来讲，这都是一个考验阶段，以评估下属是否愿意承担更多的角色与责任，领导者是否愿意为下属提供新的挑战。在这一阶段，二元关系摆脱了职责描述和角色中所严格规定的交互作用，开始向新的关系方式发展。根据领导—成员交换理论的测量，可以说，领导者同下属交换的质量有所改善。熟人阶段建立的二元关系开始发展成更多的信任和彼此间的尊重。他们不再只关注自身的利益，而更多地关注团体的愿景和目标。

　　第三阶段，即成熟的伙伴关系阶段，以高质量的领导—成员交换为标志。关系发展到这一阶段的领导者和下属之间拥有高度的信任、尊重以及责任。他们的关系经受了考验，并且发现他们能够相互依靠。在成熟的伙伴关系中，领导者和下属之间具有高度的互动性：每个人都影响着他人，也受到他人的影响。例如，在对 75 名银行经理和 58 名工程经理的研究中（Schriesheim，Castro，Zhou，& Yammarino，2001）发现，领导—成员之间的关系更加平等，领导者和下属之间的影响和控制更加均衡。此外，在这一阶段，成员可以相互依靠以获得支持和额外的帮助。比如，领导者可以依靠下属去做额外的工作，下属可以依靠领导者获得所需的支持和鼓励。很重要的一点是领导者和下属以有效的方式联系在一起，这种关系优于传统的、从层级上定义的工作关系。他们形成了一种非常有效的关系，为自己和组织都创造了积极的成果。实际上，伙伴关系是具有转换性的，这些关系帮助领导者和追随者超越自身利益，去完成团队和组织更大的利益（见第 9 章）。

　　高质量的领导—成员关系中的下属获得的好处有：优惠的待遇，更多与工作相关的信息，与领导广泛交流的机会，更多的工作绩效（Harris et al.，2009）。低质量的领导—成员关系的缺点包括：领导者有限的信任和支持，享受不了雇佣合同之外的利益（Harris et al.，2009）。为了评估领导—成员的交换，研究者通常采用一个简短的问卷调查，让领导者和追随者汇报他们工作关系的效果。该问卷调查评估了受访者对他人尊重和信任的程度以及在交换中承担责任的意愿。本章最后会提供一份领导—成员交换问卷版本，帮你分析自己所处的领导—成员关系。

如何运用领导—成员交换理论?

领导—成员交换理论从两个方面发挥作用：描述领导和指导领导过程。这两个方面的核心概念都是领导者与每个下属之间形成的二元关系。从描述方面看，领导—成员交换理论认为认识到组织或团队中的内团体和外团体的存在是很重要的。

内团体和外团体在实现团队目标上的差异是巨大的。和内团体的合作中，领导者可以更有效地完成更多的工作。内团体的成员愿意做更多本职工作之外的事情，并用创新的方式推进团队目标的实现。为了回报他们额外的努力和奉献，领导者会给予他们更多的责任和机会。此外，领导者还会更多地与他们相处，给予他们更多的支持。

外团体成员和内团体成员的行为完全不同。他们可以认真地完成本职工作，但是不愿意做额外的工作。需要他们做什么，他们就做什么，仅此而已。领导者会根据正式合同公平地对待他们，但不会特别关注他们。他们所做出的努力会得到与职责相符的报酬。

通常人们认为，格雷恩和尤尔-比恩（Graen & Uhl-Bien，1991）提出的领导形成模型能很好地解释领导—成员交换理论。他们提倡领导者应该与所有的下属建立一种特殊的关系，类似于内团体关系中所描述的。领导者应该为每个下属提供承担新角色和责任的机会。此外，领导者应该同他的下属培养高质量的交换关系。领导形成模型没有把重点放在内团体和外团体成员之间的差异上，而是建议领导者应该寻找方法，与所有下属之间建立信任和尊重，从而使整个工作单位成为一个内团体。此外，领导者不应该局限于自己的工作小组，要与组织里的每个人建立高质量的伙伴关系。

无论是描述性还是指导性，领导—成员交换理论都通过把我们的注意力集中在领导者与其他人建立的特殊的、独特的关系这一方面而发挥作用。当他们之间存在高质量的关系时，领导者、追随者和组织的目标都会更容易实现。

领导—成员交换理论有什么优势?

　　领导—成员交换理论对我们理解领导过程有很多积极的作用。第一，它是一个描述性很强的理论。从直觉上看，根据谁对组织的贡献大，谁对组织的贡献小（或几乎没有），使得对工作小组的描述有了意义。任何一个在组织中工作的人都感觉到了内团体和外团体的存在。尽管外团体有潜在的危害，但是大家都知道领导者与某些人有特殊关系，这些人做得更多，也得到更多。我们可能不喜欢这样，因为这似乎不公平，但这是事实，领导—成员交换理论准确地描述了这种情况。领导—成员交换理论证实了我们所认为的组织内下属之间以及与领导者之间的关系。有一些人贡献更多，得到的也更多，有些人贡献得少，得到的也少。

　　第二，领导—成员交换理论是独特的，因为它是唯一一种把二元关系概念作为领导过程核心的领导理论。其他的领导学说强调领导者特征、追随者特征和情境特征，或它们之间的综合特征，但没有一种强调领导者与每个下属之间的具体关系。领导—成员交换理论强调，有效的领导产生于有效的领导—成员交换。

　　第三，领导—成员交换理论值得关注，因为它让我们注意到领导过程中交流的重要性。领导—成员交换理论所倡导的高质量交换与有效的交流紧密相关。通过交流，领导者和下属之间建立、培养和保持有用的交换的手段。当领导和下属的交流表现出相互信任、尊重和责任感等特征时，有效的领导就会形成。

　　第四，领导—成员交换理论为领导者提供了一个重要的警示。它提醒领导者不要让自己有意识或无意识的偏见（例如种族、性别、宗教或年龄）对谁能进入内团体产生影响。领导—成员交换理论概述的原则提醒领导者要公正平等地对待所有下属。

　　最后，大量的研究证实了领导—成员交换理论是如何与组织内的积极成果相关联的。格雷恩和尤尔-比恩（Graen & Uhl-Bien，1995）的研究回顾中指出，领导—成员交换与绩效、团队责任、工作氛围、创新意识、团队成员行为、授权、工作过程中和分配上的公平、职业发展以及其他许多重要的组织变量都有关系。通过将领导—成员交换理论与实际成果联系起来，研究者验证了该理论，并提高了它的实用价值。

领导—成员交换理论有什么缺点？

对领导—成员交换理论最显而易见的批评是，从表面上看，它与公平这一基本的人类价值观是相矛盾的。纵观我们的生活，从小我们就受到教导要尽量与人友好相处，并公平待人。我们一直被灌输结成内团体或小团体是不对的，因为这会伤害到外团体的人。而领导—成员交换理论把工作团队划分成两个小组，内团体会受到特别关注，这对于外团体来说带有明显的歧视。

我们的文化中到处是因为性别、年龄、文化和能力而受到歧视的例子。虽然领导—成员交换理论设计的初衷并非如此，但是它支持了工作场所中特权群体的发展。这样，它就显得不公平，带有歧视。此外，麦克莱恩（McClane，1991）报道说，内团体和外团体的存在可能对整个团队产生意想不到的影响。

人们对领导—成员交换理论是否真的产生了不平等仍存有争议（Harter & Eva-necky，2002；Scandura，1999）。如果领导者不是故意"冷落"外团体成员，如果这些成员能自由地进入内团体，那么，领导—成员交换理论也许不会产生不平等。但是，这个理论并没有详细说明如果一个人选择进入内团体，他该如何去做。

此外，领导—成员交换理论并没有涉及其他公平性的问题，例如下属对加薪、晋升机会（分配公正）、决策制定规则（程序公正）、组织内的沟通问题（互动公正）等公平性的看法（Scandura，1999）。有必要进一步研究这类有关公正性的问题如何影响领导—成员交换关系的发展和维护。

对领导—成员交换理论的另一个批评是，该理论的基本思想没有得到充分发展。例如，它没有解释高质量的领导—成员交换是如何建立的。早期的研究认为，当领导者发现某些下属在性格、人际技巧或工作能力方面有更好的融合性时，高质量的领导—成员交换就形成了。但这些研究从未描述这些因素的相对重要性，以及这一过程是如何产生的（Yukl，1994）。近期的研究表明，领导者应努力与所有下属建立高质量的交换，但就如何做到这一点，没有给出明确的指导原则。例如，领导形成模型强调角色形成、不断增长的影响力以及互动类型（见表 8—1）的重要性，但是它没有解释这些概念如何对成熟伙伴关系的建立起作用。同样，该模型大力推动在领导成员关系中建立信任、尊重和责任，但它没有描述这些因素如何在领导成员关系中得到发展。

根据对 147 项领导—成员交换研究的回顾和评价，领导—成员交换理论和基本过程都需要改进。虽然关于领导—成员交换理论的研究有很多，但是这些研究并没有得出一组清晰精练的定义、概念和观点。

第三，在领导—成员交换理论中，对领导—成员交换如何进行测量还存在一些疑问（Graen & Uhl-Bien，1995；Schriesheim et al.，1999，2001）。例如，没有实证研究使用二元测量法去分析领导—成员交换的过程（Schriesheim et al.，2001）。另外，由于在对领导—成员交换进行测量时采用了不同的测量版本和不同水平的分析方法，所以得出的结果总是不能进行直接的比较。

另外，领导—成员交换理论的量表缺乏内容效度（Schricsheim et al.，2001）。这意味着该量表实际上可能没有测出真正想要测量的东西。最后，对测量交换的标准量表是单一的还是多维的也提出了一些疑问（Graen & Uhl-Bien，1995）。

领导—成员交换理论在实践中的应用

尽管领导—成员交换理论没有被用于标准的管理培训及发展课程中，但是它提供了许多深刻的见解，管理人员可以用来改善自身的领导行为。最重要的是，领导—成员交换理论指导管理人员从关系的角度来评估自己的领导。这样会让管理者们认识到在自己的工作团队中内团体和外团体是如何发展的。此外，在管理者通过与所有下属建立强有力的交换来促进团队工作效率方面，领导—成员交换理论也给出了一些建议。

领导—成员交换理论中提出的观点可以用于组织内各个层级的管理人员。例如，领导—成员交换理论可以用来解释首席执行官如何与经过选择的高层领导者发展特殊的关系、开发企业的新战略和战术目标。同样，它还可以用来解释工厂里的生产线经理如何选择少数几个工人来完成生产配额。关键是，领导—成员交换理论提出的想法适用于整个组织。

另外，领导—成员交换理论的观点可以用来解释个人如何在组织内建立领导网络，以帮助下属有成效地完成工作（Graen & Scandura，1987）。拥有高质量的伙伴关系网络的人能发动更多的人帮助解决问题，推进组织目标。

领导—成员交换理论也可以用在不同类型的组织中，在志愿者的环境中可以用到，也适用于传统的商业、教育和政府环境。设想一位领导者发起一次帮助老年人的志愿者行动。为了有效地开展这次行动，领导者会依靠少数更可靠、更积极的志愿者。这种与小部分值得信赖的志愿者紧密工作的过程可以用领导—成员交换理论来解释。同样，一个传统商业环境中的经理可能会用某些人来实现公司的政策和程序的重大改变。在这个过程中，经理采用的方式也能用领导—成员交换理论来解释。

总之，领导—成员交换理论告诉我们要关注我们是如何与下属建立关系的。当某些下属受到特别关注而其他下属没有时，我们要对此很敏感。另外，它还告诉我们要公平对待所有员工，让每个人都以自己想要的方式去参与组织的工作。领导—成员交换理论告诉我们要尊重他人，要与所有下属建立信任的关系，要认识到每个员工都有其独特之处，并且他们都希望用特殊的方式与我们建立联系。

领导—成员交换理论应用案例

下面一节中会给出三个案例研究（案例 8—1、8—2、8—3），以阐明领导—成员交换理论是如何被用到不同的组织情境中去的。第一个案例是关于一个广告公司的创意主管，第二个案例是关于一个抵押公司的生产部经理，第三个案例是关于社会保障部一个地区办事处的经理。每一个案例结束后会提出一些问题，帮助你用领导—成员交换理论的观点去分析这些案例。

案例 8—1

他的团队分配到最好的任务

卡莉·彼得斯是米尔斯、史密斯和彼得斯三人合办的广告公司创意部门的主管。该公司拥有约 100 名员工，其中 20 人在卡莉的创意部门工作。通常情况下，该部门有 10 个主要客户和一些小的客户。这个公司被认为是国内拥有最好的广告和公共关系的机构之一。

创意部有 4 个主要的客户团队。每个团队有一名副主管,直接向卡莉汇报。此外,每队还有一名文案、一名艺术指导和一名美工。这 4 个客户团队分别由杰克、特丽、朱莉和萨拉负责。

杰克和他的团队与卡莉相处得很好,对客户的工作也非常出色。在所有的团队中,杰克的团队最有创意和才华,最愿意为卡莉做额外的工作。因此,当卡莉向上层领导汇报客户工作时,她经常会介绍杰克的团队和他们的优秀案例。杰克和他的团队成员很信任卡莉,卡莉也很信任他们。卡莉通常会给杰克的团队拨出额外资源,还让他们自由支配,因为他们总和她保持沟通。

特丽的团队也有良好的表现,但是她对于卡莉对待她的团队的态度表示不满。她认为卡莉不公平,因为卡莉对杰克的团队青睐有加。例如,特丽的团队提出开展一次广告宣传活动,但没有通过,原因是这样的活动太冒险,而杰克的研究小组开展的一次非常具有煽动性的宣传却得到了称赞。特丽认为杰克的团队是卡莉的宠儿,因为他们总是分配到最好的任务、客户和预算。特丽发现自己很难克制对卡莉的厌恶。

和特丽一样,朱莉也担心她的团队没有在卡莉的核心圈内。她多次看到卡莉偏向其他团队。例如,每当有新成员加入时,卡莉总是让其他团队挑走最好的文案和艺术指导。朱莉感到很迷惑,为什么卡莉没有注意到她的团队,也不试图对他们的工作给予帮助。她觉得卡莉低估了她的团队,因为朱莉知道她团队的工作质量是不容置疑的。

莎拉虽然同意特丽和朱莉对卡莉的一些评论,但是她对卡莉的领导没有抵触情绪。莎拉在该公司工作了近十年,似乎没有什么能让她烦恼。她的团队从来没有惊天动地的业绩,但也从来没有出现过任何问题。莎拉认为她的团队和它的工作更像是一个螺母和螺栓的运作,接受任务并完成它。卡莉核心圈的人会在晚上或周末加班,萨拉觉得这是件头疼的事情。因此,莎拉对她的角色感到很满意,因为她没有兴趣改变部门的工作现状。

问题:

1. 根据领导—成员交换理论的原则,你对在米尔斯、史密斯和彼得斯广告公司工作的卡莉有什么评价?

2. 该案例中是否出现了内团体和外团体，如果有，谁是内团体的成员？谁是外团体的成员？

3. 在卡莉与四个群体的关系中，哪些关系对公司的总目标有利，哪些有反作用？

4. 你认为卡莉应该改变她对待副主管的方式吗？如果要改变的话，她应该怎么做？

案例 8—2

努力保持公正

城市抵押公司是一个中等规模的抵押公司，雇用了约25名员工。在公司工作了十年的珍妮·埃尔南德斯是负责日常运作的生产部经理。

向珍妮汇报的有营业员（销售人员）、结账人员、抵押担保人、处理员和运输人员。珍妮为该公司感到自豪，就好像她为公司的稳定增长和扩大作出了重大贡献似的。

城市抵押公司的工作氛围十分活跃。人们喜欢来这里工作，因为办公环境很舒适。在公司里，大家互相尊重，并能包容那些与自己意见不同的人。

虽然在许多抵押公司因为个人收入不同而引起怨恨的现象很普遍，但是在城市抵押公司没有这样的现象。

珍妮的领导对城市抵押公司的成功起了很大作用。她的哲学理念强调倾听员工的意见，据此确定出每个员工如何能最好地为公司的目标作出贡献。她帮助每个人挖掘自身的才能，鼓励每个人尝试新事物。

在一年一度的节日聚会上，珍妮做了一件有趣的事情，这也表现了她的领导风格。她买了一大块彩色玻璃，并把它切成25片，每个人发一块。然后，她要求每个员工拿着这块玻璃走上前，简要说明自己为什么喜欢这个公司，以及自己在过去的一年为公司作了哪些贡献。发言结束后，这些玻璃碎片被拼成了一个玻璃窗，挂在了办公室的前厅。这块玻璃时刻提醒每个人要为公司的目标贡献自己的微薄之力。

珍妮领导风格的另一个特点是她的公正性。她不想让任何人留下某些人处在核心位置的印象，并且竭尽全力去防止这种情况发生。例如，她避免社交午餐，因为她认为这样会强化偏袒意识。同样，尽管她最好的朋友是其中的一名营业员，但很少看到她们之间有交谈，如果有，也是为了工作上的事。

珍妮还把公正的原则用于共享公司信息上。她不希望让任何人感觉到自己是局外人，因此她极力把所有会影响到大家的事情通知给每一个人。大部分都是通过她的"门外办公室"政策做到的。珍妮没有一个倾诉担忧的特殊群体，相反，她公开地与每个人分享自己的担心。

在城市抵押公司工作，珍妮非常尽心尽力。她长时间地工作，周末也带着传呼机。在她的职业生涯中，她唯一的担心是自己可能会因此筋疲力尽。

问题：

1. 根据领导—成员交换模型，你如何描述珍妮的领导？
2. 你认为城市抵押公司的员工对珍妮会做出怎样的回应？
3. 假如让你接替珍妮的位置，你愿意采用同样的风格去管理吗？

案例 8—3

承担额外的职责

吉姆·麦迪逊是社会保障部一个地区办事处的经理。该办事处有 30 名员工，其中大部分是客户专员，为 20 万社区居民服务。该办公室的主要工作是为公众提供社会保障福利的信息以及处理退休、遗嘱、残疾和医疗保险索赔。

吉姆担任办事处经理已有 6 年，在此期间，他对办事处的整体运作做了许多改进。社区居民对这个办事处评价很好，几乎没有抱怨过他们的服务。社区服务组织举行的年度调查中，该办事处在整体效率和客户满意度方面一直得分很高。

吉姆的下属几乎都在办事处工作了 6 年以上，其中有一个员工已经在这里工作了 22 年。尽管吉姆很骄傲与他们的交情都很好，但是要让人帮他完成一些任务时，他一般只叫少数几个人，而很少叫其他人。

当对工作人员培训有关索赔程序的新法律时，吉姆主要依赖其中两名客户代表：雪莉和帕蒂，她们的知识都很渊博，且能力突出。雪莉和帕蒂认为这种额外的培训工作是一种挑战。这帮了吉姆大忙：他不需要自己去做这项工作，也不需要密切监督她们，因为她们在办公室很受尊重，对工作很有经验、很认真。雪莉和帕蒂喜欢额外的责任，因为这能让她们得到更多的认可、受到更多的表扬、得到更多的好处。

为了让社区居民了解办事处的服务项目，吉姆请了另外两名雇员泰德和贾纳担任现场代表，负责向社区组织介绍社会保障的性质以及如何为社区居民服务。另外，他们还要在当地的广播电台发言，回答听众关于社会保障福利的各种复杂问题。

虽然办事处的许多人都能担任驻场代表，但是吉姆首选的是泰德和贾纳，因为他们愿意承担公共关系的挑战，也因为他们有这方面的特殊能力。这对吉姆来说很有利，原因有两个：第一，他们在向人们陈述办事处的服务项目时表现十分出色。第二，吉姆是一个沉默寡言的人，他非常不愿意出现在公众的视线中。泰德和贾纳愿意担任这个额外的角色，因为这样会增加他们的声望，得到更大的自由。作为场地代表有特殊的待遇，因为不在办公室时，外出工作人员可以像老板一样设定自己的时间表，来去自由。

在第三个领域，吉姆让少数客户代表帮助他监督工作效率比较低的代表，因为他们的人总是拖欠给客户的报告。当少数几个员工的工作落后时，就会影响整个办公室的运作。为了改善这个问题，吉姆让格伦达和安妮这两个人优秀的人去帮助这些员工完成他们的案例报告。虽然这也意味着要做更多的工作，但格伦达和安妮非常友好地帮助同事们，帮助办公室更顺利地运转。除了个人满意感之外，承担额外的责任没有额外的好处。

总体而言，在吉姆领导下工作的人对他的管理表示满意。尽管有一些人觉得他偏向一些特别的代表，但大部分员工认为吉姆是公平公正的。虽然吉姆更多地依赖某些员工，但是他还是很努力地去考虑所有员工的想法和需求。

问题：

1. 从领导—成员交换理论的角度来看，你如何描述吉姆在社会保障办公室的领导方式？

2. 你能识别出内团体和外团体吗？

3. 你认为吉姆对某些工作人员的信任和尊重有助于工作还是会产生不良后果？为什么？

领导—成员交换质量测量工具

研究者们使用了许多不同的问卷来研究领导—成员交换理论。所有的问卷设计都是为了测量领导者和追随者之间工作关系的性质。在本章，我们选择了 LMX7，这份问卷有七个项目，为领导—成员交换质量提供了可靠的、有效的测量工具（Graen & Uhl-Bien，1995）。

LMX7 旨在测量领导—成员关系的三个维度：尊重、信任和责任感。它评估了领导者和追随者对彼此能力的尊重、信任以及责任感的程度。综合说来，这些维度就是构成强有力的伙伴关系的必要因素。

LMX7 问卷调查表

说明： 这份问卷调查表包含了七个项目，让你描述你与你的领导或下属之间的关系。根据你自身的情况对每一个问题做出选择，并在答案选项上标出。

1. 你是否知道你在什么方面支持你的上司（追随者），通常你知道他们对你工作的满意程度吗？

几乎没有	偶尔	有时	很频繁	经常
1	2	3	4	5

2. 你的领导者（追随者）了解你的工作问题和需求吗？

一点也不了解	稍微有点了解	有些了解	很了解	相当了解
1	2	3	4	5

3. 你的领导者（追随者）了解你的潜力吗？

根本不了解	稍微有点了解	中等	很了解	完全了解
1	2	3	4	5

4. 不管你的领导者（追随者）有多大的职权，他们用自己的权力来帮助你解决工作中的问题的机会有多少？

没有	很少	中等	很多	非常多
1	2	3	4	5

5. 不管你的领导者（追随者）得到多大的授权，他在经济上对你鼎力相助的机会有多少？

没有	很少	中等	很多	非常多
1	2	3	4	5

6. 我对我的领导者（追随者）有足够的信心，如果他不在场的话，我将维护并证明他的决定。

强烈反对	反对	中立	同意	强烈同意
1	2	3	4	5

7. 你如何评价你和你的领导者（追随者）之间的工作关系？

极其无效	低于平均水平	平均水平	高于平均水平	极其有效
1	2	3	4	5

通过完成LMX7，你可以更充分地了解领导—成员交换理论是如何起作用的。你的问卷得分反映了你和领导或成员之间关系的质量，并指出了这种关系是否具有领导—成员交换模型中描述的伙伴关系的特点。

你既可以作为领导者也可以作为下属去完成这个问卷。作为领导者时，你可以多次填写这份问卷，分别评估你与每个下属之间的关系质量。作为下属时，你要根据你的领导者的情况来完成这个问卷。

得分说明：

虽然LMX7通常被研究者们用来探索理论性的问题，但是你也可以用它来分析自己的领导风格。你可以根据以下原则来解释你的得分：非常高＝30～35分，高＝25～29分，中等＝20～24分，低＝15～19分，非常低＝7～14分。得分高意味着更强的、更高质量的领导—成员交换（例如内团体成员），得分低意味着低质量的领导—成员交换（如外团体成员）

资料来源：Reprinted from "Relationship-Based Approach to Leadership: Development of Leader-Member Exchange (LMX) Theory of Leadership Over 25 Years: Applying a Multi-Level, Multi-Domain Perspective," by G. B. Graen and M. Uhl-Bien, 1995, *Leadership Quarterly*, 6 (2), 219-247. Copyright © 1995. Reprinted with permission from Elsevier Science.

本章要点回顾

自从 30 年前领导—成员交换理论最早以垂直二元联结理论出现之后，领导—成员交换理论已经成为一种不断被研究的领导方法，这一趋势仍将继续发展下去。领导—成员交换理论认为领导是一种过程，强调的是领导者和追随者之间的相互作用。这使得领导—成员关系成为领导过程的核心概念。

在领导—成员交换理论早期的研究中，整个工作团体内的领导关系被看作一系列的垂直二元，以两种不同的类型为特征：基于角色扩展的领导—成员二元关系被称为内团体，基于本职工作的被称为外团体。该理论认为，下属能否成为内团体成员，主要依赖于他们与领导的相处以及他们是否愿意扩大自己的角色职责。那些只与领导者保持正式等级关系的下属就成为外团体成员。而内团体成员会获得额外的影响、机会和奖励，外团体成员获得标准的工作待遇。

领导—成员交换理论后来的研究指向了领导—成员交换如何影响组织绩效。研究者发现领导者与追随者之间高质量的交换会产生多种积极的成果，如减少员工流失率、更高的积极性和更多的晋升。一般说来，研究者们认为高质量的领导—成员交换会让追随者感觉更好、完成更多任务，更有助于组织的蓬勃发展。

领导—成员交换理论近期的研究强调领导的形成，它认为领导者应该努力与所有下属建立高质量的交换。领导的形成随时间而不断发展，会经历陌生人阶段、熟人阶段、成熟的伙伴关系阶段。通过承担和完成新的角色职责，追随者逐渐经历这三个阶段，最终与领导者发展到成熟的伙伴关系。这些伙伴关系以高度的相互信任、尊重和责任感为标志，对个人会有积极的回报，并能帮助组织更有效地运行。

领导—成员交换理论有几个积极的优点。首先，领导—成员交换理论是一种强大的描述性方法，用来解释领导者如何更多地让一些下属（内团体成员）更有效地实现组织目标。其次，领导—成员交换理论是独特的，因为它和其他的领导方法不同，它使领导—成员的关系成为了领导过程的核心。这个核心把我们的注意力引向领导—成员关系中有效交流的重要性上，因此领导—成员交换理论是值得注目的。此外，该理论提醒我们在对待下属时要做到公平公正。最后，领导—成员交换理论得到了很多研究的支持，这些研究成功地将高质量的领导—成员交换与组织所产生的积极成果联系起来。

　　领导—成员交换理论也有一些不足。首先，领导—成员交换理论违反了在工作场所应该遵循的公平公正原则，因为该理论承认让工作团队中的某些人得到特别关注。因内团体的存在而出现的不平等意识会对外团体成员的感情、态度和行为产生破坏性的影响。其次，领导—成员交换理论强调领导—成员交换的重要性，但没有解释如何建立高质量的交换。虽然该模型倡导建立相互的信任、尊重和责任感，但它没有完全解释这些因素是如何建立的。最后，对领导—成员交换研究中使用的测量程序是否能充分体现领导—成员交换过程中的复杂性，也存在很多疑问。

第 9 章

变革型领导

什么是变革型领导？

目前最流行的一种领导方法就是变革型领导方法，自 20 世纪 80 年代初以来成为众多研究的焦点。变革型领导是"新领导"范例的一部分（Bryman，1992），更多地关注领导魅力和情感元素。巴斯和里焦（Bass & Riggio，2006）认为它的普及可能是因为它强调内在动力和追随者的发展。变革型领导很适合当今工作群体的需要，因为他们想要得到鼓舞和授权，以在不确定性的时代获得成功。罗威和加德纳（Lowe & Gardner，2001）对《领导季刊》（*Leadership Quarterly*）上发表的文章内容作了分析，发现 1/3 的研究是关于变革型领导或魅力型领导的。很显然，许多学者正在研究变革型领导，它在领导学研究中占据着中心位置。

顾名思义，变革型领导是一个改变或改造人的过程。它关注的是人的情感、价值、道德、准则和长远目标。它包括评估追随者的动机、满足其需求、尊重其人权等。变革型领导涉及"影响"的一种特殊形式，让追随者完成预期之外的事情。这个过程通常包含魅力型领导和愿景领导。

变革型领导涵盖面很广，可以用来描述很多种领导，从非常具体的、试图一对一地影响追随者的领导，到非常广泛地、试图影响整个组织甚至整个文化的领导。虽然变革型领导者在促进变化上发挥着关键作用，但是在变革过程中，领导者和追随者有着千丝万缕的联系。

变革型领导的定义

变革型领导（transformational leadership）一词最早是由唐顿（Downton，1973）创造的。作为一种重要的领导方法，变革型领导这一概念的出现源于政治社会学家詹姆斯·麦格雷戈·伯恩斯（James MacGregor Burns）的经典之作《领袖》。在他的作品中，伯恩斯试图把领导者和追随者的角色联系起来。他写到，领导者激发追随者的动机，以更好地实现共同目标。对伯恩斯而言，领导和权力截然不同，因为权力与追随者的需求是分离的。

伯恩斯区分了两种领导类型：交易型领导（transactional）和变革型领导。交易型领导是指领导模型的主要部分，重点在于领导者和追随者之间发生的交易。通过承诺"无新税"而赢得选举的政治家展示的是交易型领导。同样，管理者提出给超额完成目标的员工升职也体现了交易型领导。在课堂上，老师根据学习表现给学生等级，也是在实践交易型领导。交易型领导中的交换是非常普遍的，在各种类型组织的许多层面都能观察到这种现象。

和交易型领导不同，变革型领导是个人管理其他人的过程，并建立一种联系来提高领导者和追随者的动机和道德水平。这种类型的领导者会考虑追随者的需要和动机，并试图帮助追随者发挥他们最大的潜能。伯恩斯用莫罕达斯·甘地作为变革型领导的经典例子。甘地唤起了数百万人民的希望和要求，在这个过程中，也改变了自己。

变革型领导的另外一个例子是瑞安·怀特（Ryan White）的生活。这个青年人提高了美国人对艾滋病的认识，在这个过程中成为了要求政府加强对艾滋病研究的支持的发言人。在组织社会中，变革型领导者可能是一名管理者，他试图改变公司企业价值，以反映更人性化的公平和正义。在这个过程中，管理者和追随者可能体现出一种更强大、更高尚的道德价值观。

　　因为伯恩斯提出的变革型领导的概念中包括提高他人的道德水平，所以很难用变革型领导这个词去描述如阿道夫·希特勒（Adolf Hitler）和萨达姆·侯赛因（Saddam Hussein）这样的领导者，他们的改革是负面的。为了应对这个问题，巴斯（Bass，1998）创造了伪变革型领导（pseudotransformational leadership）这个词。此术语是指那些自我消费、具有剥削和权力导向以及扭曲道德价值观的领导者（Bass & Riggio，2006）。伪变革型领导被认为是私人化的领导，关注的是领导者自身的利益而不是其他人的利益（Bass & Steidlmeier，1999）。诚实领导是社会化的领导，关心的是集体的利益。社会化的变革型领导者为了他人利益会牺牲自己的利益（Howell & Avolio，1993）。

变革型领导和魅力型领导

　　大约在伯恩斯的著作出版的同时，豪斯（House，1976）提出了魅力型领导理论。自该理论问世以来，魅力型领导受到了研究者的极大关注（Conger，1999；Hunt & Conger，1999）。它经常被描述成类似于变革型领导的领导风格，如果不是变革型领导的代名词的话。

　　魅力这个词最初是用来形容某些人具有的、以帮助他们完成伟大事业的特殊天赋。韦伯（Weber，1947）给魅力做出了一个最著名的定义，即一种只有少数人拥有的超凡能力，有神圣的起源，并能造就领袖人物的人格特质。尽管韦伯强调魅力是一种个性特征，但他也承认追随者在认可领导者的魅力时所起的重要作用（Bryman，1992；House，1976）。

　　豪斯在他的魅力型领导理论中提出，魅力型领导者的行为是独特的，对他们的追随者有特殊的魅力影响（见表9—1）。对于豪斯来说，魅力型领导者的个性特征包括：强烈的支配欲和影响欲、自信、很强的自我道德价值观。

表 9—1　　　　　　　　个性特征、行为以及魅力型领导者对追随者的影响

个性特征	行为	对追随者的影响
支配欲 施行影响的欲望 自信 很强的道德价值观	树立很强的模范角色 展示能力 表达目标 交流高的期望 表达信心 激发动机	信任领导者的理念 追随者和领导者信念的趋同 无异议地接受 表达对领导者的喜爱之情 服从 认同领导者 情感参与 提高目标 增强信心

　　魅力型领导者除了展示某些个性特征外，还表现出特定的行为。第一，他们在信仰和价值观上是很好的模范，并希望追随者们能够效仿。例如，甘地倡导非暴力不合作，就是一种表现公民进行反抗的典范。第二，魅力型领导者在追随者眼里似乎很有能力。第三，他们表达有道德的思想目标。马丁·路德·金著名的演讲《我有一个梦想》就是魅力行为的例子。第四，魅力型领导者给追随者提出很高的期望，并相信他们的能力（Avolio & Gibbons，1998）。这种行为会增加追随者的自信心，使其表现得更出色。第五，魅力型领导者激发了追随者与目标相关的动机，包括归属感、权力或自尊。例如，当美国前总统约翰·肯尼迪说到"不要问你的国家能为你做些什么，问问你能为你的国家做些什么"时，就是在呼吁美国人民的人类价值观。

　　根据豪斯的魅力型领导理论，魅力型领导会直接产生以下几个方面的影响：追随者信任领导者的理念、追随者和领导者信念的趋同、无异议地接受领导者、表达对领导者的喜爱之情、服从、认同领导者、对领导者提出的目标给予情感支持、追随者自我目标的提升、增强追随者实现目标的信心。与韦伯的观点一致，豪斯认为，魅力型领导的影响更容易在追随者感觉沮丧的情境下产生，因为在紧张的情境下，追随者会向领导者求助，让领导者帮助他们从困难中解脱出来。

　　豪斯的魅力型领导理论随着时间的推移已经得到扩展和修订（Conger，1999；Conger & Kanungo，1998）。其中一项主要的修订是由沙米尔、豪斯和亚瑟（Shamir，House，& Arthur，1993）完成的。他们认为魅力型领导改变追随者的自我概念，并试图把追随者的认同感和组织中的集体认同感联系起来。魅力型领导者通过强调工作本身的收获、降低外在奖赏来强化这种联系。领导者希望追随者把工作看作自己行为智慧和能力的体现。在达成目标的整个过程中，领导者对追随者表现出很高的期望，帮助他们

获得自信和自我效能。总之，魅力型领导之所以发挥作用，是因为它把追随者及其自我概念与组织的认同感联系起来了。

变革型领导模型

在 20 世纪 80 年代中期，巴斯（Bass，1985）提出了一种范围更广、更加完善的变革型领导理论，它以伯恩斯和豪斯以前的研究为基础，但与其并不完全一致。巴斯在他的理论中扩展了伯恩斯的研究，更多地关注追随者而不是领导者的需求。他认为，变革型领导者可以适用于那些产出消极成果的情境中，并把交易型领导和变革型领导描述成一个统一的连续体（见图 9—1），而不是相互独立的连续体（Yammarino，1993）。巴斯同时也扩展了豪斯的研究，更多地关注情感因素和魅力来源，他认为魅力是变革型领导的一个必要条件，但不是充分条件（Yammarino，1993）。

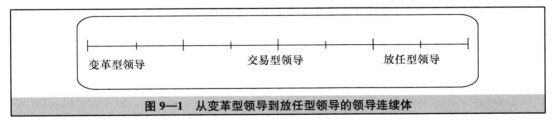

图 9—1　从变革型领导到放任型领导的领导连续体

巴斯（Bass，1985，p. 20）认为，变革型领导者通过以下方式去激励追随者做更多预期之外的事情：（1）提高追随者对具体目标和理想目标的重要性以及价值的认知水平；（2）让追随者视组织或团队的利益高于个人利益；（3）鼓励追随者有更高的追求。他在《变革型与交易型领导模型》一书中，详细描述了变革过程中的动力。阿沃里奥（Avolio）在他的《领导全程发展：在组织中建立重要动力》（*Full Leadership Development：Building the Vital Forces in Organization*）一书中对该模型做了补充说明。

正如在表 9—2 所看到的，变革型领导模型和交易型领导模型中包含了七种不同的因素。这些因素在领导模型的全程发展中也有描述（见图 9—2）。接下来会对这七个因素进行讨论，这将有助于清楚地理解巴斯的模型。讨论将分为三个部分：变革型因素（4 项）、交易型因素（2 项）以及放任型（非交易型、非领导型）因素（1 项）。

表 9—2   领导因素

变革型因素	交易型因素	放任型因素
因素一 理想化的影响力 魅力 **因素二** 鼓舞性激励 **因素三** 智力激发 **因素四** 个性化关怀	**因素五** 后效奖赏 建设性的交易 **因素六** 例外管理 主动的和被动的管理 正确的交易	**因素七** 自由放任 无交易

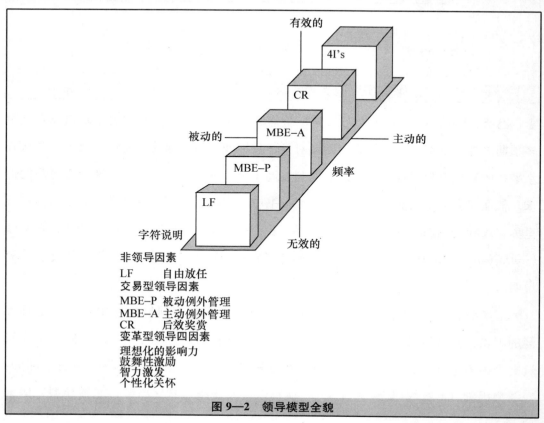

字符说明
非领导因素
LF   自由放任
交易型领导因素
MBE—P 被动例外管理
MBE—A 主动例外管理
CR   后效奖赏
变革型领导四因素
理想化的影响力
鼓舞性激励
智力激发
个性化关怀

图 9—2   领导模型全貌

变革型领导因素

变革型领导因素涉及提升追随者的表现，让追随者发挥最大的潜能（Avolio，1999；Bass & Avolio，1990a）。具备变革型领导力的个人经常有一套很强的内在价值观和理想，这些价值观和理想能有效地激励追随者超越自身利益，去为更伟大的利益奋斗（Kuhnert，1994）。

理想化的影响力。因素一被称为魅力或理想化的影响力（charisma or idealized influence），指的是领导者成为追随者的表率，得到追随者的认同和效仿。这些领导者通常有非常高的道德标准和道德行为，能够依靠他们做正确的事情。他们非常受追随者的尊重和信任，并为追随者描绘出事业远景，赋予他们使命感。

从本质上讲，魅力因素描述的是那些有特殊魅力、能让其他人愿意实现他们提出的愿景的人。南非的第一位黑人总统——纳尔逊·曼德拉的领导体现了魅力因素。曼德拉被视为具有极高道德标准的领导者，在如何管理南非人民方面促成了巨大的变化。他的魅力和人民的积极响应让整个国家发生了改变。

鼓舞性激励。因素二被称为激励或鼓舞性激励（inspiration or inspirational motivation）。这一因素描述的是领导者对追随者寄予很高期望，鼓励他们加入组织并成为组织中共享梦想的一分子。在实践中，领导者往往运用团队象征和情感诉求来凝聚下属的努力以实现超越自身利益的更多目标。在这种领导风格下，团队精神得到了加强。例如，一名销售经理通过鼓励性的谈话激发销售人员在工作中的进取心，使他们清楚地明白他们对公司未来的发展有着不可或缺的作用。

智力激发（intellectual stimulation）。因素三是智力激发。它包括激励追随者勇于创新、挑战自我和领导者及组织的信仰与价值观。

这类领导风格支持追随者尝试新方法和新手段去解决组织中遇到的问题，它鼓励追随者自己思考，谨慎解决问题。如厂长鼓励工人用独特的方式去解决造成生产力降低的问题。

个性化关怀（individualized consideration）。因素四被称作个性化关怀。这一因素指的是领导者创建一种友好气氛，以便于细心聆听追随者的个人需求。领导者就像教练和顾问，努力帮助追随者全面实现目标。他们可能通过授权帮助追随者应对挑战，例如用积极、独特的方式关心员工。对某些员工，领导者可能让他们有很强的归属感。而对于其他人，领导者可能下达具体的、高度结构化的指示。

从本质上看，变革型领导比交易型领导产生的影响更大（见图9—3）。尽管交易型领导会得到预期的结果，但是变革型领导产出的结果远远超出预期。例如，罗威、克罗克和西瓦苏布拉马宁姆（Lowe，Kroeck，& Sivasubramoniam，1996）对变革型领导文献中的 39 项研究进行了元分析发现：与只表现交易型领导的人相比，具备变革型领导的人的领导效能更容易得到认可，取得的领导成果也更突出。这些发现对于高层和低层的领导者以及公共和私人企业的领导者都适用。变革型领导鼓励追随者超出预期地完成目标，为了组织或团体的利益而超越个人利益（Bass & Avolio，1990a）。

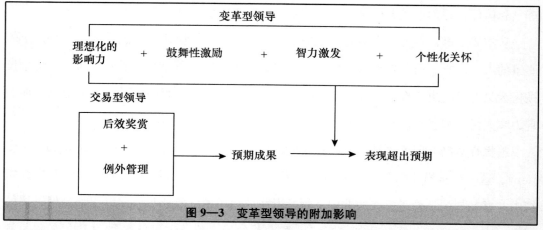

图 9—3　变革型领导的附加影响

资料来源：Adapted from "The Implications of Transactional and Transformational Leadership for Individual, Team, and Organizational Development," by B. M. Bass and B. J. Avolio, 1990a, *Research in Organizational Change and Development*, 4, 231-272。

罗伍德和海尼茨（Rowold & Heinitz，2007）在对德国一家大型公共运输公司的 220 名员工进行研究后发现，变革型领导增强了交易型领导对员工业绩和公司利润的影响。此外，他们发现变革型领导和魅力型领导是重叠的，但是各有独特的结构，变革型领导和魅力型领导与交易型领导不同。

同样，尼马尼科和凯勒（Nemanich & Keller，2007）对一家即将进行整合的大型跨国公司的 447 名员工进行了变革型领导影响的研究。他们发现变革型的领导行为，如理想化的影响力、鼓舞性激励、个性化关怀、智力激发与要求的接受、工作满意度和工作表现呈正相关。在需要进行重大整合的组织中，变革型领导可以产生积极的影响。

交易型领导因素

交易型领导与变革型领导不同，因为交易型领导者不会关注追随者的个性化需求，也不会关注其个人的发展。交易型领导者与下属交换有价值的事物，以推进自己与下属的目标进程（Kuhnert，1994）。交易型领导者很有影响力，因为下属会为了自己的最大利益而努力完成领导者们下达的任务（Kuhnert & Lewis，1987）。

后效奖赏（contingent reward）。因素五是后效奖赏，是交易型领导的两个主要因素之一（见图 9—2）。它是指领导者和追随者之间的一个交换过程，在这个过程中，追随者的努力是为了换取特定的奖赏。在这种类型的领导下，领导者在任务分配及相应报酬上尽量与追随者达成一致。如父母会以练习多久的钢琴为条件给孩子规定看电视的时间。另一个例子常常发生在学术环境中：系主任与教授就发表论文的数量和质量作为教授继任和晋升的条件进行协商。

例外管理（management-by-exception）。因素六被称作例外管理，包括正确批评、负面反馈和负强化。例外管理有两种形式：主动的和被动的。运用主动形式的领导者密切关注追随者是否犯错误或违反规则，然后采取行动去纠正。比如一位销售主管每天都监视员工如何接触顾客，如果发现有些销售人员行动缓慢、方法刻板，主管会快速纠正他们的做法。运用被动形式的领导者只是在没有达到标准或问题出现后才进行干预。比如某主管领导认为雇员的表现欠佳，但不会跟他交谈或分析他以前的工作表现。从本质上讲，与因素五后效奖赏的正强化相比，无论是主动式的管理还是被动式的管理都更多的是运用负强化模式。

放任型领导因素

在该模型中，放任型领导因素与交易型领导相去甚远，表现的是非交易型行为。

自由放任（laissez-faire）。因素七描述了交易型—变革型领导连续体最右边的领导方式（见图 9—1）。这一因素代表的是领导缺失。自由放任的领导者采用的是"放任自流、任其发展"的做法。他们放弃责任、延误决策、不给出反馈，很少努力地帮助追随者满足他们的需求。领导者与追随者之间没有交换，也不帮助追随者成长。例如，一个小型制造公司的总裁从不召集生产主管开会，没有为公司制定长远规划，很少与员工接触。

其他变革型领导的观点

除了巴斯（Bass，1985，1990；Bass & Avolio，1994）的研究，另外两种研究也以独特的方式为我们理解变革型领导的性质作出了贡献。他们是本尼斯和纳努斯（Bennis & Nanus，1985）的研究，以及库泽斯和波斯纳（Kouzes & Posner，1987，2002）的研究。这些学者们采用了类似的研究方法：先确定了一些中层或高层领导者，随后用开放式的、半结构化的问卷对他们进行采访，从问卷信息中构建出领导模型。

本尼斯和纳努斯的研究

本尼斯和纳努斯（Bennis & Nanus，1985）向 90 名领导者询问了一些基本的问题，如：你的优点和缺点是什么？过去什么事情最影响你的领导方式？你职业生涯中的关键点什么是？本尼斯和纳努斯根据这些领导者提供的答案，确定出了领导者在变革组织过程中所采用的四个普遍战略。

首先，变革型领导者对组织的未来有明确的远景规划，它描述的是一个有吸引力的、真实可信的未来（Bennis & Nanus，1985，p.89）。这个远景通常简单易懂、有益、并能使人充满活力，因为令人憧憬的远景会触及员工的经历并吸引他们支持整个团队。当一个组织有清晰的远景时，其成员就很容易学会如何适应组织的大方向，甚至整个社会的大方向。这样会给予他们力量，让他们觉得自己是这个值得为之工作的企业的重要组成部分。本尼斯和纳努斯发现，要取得成功，远景必须源自整个组织的需求，并由其成员提出。尽管领导者在表述清晰远景目标时能起到巨大作用，但是远景的出现是来源于组织中的领导者与追随者。

其次，变革型领导者在组织中扮演社交建筑师（social architects）的角色。这意味着领导者要创建一种形式，让成员维系组织的共同利益。这些领导者向员工传达组织价值和规范转变的方向。在很多情况下，领导者能动员人们接受一个新的团队或认同一种新的组织理念。

再次，变革型领导者在组织中建立信任（trust），让下属清楚地知道自己的立场，并得到下属的支持。即使在不确定的情况下，领导者仍然需要得到下属明确而可靠的信任。对组织来说，领导者指引一个前进方向，从而与员工建立信任，朝着这个方向前进，即使在实现远景的过程中有着太多的不确定性，但仍坚持这个方向。本尼斯和纳努斯（Bennis & Nanus，1985）发现，领导者在组织中建立了信任，也就让组织有了一种整体感，类似一种健康的认同感。

最后，变革型领导者会积极地自我肯定（positive self-regard）以便创造性地调配自己的能力。领导者很了解自己的优势和弱势。相比之下，他们更强调自己的优势，而不是细说弱点。基于对自身能力的了解，有效的领导者会全力以赴地完成自己的任务以及组织的远景目标。他们能把手中的工作和自我融合在一起。本尼斯和纳努斯也发现，领导者积极的自我肯定对追随者有相应的影响，使他们产生自信和对未来的美好期望。另外，这些领导者都努力地坚持学习，所以在组织中他们也很重视教育和培训。

库泽斯和波斯纳的研究

库泽斯和波斯纳（Kouzes & Posner，1987，2002）通过对领导者的采访建立了自己的领导模型。他们采访了 1 300 多名私人或公共组织的中层或高层管理者，并让他们描述作为领导者的"个人最佳"经验。根据对这些描述进行分析，库泽斯和波斯纳建立了一种领导模型。

库泽斯和波斯纳的领导模型包括能让领导者完成非凡事情的五种基本实践：树立榜样、激发共同愿景、挑战过程、让他人行动、鼓舞人心。对于其中的每一种领导实践，库泽斯和波斯纳确定了两种责任作为实践模范领导的策略。

树立榜样（model the way）。为了树立榜样，领导者必须清楚地知道自己的价值观和理念。他们需要找到自己的声音，并传达给他人。模范领导者通过自己的行为为他人树立榜样，并履行自己的诺言和承诺，坚持与他人分享共同的价值观。

激发共同愿景（inspire a shared vision）。有效的领导者创造出令人憧憬的愿景，引导人们的行为。他们能够描述出未来积极的成果，并传递给下属。领导者还倾听下属的梦想，并告诉他们如何才能实现梦想。通过激发愿景，领导者鼓励下属超越现状去为别人做事情。

挑战过程（challenge the process）。挑战过程意味着愿意改变现状，探索未知。它包括愿意创新、成长和提高。模范领导者就像先锋：他们想尝试新事物。为了把事情做得更好，他们愿意承担风险。遇到风险时，他们一步步前行，并在前进的道路上不断从错误中吸取经验。

让他人行动（enable others to act）。杰出的领导者能有效地运用下属的才能。他们与下属建立信任，促进合作。团队协作与合作是领导者高度重视的。他们仔细聆听不同的观点，尊重下属，还允许下属自己做出选择，并支持其决定。总之，他们创造的环境让下属对工作感觉良好，并思考如何帮助团队更好地发展。

鼓舞人心（encourage the heart）。领导者通过奖励下属的成绩以鼓励他们。每个人都想得到支持和认可，这是很自然的。有效的领导者很关注这方面的需要，并愿意赞美出色完成工作的员工。他们用真诚的庆祝活动和仪式来表示对下属的赞赏和鼓励。这种支持产生的结果是更大的集体认同和更强的团队精神。

总体而言，库泽斯和波斯纳的领导模型强调领导行为，并具有建设性，因为它为希望成为有效领导者的个人提出了建议。五种基本的领导实践及相应的责任为领导者提供了一套独特的方法。库泽斯和波斯纳强调（Kouzes & Posner，2002，p.13），五种领导实践人人都可具备，不为具有"特殊"能力的人保留。该模型涉及的不是个性，而是实践。

为了测量模型中所述的行为，库泽斯和波斯纳开发了领导实践量表（LPI）。LPI是一个全方位的领导评估工具，包含了30个问题，用来评估个人的领导能力，并被广泛应用于领导的培训和发展。

如何运用变革型领导理论？

变革型领导学说的基础广泛，包含了领导过程的很多层次和很多维度。一般而言，它描述了领导者如何在组织中发起、开展和实施卓有成效的变革。虽然不能完全确定，但仍能发现变革型领导者们通常是采用以下的方式进行变革。

变革型领导者授权给追随者，并在变革中培养他们。领导者试图提高追随者的个人意识，并让追随者为了他人的利益能超越个人利益。比如，荣格、周、吴（Jung，

Chow，& Wu，2003）研究了 32 家中国台湾企业的高层领导，发现变革型领导直接关系着组织的创新。变革型领导创造一种让员工感觉到授权的企业文化，并鼓励员工自由讨论和尝试新事物。

为了制造变革，变革型领导者亲自为员工树立强有力的榜样。他们有一套高度完善的道德价值体系和自我认同感（Avolio & Gibbons，1988）。他们自信、有能力、能言善辩、表达的观点深入人心，并善于倾听追随者的意见，容纳异议。领导者与追随者之间建立起一种合作精神。追随者愿意仿效领导者，因为他们信赖领导者，并坚信领导者的信念。

变革型领导者要规划一个远景是很平常的事。此远景融合了组织中不同个人与不同团体的集体利益，这是变革型领导的核心所在。远景为领导者和组织指明了前进的方向，赋予并诠释了组织身份的意义。此外，远景还让员工在组织中有身份归属感和自我满足感（Shamir et al.，1993）。

变革型领导也要求领导者像一个社交建筑师。这意味着领导者要明确组织中业已形成的价值观及标准。他们把自己融入组织文化中，并帮助形成组织理念。人们需要知道他们的角色，并理解他们如何为实现组织的伟大目标作出贡献。变革型领导者在诠释与塑造组织理念方面起着最重要的作用。

变革型领导理论有什么优势？

在领导理论现有的发展阶段，变革型领导有很多优势。第一，变革型领导已从不同角度得到了广泛的研究，其中包括一系列对大型知名企业的杰出 CEO 和领导者们所做的定性研究。变革型领导理论自 20 世纪 70 年代面世以来，就一直是领导学众多研究体系的焦点。如对 1990 年到 2000 年在《领导季刊》上发表的文章所做的内容分析表明，有 34％的文章是关于变革型领导或魅力型领导的（Lowe & Gardner，2001）。

第二，变革型领导在直观上具有吸引力。变革观点描述了领导者如何在倡导变革中起主导作用。这一概念与社会对领导的普遍定位是一致的。人们之所以被变革型领导吸引，是因为人们觉得它有意义。很明显，领导者会为未来规划远景。

　　第三，变革型领导将领导视为领导者与追随者之间发生的互动过程。因为该过程将追随者和领导者的需求融为一体，所以领导不仅仅是领导者的责任，更来源于领导者与追随者的相互作用。他人的需求是变革型领导的核心。由于追随者在变革过程中所作的贡献，因而他们在领导过程中的位置显得更为突出（Bryman，1992，p.176）。

　　第四，变革型领导为领导学研究提供了更为广阔的视野，增加了许多其他的领导模型，主要专注于领导者如何为了既定目标与他人进行交换，即交易型领导过程。变革型领导提供了领导更为广泛的一面，它不仅仅包括提供物质酬劳，还包括领导者关注追随者的需求和成长（Avolio，1999；Bass，1985）。

　　第五，变革型领导特别强调追随者的需求、价值观与道德观。伯恩斯（Burns，1978）提出，变革型领导涉及了领导者对提高员工个人的道德责任标准的尝试。它包括鼓励追随者为了团队利益、组织利益和社会利益要超越自身利益（Howell & Avolio，1993；Shamir et al.，1993）。变革型领导从根本上说是道德提升的过程（Avolio，1999）。这一点将变革型领导与其他领导理论区分开来，因为它强调领导者必须有一个道德尺度。从这个意义上说，那些运用强权领导的个人，如希特勒、吉姆·琼斯和大卫·克里什，就不能被称为领导典范。

　　最后，大量的证据表明变革型领导是一种有效的领导形式（Yukl，1999）。在对变革型领导和魅力型领导的评判中，尤克尔指出，在使用多因素领导问卷（MLQ）来评价领导者的研究中，变革型领导者与追随者的满意度、动机和表现呈正相关。此外，在使用的访谈和观察法的研究中，变革型领导在各种不同的情景下都被证明是有效的。

变革型领导理论有什么缺点？

　　变革型领导也有一些缺陷。第一，缺乏清晰的概念划分。它涵盖的范围非常广，包括规划远景、激励下属、成为变革代理人、建立信任、培养下属、扮演社交建筑家角色等。我们很难定义变革型领导中的各因素。特蕾西和欣金（Tracey & Hinkin，1998）的研究明确表明，变革型领导的四个因素相互之间存在内容上的潜在重叠（理想化的影响力、鼓舞性激励、智力激发和个性化关怀），彼此间的划分尺度并不严格。而且，变革型领导的参数经常与领导的其他概念有着类似的重叠。如布莱曼（Bryman，1992）指出，虽然在某些模式中魅力因素只是变革型领导的一部分，但变革型领导与魅力型领导仍常被等同对待。

第二，对变革型领导的测量也有一些批评。研究者通常使用某些版本的 MLQ 来测量变革型领导。然而，有一些研究对 MLQ 的效度提出了质疑。在这些版本的 MLQ 中，变革型领导的四种因素（理想化的影响力、鼓舞性激励、智力激发、个性化关怀）之间联系得非常紧密，这就意味着这些特征并不是十分突出（Tejeda，Scandura，& Pillai，2001）。此外，有些变革型因素与交易型和放任因素也有关联，也就是说，它们并不是变革型领导所特有的（Tejeda et al.，2001）。

第三，变革型领导将领导更多地视为个性品质或个人癖好，而不是人们可以学习的行为（Bryman，1992，pp. 100-102）。如果这是一种个性，那么以此训练人们就会遭遇重重困难，因为要改变个性是很不容易的。尽管韦伯、豪斯和巴斯等许多学者都强调变革型领导与领导者的行为有关，例如如何融入追随者之中，但是仍有从个性角度看待这一学说的倾向。也许因为"变革"一词令人觉得人是领导过程中最主动的因素，因而使得该问题更加难以解决。例如，虽然"创造远景"也提及员工的付出，但人们仍然认为变革型领导者才是远景的倡导者，并将他们视为有能力改造他人特质的个体。这些看法突出了变革型领导中的个性特征。

第四，变革型领导是非民主的，具有精英主义论的色彩（Avolio，1999；Bass & Avolio，1993）。变革型领导者通常在制造变革、创建远景和提倡新方向时起到直接作用，因此很容易给人留下深刻的印象，即领导者完全独立于下属的行动，或将自己置身于追随者的需求之上。虽然巴斯和阿沃里奥（Avolio，1999；Bass & Avolio，1993）都曾认为变革型领导者可能是指示与参与并重、民主与独断共存，以驳斥对精英主义论的批评，但这些批评从本质上还是对变革型领导理论提出了一些质疑。

与此批评相关的是，有些人认为，变革型领导者患有"英雄领导"的偏见（Yukl，1999）。变革型领导者强调，是领导者带领追随者（followers）在做一些非凡的事情。研究者们把焦点主要集中在领导者身上，而没有重视共享领导或相互影响。追随者会影响领导者，正如领导者可以影响追随者一样。应该更多地关注领导者如何鼓励追随者努力实现领导者所规划的远景，以及如何共享领导过程。

第五，变革型领导存在被滥用的可能。变革型领导涉及改变人们的价值观和推动他们实现新远景。但是谁来确定新远景是好还是坏呢？谁又能肯定新的远景会比以前的更好呢？如果领导者向追随者推介的价值观并非更好，或整套人类价值观并不足以弥补原有的缺陷时，领导者就必须改变。尽管如此，追随者如何挑战领导者以及他们提出的远景的动态变化并没有得到充分的认识。

理解变革型领导者如何影响追随者的理念，以及领导者如何回应追随者们的反应是很有必要的。事实上，伯恩斯认为了解这一方面的信息（如魅力和追随崇拜）是当今领导学研究的中心问题（Bailey & Axelrod，2001）。变革型领导者的魅力为组织带来了极大的风险，因为它可能会被用于灾难性的目的（Conger，1999；Howell & Avolio，1993）。

历史上，富有个人魅力的领导者运用强权带领人民走向罪恶终点的例子比比皆是。鉴于这个原因，变革型领导给员工和组织增加了一项职责，即他们必须清楚自己是如何被影响以及被要求朝着什么方向前进的。

变革型领导理论在实践中的应用

变革型领导理论不仅仅告诉领导者们该做什么，还概括了那些正处于变革中或准备变革的领导者的一些典型特征。与其他领导学说（如权变理论和情境理论）不同的是，就领导者在特定情境下如何获得成功方面，变革型领导理论并未提供一套清晰细致的假设，而是通过强调理想、激励、革新和对个人的关注为研究领导提供了一个综合方式。变革型领导要求领导者清楚自身行为是如何与追随者的需求以及团队内部变化的动力相关的。

巴斯和阿沃里奥（Bass & Avolio，1990a）认为，组织中任何层级的员工都能学会变革型领导，并能积极地影响一个公司的绩效。变革型领导能适用于纳新、遴选、晋升以及培训与发展，也可适用于改善团队发展、制定决策、创新和机构重组（Bass & Avolio，1994）。

为发展变革型领导而设计的项目通常要求领导者和他们的同伴通过多元领导特质问卷（Bass & Avolio，1990b）或一个类似的问卷来测定领导者在变革型领导过程中的特殊优势和弱点。填写问卷能帮助领导者确定如何改善自身的领导方式。例如，领导者明白，若他们在阐述目标时更自信，用更多时间来培训员工，对待团队中的异议更宽容，就会对他们的领导效果大有裨益。MLQ 是帮助领导者改善自身领导特征的出发点。

变革型领导在培训项目中特别强调的一个方面就是建立远景规划的过程。如在培训项目中，常常要求领导者就自己的五年职业计划和对团队未来发展方向的理解做详尽的阐述。提高领导者的变革型领导行为绩效的途径之一就是和他们一起为发展前景而努力。培训的另一个重要方面是教导领导者向追随者展示其更多的个性化关怀和智力激励机制。罗威等人（Lowe et al., 1996）发现，这一点对于组织中的低层领导者特别有用。

总的来说，变革型领导理论为领导者提供了从自由放任型领导、交易型领导到变革型领导的有关自身领导行为的全面信息。下一小节我们将提供一些领导实例来解释变革型领导原则的运用。

变革型领导理论应用案例

以下部分将提供在三个不同背景下发生的案例分析（案例 9—1、9—2 和 9—3）。它们分别描述了变革型领导不同情景下的应用情况。每个案例后提出的问题都围绕着变革型领导在现行组织中的运用，以帮助分析其出现的特有问题。

案例 9—1

失败的蓝图

高科技公司（HTE）是一个有着 50 年历史的家族制造企业，拥有 250 名雇员，专门生产飞机零部件。HTE 的主席是巴雷利先生。作为先进飞机工业的权威领导者，他从一个比 HTE 小的公司被邀请到 HTE。在此之前，HTE 只有一位主席，就是公司的创造者和拥有者。HTE 的组织结构非常传统，并有着成熟的企业文化作支持。

作为新主席，巴雷利先生真诚地希望能够改造 HTE。他想证明新的技术和先进的管理技巧能使 HTE 跻身于全国最杰出的制造公司之列。最后，巴雷利先生为公司设计了一个远景规划，贴遍全公司。这份有很强民主意味的、长达两页的远景规划描述了公司的整体计划、方向和价值。

在巴雷利先生任主席的最初三年，公司实施了几项重大的重组。这些变革都是由巴雷利先生和他遴选出来的主要管理者们设计的。每一项变革都旨在改善公司的组织结构，支持已公布的 HTE 新远景蓝图。

然而，每个改造方案产生的后果都在不同程度上削弱了领导，并在员工中造成了不稳定。大部分变革来自上层领导，极少有中下层管理者参与。有些变革在员工需要更多自主权的情况下反而加强了控制，另外一些变革却限制了员工本该更多的参与投入。某些情况下，员工需要向三名不同的管理者汇报情况，而在其他情况下，一名管理者需要管理太多的员工。与其说员工们在各自的角色岗位上感觉很舒适，倒不如说他们开始不明确自己的责任以及如何为规划的蓝图做些什么。重组的整体效果就是令士气和生产力不断下降。

在整个变革过程中，巴雷利先生为公司描绘的远景渐渐模糊起来。员工感觉到不稳定性，这使他们很难再支持公司的规划。HTE 的员工纷纷抱怨，虽然公司上上下下都贴着远景规划，但是没有人知道他们的前进方向。

对于 HTE 的员工而言，巴雷利先生就是一个谜。HTE 是家美国公司，生产的是美国产品，而巴雷利先生开的却是辆外国车。巴雷利先生宣称他的领导风格是民主的，可实际上他很专断。他对某些人表现得很民主，对其他人却独断专行。他希望员工们认为他是一个亲力亲为的领导者，但是他又授权给其他人员控制公司的运行，而自己专注于对外的客户关系和董事会的事务。

有时巴雷利对员工关心的问题不太敏感。他希望在 HTE 的每个人都能感觉到被授权，但是他经常无法近距离地去倾听员工的心声。

他极少参加那种开放式的互动沟通。HTE 的历史悠久、企业文化丰富，有着许多与众不同的传奇故事，可是员工们的感觉是巴雷利先生要么是不理解这段历史，要么就是不在乎这段历史。

巴雷利先生到 HTE 四年后就下台了，他和他的亲信令公司陷于巨额债务和资金周转的危机中。他要将 HTE 建成世界一流制造公司的梦想就此破灭。

问题：

1. 在巴雷利先生开始实施变革后，假设你正在和 HTE 的董事会进行协商，你会从变革的角度对巴雷利先生的领导提出什么建议？

2. 巴雷利先生是否对 HTE 有着清晰的远景规划，他能将其付诸实践吗？

3. 作为 HTE 的改造代理人和社交建筑师，巴雷利先生起到了多大的作用？

4. 若巴雷利先生有机会再次成为 HTE 的主席，你会给他什么建议呢？

案例 9—2

学生的发展

库克博士是一位大学教授，每年他都会带领一支由 25 名大学生组成的队伍到中西部进行为期 8 周的考古挖掘。这些来自全国各个院校的参与者通常对考古发掘中会发生的事情一无所知。库克博士喜欢带领这种探险队，因为他喜欢教学生考古知识，而发掘中的成果实际上又有助于他自己的学术研究。

库克博士在计划一年一度的夏季探险行动时，讲述了下面的故事。

这个夏天会很有趣，因为去年同去的 10 个人今年又回来参加我的队伍。去年的发掘成果颇丰。最初的两周里每件事都毫无联系。队员们似乎很迷茫、毫无动力，也很疲惫。事实上，较早一段时期里几乎一半的成员似乎要么生病要么筋疲力尽。他们对整个活动的意义开始质疑。

比如，按照惯例我们每天 4 点起床，5 点前往探索地点。然而，在最初的几个星期里，即使是在数次提醒之后还是很少有人能在 5 点准备好。

每年人们都要花一定的时间来学习如何与他人相处，如何接受探险的目的。学生们有不同的背景，有一些来自小的私立教会学校，有一些来自大的州立大学。每人都有自己的日程安排、不同的技能及迥异的工作习惯。有人可能是一个好的摄影师，有人可能是得力的挖掘手，有人则可能是优秀的测量员。我的工作就是用这些有利资源来完成考古探险。

第二周的周末，我开了一个进度评估会。我们谈了许多，包括个人的事情、我们的工作进展得如何以及我们需要改进什么。学生们似乎都很喜欢在会上发言交流。他们每一个人都阐述了他们自己的情况和对这个夏天的期望。

我和学生们分享了过去探险中的几个故事，有些故事很有趣，有些则对探险工作有所启发。我还和他们分享了我对这个项目的特殊兴趣，以及我们如何作为一个整体在这个重要的历史遗址完成挖掘和考古工作。我着重强调了两点：（1）为了这次探险的成功，我们共同承担着责任；（2）在主管和其他资深人士的指导下，学生们有权独立设计、规划并实施各自负责的项目。关于出发时间的问题，我再次强调是早上5点。

会后，我发现团队的态度和氛围有了实质性的转变。人们似乎对工作更加积极了。疾病和不适减少了，团结友爱的氛围更加浓厚了。所有任务的完成都不需要督促，团队之间还相互支持。每天早上5点，所有人都做好出发的准备了。

我发现，我每年的团队都不相同，就好像他们每个人都有独特的个性特征，也许这就是为什么我认为它极具挑战性。我尽力倾听学生们的意见，并让他们的特殊才能有用武之地。这些学生在8周内的成长让人惊讶。他们确实在考古学上做得很好，而且有重大收获。

即将到来的一年又是与众不同的，因为有这10个归来的"老兵"。

问题：

1. 这个例子作为变革型领导的案例，效果如何？

2. 在领导模型全貌中，库克博士的优势体现在哪里？

3. 库克博士为考古探险设定的远景规划是什么？

案例 9—3

她的远景——典型的研发中心

雷切尔·亚当斯最初在一家大型医药公司做研究员。经过几年对临床药品研究的观察后，她意识到现在需要的是一家独立于医药公司之外的研究中心。她和其他研究员合作，创办了全国第一家这样的公司。接下来的5年里，雷切尔成为临床研究中心（ICCR）的主席和首席执行官。在她的领导下，ICCR的年收入达到了600万美元，年利润达到100万美元。ICCR聘用了100名全职员工，大部分是女性。

雷切尔希望ICCR延续其势不可挡的增长模式。她为公司制定的远景目标是成为集高科技与高效实惠的临床实验于一身的典型的研究中心。为了这一目标，这个坐落在繁华大都市中心的公司与学术界、业界和社区保持着紧密的联系。

雷切尔和她的工作风格对 ICCR 的成功起到了重要的作用。她是个自由思考者，对新的想法、机遇和新方法采取开放姿态。她积极享受多彩人生，不惧怕冒险。她乐观的态度对公司的成就和有序的风气有着意义非凡的影响。受雇于 ICCR 的员工声称，此前他们从未在一个对待员工和客户如此开放的地方工作过。女性员工对雷切尔的领导感受尤其深刻。她们中许多人将她视为自己的榜样。ICCR 有 85% 的女性员工绝非偶然。在公司进行的药物研究中以及对全国妇女健康研究委员会的配合中，她对女性的关注是有目共睹的。在 ICCR，雷切尔设计了一个在职员工的保护项目，为那些孩子尚年幼的母亲提供较为宽松灵活的时间安排，还为兼职员工提供全套健康保障福利。当许多公司正设法让更多的女性参与决策时，ICCR 的各个领导层次上都已经有女性管理者了。

虽然雷切尔对 ICCR 有着极其重要的作用，但公司的成功带来的一些变化影响到了她的领导。

ICCR 的快速成长需要雷切尔花费大量时间在国内进行商务出差。由于过度频繁地商务出差，雷切尔开始觉得与 ICCR 的日常工作脱节，好像无法掌控公司的日常运作。比如尽管她每周都与管理人员会谈，但是她发现，现在的时间安排是每年只做两次发言。她还抱怨说与公司的员工日渐疏远。在近期的一次董事会上，她说人们不再叫她的名字，其他人甚至不知道她是谁，这一点令她十分失望。

ICCR 的成长也同样要求各部门主管得到更多的授权进行计划和决策。而对于雷切尔而言，尤其在策略制定方面，这种要求变得困难重重。她发现部门主管开始改变 ICCR 的重心，这与她为公司的现状和前景设定的方向背道而驰。她建立公司的理念是使公司成为一个集可信赖的高科技与实惠的临床实验于一身的典型研究中心，她不想放弃这个梦想。董事们却希望 ICCR 成为主要专注于研发新药的标准的医药公司。

问题：

1. 关于雷切尔的领导，哪些措施明确地意味着她采取的是变革型领导？

2. ICCR 的成长对雷切尔的领导产生了什么影响？

3. 面对公司成长带来的难题，雷切尔该如何重新建立自己作为变革型领导者的地位？

多元领导特质测量工具

变革型领导被运用得最为广泛的方法就是 MLQ（即多元领导特质问卷）。MLQ 更早的版本最初是由巴斯（Bass，1985）提出的，是以他和他的同伴访问过的南非的 70 位高层领导人为基础的。他要求这些领导人回忆在他们的经历中谁令他们目标更广阔、追求更高远，或鼓舞他们更重视他人的利益。接着，他又要求领导人描述他们是如何表现的——通过什么实现变革。从他们的描述以及对其他中高级领导人的采访中，巴斯设计了多元领导特质问卷。问卷中的问题测试了领导模型中追随者对领导者行为中每个因素的看法（见图 9—2）。

安东尼克斯、阿沃里奥和西瓦苏布拉马宁姆（Antonakis，Avolio，& Sivasubramaniam，2003）使用 3 000 多份企业样本来评估 MLQ 的心理属性，并为 MLQ 的效度寻找强有力的支持。他们发现 MLQ 在领导模型全貌中明确区分了九种因素。同样，欣金和施里希姆（Hinkin & Schriesheim，2003）审查了 MLQ 中交易型因素和非领导型因素的实证属性，并确定了几种使用问卷的方法以得出更可靠、更有效的结果。MLQ 自从问世以来，经过了多次修订，并还在继续改善以加强它的可靠性和有效性。

一系列的研究使用了 MLQ 来预测变革型领导如何与结果（如效能）相联系，根据对这些研究的总结分析，布莱曼（Bryman，1992）、巴斯和阿沃里奥（Bass & Avolio，1994）都认为，MLQ 中的魅力和驱动力因素最可能与积极的结果相关。个性化关怀、智力激发和后效奖赏是第二重要的因素。消极的例外管理也被证明与结果有点关系，积极的例外管理已被证实效果与结果是相悖的。大体上，放任型领导也与效率和组织满意程度等结果相悖。

在本节中，我们从 MLQ 中选择了一些条目做样本，这样你可以探索你关于变革型领导、交易型领导以及自由放任型领导的信念和看法。此问卷应该会让你更清楚地了解自己的风格和变革型领导者自身的复杂性。

多元领导特质问卷（MLQ—5S）调查表

本问卷提供了一些用来评价领导风格的条目。MLQ 的问题既涉及自身，也涉及评价者，涉及自身的部分用来测量自己对领导行为的看法，涉及评价者的部分用来测量领导。通过思考下面样例中的领导风格，你可以对自己的领导能力有所了解。

答案： 0＝一点也不　1＝曾经一段时间有过　2＝有时　3＝常常　4＝不经常，但也很频繁

变革型领导风格

理想化的影响力（品质）	为了集体利益，我会超越自身利益。	0 1 2 3 4

理想化的影响力（行为）　我会从道德和伦理方面考虑决定的后果。

0 1 2 3 4

鼓舞性激励　　　　　　我乐观地谈论未来。　　　　　　　0 1 2 3 4

智力激发　　　　　　　我会重新审视关键的假设，看看它们是否适当。

0 1 2 3 4

个性化关怀　　　　　　我帮助别人发挥他们的优势。　　　0 1 2 3 4

交易型领导风格

后效奖赏　　　　　　　当某人完成既定目标时，我会明确告诉他能得到何种奖励。　　　　　　　　　　　　　　　0 1 2 3 4

例外管理：主动式　　　我对所有的错误进行监督。　　　0 1 2 3 4

被动/回避型领导风格

例外管理：被动式　　　在问题没出现之前我不会采取行动。　0 1 2 3 4

自由放任　　　　　　　我避免做决定。　　　　　　　　0 1 2 3 4

本章要点回顾

变革型领导理论作为一种最新、最具包容力的学说，涉及特定的领导者如何激励员工完成伟大事业的过程。该理论强调领导者需要理解并适应员工的需求和目标。变革型领导者被公认为变革代理人和典范，能为团队创造并阐明一个清晰的蓝图，会授权给员工使其达到更高目标，以众人信任的方式行事，赋予团队生活的意义。

变革型领导理论源自并立足于学者们的著作，如伯恩斯、巴斯、本尼斯和纳努斯、库泽斯和波斯纳的著作。

变革型领导可以通过多元领导特质问卷得到评估。该问卷可从以下七个方面来评估领导：个性化关怀、鼓舞性激励、智力激发、理想化的影响力、后效奖赏、例外管理和自由放任型管理。个性化关怀和激励因素得分高意味着有很强的变革型领导风格。

变革型领导有如下几个积极方面：是研究者重视的现行模式；有很强的直觉吸引力；强调领导过程中追随者的重要性；超越传统的交易型模式，并拓展了领导范围；关注追随者的发展以及重点强调价值观和道德观等。

与积极面相对的是一些缺陷：该理论缺乏概念性的说明；以 MLQ 为基础，而 MLQ 受到了一些研究的质疑；构建的变革型领导框架有特质倾向；有时被认为具有精英主义和非民主倾向，并带有"英雄领导"的偏见；还有可能被领导者用反生产力的负面行为加以利用。尽管有这些缺陷，变革型领导理论还是一种被广泛运用的、有价值的学说。

第 10 章

诚实领导

什么是诚实领导?

诚实领导是领导学研究的新领域之一。它集中研究领导是否真实和"现实"。如该理论的名字所示,诚实领导与领导者和领导的真实性(authenticity)有关。与我们在本书前面所讨论过的很多理论不同,诚实领导还处在形成阶段。因此,需要从试验性的角度来看待诚实领导:随着有关的新研究成果的发表,此理论可能会有所变化。

最近一段时期,社会剧变使得诚实领导变得极其重要。"9·11"事件、安然公司和世界通信公司的丑闻、银行业的重大失败都制造了恐慌和不确定的气氛。人们对于周围将要发生的事情感到恐惧和不安。因此,他们渴望值得信任的领导者,也渴望诚实善意的领导者。人们的这种渴望使诚实领导的研究变得及时且有价值。

除了公众对诚实领导感兴趣外,研究者也热衷于此:变革型领导理论曾涉及诚实领导,但从未对此进行过完整的阐述(Bass,1990;Bass & Steidlmeier,1999;Burns,1978;Howell & Avolio,1993)。此外,实践者提出的诚实领导理论没有证据支持,因此需要进一步澄清和验证。为了更充分地探究诚实领导，研究者开始确定诚实领导的参数，并且更清楚地赋予其概念，时至今日，努力仍在继续。

本章探究诚实领导的本质，描述其基础何在，解释它是如何工作的。我们先从文献来看它的定义，然后讨论领导的两个主要方式：基于现实生活的实践方式（practical approach）和基于社会科学研究的理论方式（theoretical approach）。最后，我们考察诚实领导各种方式的优缺点，并作一下小结。

诚实领导的定义

表面上看，诚实领导似乎很容易定义。事实上，它是很难描述的复杂程序。领导学者至今也没有提出一个被普遍接受的诚实领导定义。事实上，对诚实领导的定义很多，每一个学者都从不同的方面提出不同的观点（Chan，2005）。在下面的讨论中，我们将从三个方面来定义诚实领导：内心角度、发展角度和人际角度。每一个定义都是独特的，都有助于阐明诚实领导的意义。

内心定义

从个人内心角度来看，诚实领导主要关注领导者和领导者的想法。它融合了领导者的自我知识、自我调整和自我概念。沙米尔和艾兰（Shamir & Eilam，2005）提供了一个从内心角度看领导的例子。他们基于领导者的自我意识以及这些自我意识与行动之间的联系给出了诚实领导者的定义。沙米尔和艾兰指出，诚实领导者展现了真实的领导，基于信念来领导、是原创的而不是复制的领导（见表 10—1）。另外，他们主张诚实领导的发展主要依靠领导者的现实生活，也依赖于领导者生活经历的内涵。

表 10—1   诚实领导的特征

内心角度
● 诚实领导者展现真实的领导；
● 诚实领导者基于信念来领导；
● 诚实领导者都是原创，而不是复制；
● 诚实领导者的行动基于他们的价值观。

资料来源：Adapted from "'What's your story?' A life-stories approach to authentic leadership development," by B. Shamir and G. Eilam, 2005, *Leadership Quarterly*, 16, 395—417.

尽管沙米尔和艾兰集中研究诚实领导者的个人经历，他们也认为追随者在诚实领导中扮演重要的角色。追随者需要对他们的领导者有现实的感知，需要肯定领导者和领导行为的正确性（Shamir & Eilam，2005，p.401）。

发展定义

诚实领导还可以从发展的角度来定义，阿沃里奥和他的合作者的著作里已有例证（Avolio & Gardner，2005；Gardner，Avolio，& Walumbwa，2005；Walumbwa，Avolio，Gardner，Wernsing，& Peterson，2008）。从发展的角度来看，诚实领导被认为是领导者可以培养的一种能力，而不是一种固有的特质。诚实领导能力在人的一生中都会得到发展，而且可以由生活中的重大事件引发，比如说严重的疾病或者新的职业生涯。

瓦卢姆布瓦等（Walumbwa et al.，2008）采取一种发展的方式，将诚实领导界定为一种领导行为模式，基于领导者积极的心理品质和强大的道德规范，并且由此发展而来。他们认为诚实领导由四个独特而又相互关联的成分组成：自我意识、内在的道德观念、平衡处理和关联透明度（Avolio，Walumbwa，& Weber，2009）。诚实领导者在一生中习得并且发展这四种行为方式。

人际定义

第三种定义诚实领导的方法是从人际关系角度，这种视角认为诚实领导是相互关联的，由领导者和追随者共同创造（Eagly，2005）。它不仅仅是领导者努力的结果，还是追随者响应的结果。真实性来源于领导者和追随者的交互作用。因为领导者影响追随者，追随者也影响领导者，所以它是一种相互作用的过程。

从人际关系角度看，诚实领导者仅仅提倡强大的价值观和关心他人是不够的，事实上，诚实领导者需要从追随者那里获得有价值的想法。只有当追随者认可或者接受领导者倡导的价值观时，领导者期望的结果才会出现。领导者为了适应追随者的信仰和价值观，他们会做出改变。

总的来说，有很多方式来界定诚实领导，包括从内在的、发展的和人际的角度。每一种定义在描述诚实领导的意义方面都是有价值的。在下一部分，我们将讨论有关诚实领导已经成形的各种方式。

诚实领导方式

成形的诚实领导可以分为两个领域：一个是实践方式，是从真实生活的例子、培训和发展的文献资料中演化而来的；另一个是理论方式，是基于社会科学研究的成果。两种方式都为诚实领导的复杂过程提供了有趣的见解。

实践方式

现在有关诚实领导的书籍和项目很流行，人们对这种领导的基础很感兴趣。他们尤其想知道如何成为一个真诚的领导者。在这部分我们将讨论诚实领导的两种实践方式，一种是罗伯特·特里的诚实领导方式（Robert Terry，1993），另一种是比尔·乔治的诚实领导方式（Bill George，2003）。在如何实践诚实领导方面，每一种方式都呈现了一种独特的视角。

罗伯特·特里的诚实领导方式（Robert Terry's authentic leadership approach）。特里的诚实领导方式是围绕着实践展开的，利用一个公式或者指南来表明如何领导。特里方式的核心以行动为中心：它专注于特定情景下领导者、团队或组织的行动。这个方式的道德前提是领导者应该努力做正确的事情，这是行动的指南。

特里认为在任何需要领导的情况下，必须要问两个核心的问题：第一，到底发生了什么事情？第二，对此应该做些什么？诚实领导就包括正确回答这些问题。诚实领导还要求了解真正的自己、组织和世界，并因此采取行动。领导者面临的挑战就是要区分真实的和虚假的行动，然后放弃虚假的行动，采取真实的行动。除非领导者知道真正会发生什么事情，否则他们的行动将是不恰当的，并且可能会产生严重的后果。

特里绘制了真诚行动之轮（见图 10—1）来帮助诊断和处理组织潜在的问题。这一行动之轮有六个组成部分：轮子最上面是意义（meaning）、使命（mission）和权力（power）。顺时针最底下是结构（structure）、资源（resources）和存在（existence）。轮子的中心是履行，代表过程的完成。为了回答特里提出的问题，需要采取两个步骤：（1）在诊断图标中找到问题所在；（2）有战略性地处理存在的问题。

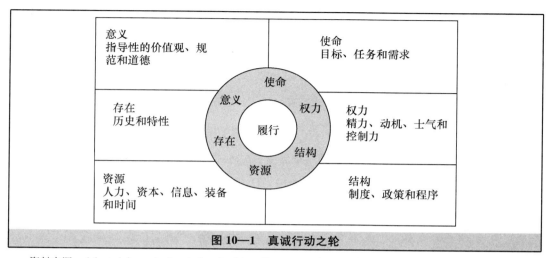

图 10—1　真诚行动之轮

资料来源：Adapted from *Authentic Leadership*：*Courage in Action*，by Robert W. Terry，1993，p. 84，and Action Wheel Publishing。

第一步，找到问题，这需要通过对追随者和组织做出评估来完成。基于这个评估，领导者可以通过行动之轮鉴定组织真正关心的是什么。例如，如果追随者说"我们似乎迷路了"或者"这儿没人关心"，那么问题就可能与使命有关。如果追随者说"我们真的力不从心"或者"他们要求我们做的，我们做不了"，那么问题就存在于资源方面。尽管一个团队或组织可能存在很多问题，但是真诚行动之轮提供了一套结构，使领导者能够把各种各样追随者关心的事情归纳成六个主要方面。

第二步，恰当地处理问题，这也需要利用真诚行动之轮来完成。在这个阶段，行动之轮推荐一种特定的行动方式。问题找到之后，利用行动之轮鼓励领导者探究问题的多种解释，并且在这些信息的基础上选择一种回应方式。例如，如果追随者涉及的问题与权力和支配有关，那么领导者就应该关注组织的使命部分，即相关人员的目标和目的。类似地，如果追随者提出关于一个特定项目的意义的问题时，领导者就应该关注存在部分，因为追随者提出的问题可能与巩固这个项目的历史和特性有关。换句话说，行动之轮是用来探究一个问题各种各样可能的回应的，并且选择最能解决问题的回应。诚实领导者尽力采取合适的方式来处理真正的问题。

为了说明真诚行动之轮是如何使用的，请看下面这个高中棒球项目问题的故事。

促进者俱乐部的领导者要求调查一位教练，这时问题产生了。这位教练被指责使用资金不当、任人唯亲（比如教练不用其他人，而选择他的儿子当队员）、破坏学校政策（比如教练让一位酒醉驾车的家长送训练的运动员回家）。促进者俱乐部的事情上了当地报纸的第一版，当地的博客和社论充满了家长、前队友和团队成员的各种反应。

为了分析这个问题，领导者应该问："到底发生了什么事情？"最初的诊断结果可能认为这是个结构问题（比如学校政策）。促进者俱乐部的领导者认为教练违反了学校政策，并且想要采取措施，而教练认为他的决定是合理的，并且认为促进者俱乐部在滥用权力。俱乐部的领导者和校长在管理教练和棒球团队的政策方面有不同的意见。

利用真诚行动之轮做指南，一个真诚的领导会猜想冲突来源于权力。谁有权力来决定资金的使用、决定棒球团队运动员的选择或者哪个家长来接送学生？利用行动之轮，领导者应该探讨权力是如何导致这场冲突的。最后，因为权力问题没有解决，所以冲突问题也没有得到有效处理。校长用其他家长取代了不满的促进者俱乐部的联合主席，导致权力斗争更加明显。

总的来说，真诚行动之轮是一个可视的诊断工具，可以用来帮助领导者找到问题之所在。领导者和追随者们在行动之轮上定位问题，然后战略性地对主要问题做出回应。特里方式鼓励个人从不同的方面更清楚地看待事情。本质上，特里方式力促领导者对他们自己、他们的组织和他们的世界要诚实或者"真实"，并且把他们的行动建立在到底发生了什么事情的基础之上。

比尔·乔治的诚实领导方式（Bill George's authentic leadership approach）。特里的真诚行动之轮集中研究问题，而乔治的诚实领导方式集中研究诚实领导的特点（George，2003；George & Sims，2007）。乔治以实用方式描述了诚实领导的本质特性，以及如果个人想要成为诚实领导者，应该如何开发这些特性。

根据 30 多年公司执行官的经验以及对 125 个不同类型成功领导者的访谈，乔治发现诚实领导者有真正服务他人的愿望，他们了解自己。通过他们的核心价值观来领导，他们感到自由。特别是，他发现诚实领导者表现出五个基本特征：（1）他们明白自己的目的；（2）对于要做的正确的事情，他们有很强的价值观；（3）他们和其他人建立了信任关系；（4）他们自我约束，根据价值观行事；（5）他们对自己的职责很有激情（比如从内心采取行动）（见图 10—2；George，2003）。

图 10—2 说明了乔治界定的诚实领导的五个维度：目的、价值观、关系、自律以及内心职责。图表也说明了个人要想成为诚实领导者需要开发的五个相关的特征——激情、行为举止、沟通、一致性、同情心。

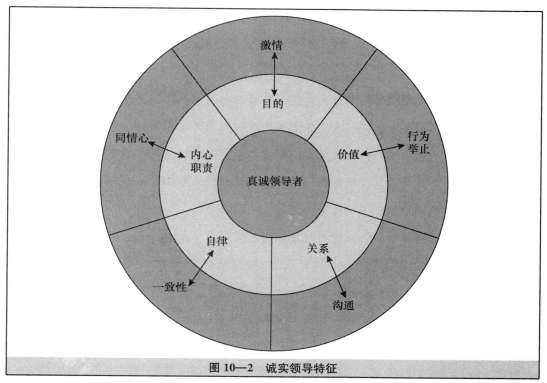

图 10—2　诚实领导特征

资料来源：From *Authentic Leadership*：*Rediscovering the Secrets to Creating Lasting Value* by Bill George, copyright © 2003. Reproduced with permission of John Wiley & Sons, Inc.

　　乔治在采访中发现诚实领导者有一种目的感（purpose），他们知道自己在做什么、在朝哪个方向努力。除了知道目的外，诚实领导者本质上都被他们的目标激励着。他们是充满激情（passionate）的个人，对正在做的事情有着浓厚的兴趣，并且真正关心他们的工作。

　　诚实领导者对目标表现激情的一个很好的例子是特里·福克斯，他是一名癌症幸存者，他的腿患了骨癌后就被切除了。利用一条特制的假腿，特里·福克斯想跑步穿越加拿大，从大西洋到太平洋，为癌症研究筹集资金，唤起人们的关注。尽管特里没有跑完加拿大，但是他的勇气和激情影响了数百万人的生活。他也完成了他的目标：提高了人们对癌症的认识，为癌症研究筹集到了资金。如今，特里·福克斯基金会日益壮大，已经为癌症研究筹集到了 4 亿多美元的资金（http://www. terryfoxrun. org）。在图 10—2 显示的维度和特征中，特里·福克斯的领导明显展现了目的和激情。

　　诚实领导者明白他们自己的价值观和行为表现（values and behave），对待他人也是以这些价值观为基础。换种方式说，乔治认为诚实领导者知道他们的"真北"（truth north)。他们清楚地知道他们是谁、他们要去哪里、要做的正确事情是什么。在面临困难的情景时，诚实领导者不会为他们的价值观妥协，反而利用那些情景强化他们的价值观。

获得诺贝尔和平奖桂冠的纳尔逊·曼德拉就拥有一套强大的价值观。曼德拉是一个满怀深刻道义、内心充满良知的人。在南非废除种族隔离的斗争中，他为追求正义和平等不屈不挠。他在狱中时，曾有机会提前释放，但前提是他的观点要遭到谴责。他选择继续留在狱中，而不是为其立场屈服。纳尔逊·曼德拉从本质上知道自己是谁，知道自己的价值观，他的领导反映了这些价值观。

乔治提出的诚实领导的第三个特征是强大的关系网（relationships）。诚实领导者有能力敞开心扉和别人建立联系（connection）。他们愿意和别人分享自己的故事，也愿意聆听他人的经历。通过敞开心扉，领导者和下属建立了一种信任感和亲近感。

乔治认为现在的人们希望接近领导，希望领导对他们开诚布公。从某种意义上说，人们要求领导在扮演领导角色上弱化边界，更加透明。人们希望和领导之间有一种信任的关系，如此一来的结果是，人们愿意对领导者更加忠诚、更负责任。

正如第 8 章讨论过的（领导—成员交换理论），有效的领导者—追随者关系是以高质量的沟通为标志的，领导者和追随者之间互相高度信任、尊重，对彼此高度负责。领导者和追随者以一种多产的方式联系着，超越了传统的领导—下属的关系。结果，领导者和追随者的关系更加紧密，理解增强，生产力提高。

自我约束（self-discipline）是诚实领导的又一个维度，是帮助领导者达成目标的一个重要品质。自我约束让领导者专于做事、性格果断。当领导者确定目标和卓越标准时，自我约束帮助他们达到目标，并且让每个人各负其责。而且，自我约束能够使诚实领导者依据他们的价值观来从事工作。

就像长跑运动员一样，自我约束的诚实领导者能够专注实现自己的目标。他们能倾听内心的渴望，甚至在面临挑战的环境下能约束自己不断前进。在困难时期，自我约束能够使诚实领导者保持沉着冷静、前后一致（consistent）。因为自我约束的领导的行为是可以预见的，所以其他人就知道什么是可以预期的，并且发现和领导交流变得更容易。当领导者自我指导、行进在正确的道路上，人们就会有一种安全感。

最后，乔治的诚实领导方式将同情心（compassion）和内心（heart）列为诚实领导的重要方面。同情心指的是对别人的困境要敏感，对别人敞开心扉，并且愿意帮助他人。乔治认为当领导者培养同情心时，他们就是在学习真诚（George，2003，pg.40）。领导者可以通过了解他人的生活经历、参与社区服务工作、加入其他种族或少数民族团体，或者去发展中国家旅游来培养同情心（George，2003）。这些活动都能增强领导者对其他文化、背景和生活状况的敏感度。

格雷格·莫坦森就是一位具有同情心和真诚心的领导，他是《三杯茶》（*Three Cups of Tea*，Mortenson & Relin，2006）的作者（见案例 10—2，为教育与和平扫清障碍）。莫坦森独自一人为世界上最困难的一个地理和行政区域筹集资金，建立并管理55 所学校。他对所服务的人们怀有强烈的同情心，并且全力以赴帮助他们。

总之，乔治的诚实领导方式突出了诚实领导者的五个重要特征。这些特征提供了一些实际的指导，使领导者了解需要做些什么才能拥有诚实领导。诚实领导是终生发展的，它是由个人的生活经历形成的，也随着个人的生活经历而深化。

理论方式

尽管还处在最初发展阶段，诚实领导理论已经出现在社会科学文献中。在这部分，我们来鉴定一下诚实领导的基本成分，并且描述一下这些成分是如何相互关联的。

理论方式的背景。尽管人们对于"真实性"的兴趣可能是永恒的，关于诚实领导的研究却是最近才开始的。第一篇论文发表于 2003 年，这个研究最开始的动力是来源于内布拉斯加大学举办的一次领导学峰会。这次峰会是由盖洛普领导研究机构资助的，主要讨论诚实领导的本质和它的发展。峰会之后，发行了两套出版物：第一，2005 年夏，《领导季刊》发行了一期特刊。第二，《领导与管理专著》（*Monographs in Leadership and Management*）里，一篇名为《诚实领导理论与过程：起源、影响与发展》的文章也在 2005 年发表。峰会前，卢森斯和阿沃里奥（Luthaus & Avolio，2003）发表了一篇关于诚实领导发展与积极组织学方面的文章。这篇文章也激发了诚实领导领域的研究。

有一段时期，美国社会发生剧变，社会不稳定，人们对诚实领导的兴趣不断增加。"9·11"事件、蔓延的公司丑闻、经济陷入困境都使人们对于领导产生了一种不确定感和焦虑感。不道德的、无效的领导很普遍，人们需要更人道、更有建设性的领导出现，来为平民百姓服务（Fry & Whittington，2005；Luthans & Avolio，2003）。

另外，关于真诚转换型领导的意义，研究人员感觉有必要对巴斯（Bass，1990）和巴斯与史泰德梅尔（Bass & Steidlmeier，1999）的著作做一些延伸，认为有必要实施诚实领导，并且创造一个理论框架来解释它。为了提出一种诚实领导理论，研究人员对领导领域、积极组织学和道德规范进行了研究（Cooper，Scandura，& Schriesheim，2005；Gardner et al.，2005）。

研究人员在开发诚实领导理论方面面临的一个重大挑战就是界定它的构造、鉴定它的特征。如我们在本章前面讨论过的，诚实领导已经在多个方面被定义，每一个定义都强调这个过程的不同方面。在本章，我们选择瓦卢姆布瓦等人（Walumbwa et al.，2008）在一篇文章中的定义，瓦卢姆布瓦等把诚实领导定义为"一种领导行为模式，利用并提升积极的心理能力和道德氛围，来鼓励更多的自我意识、内心的道德观念、平衡的信息处理、透明的领导者和追随者关系，鼓励积极的自我发展"（第94页）。尽管这个定义很复杂，但是在关于诚实领导现象和它如何工作方面，它反映了学者们当前的想法。

在最近的文献中出现了不同的模式来描述诚实领导的过程。加德纳等（Gardner et al.，2005）创造了一种模式，围绕领导者和追随者自我意识和自我规范的发展过程。伊莱斯、摩根森和纳尔刚（Ilies，Morgeson，& Nahrgang，2005）建立了一种多成分模式，讨论真诚对领导者和追随者幸福健康的影响。相反，卢森斯和阿沃里奥（Luthans & Avolio，2003）阐述了一种模式，将诚实领导解释为一种发展的过程。本章将呈现一种诚实领导的基本模式，它源自于集中讨论诚实领导的核心成分的研究文献。我们的讨论主要将诚实领导看作一个过程。

诚实领导的组成部分。为了进一步加深我们对诚实领导的理解，瓦卢姆布瓦等人（Walumbwa et al.，2008）对文献资料做了一下全面回顾，采访了很多这个领域的知名专家，界定了诚实领导的组成部分，并且研发了一种衡量这个构造的有效方式。

研究提出了四个组成部分：自我意识、内心的道德观念、平衡处理以及关系透明（见图10—3）。这四个组成部分形成了诚实领导理论的基础。

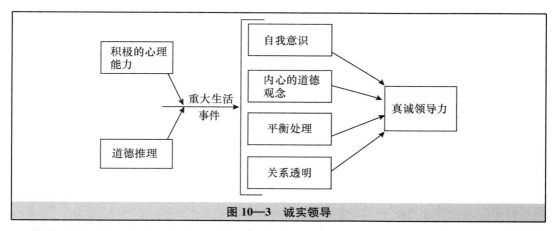

图 10—3　诚实领导

资料来源：Adapted from Luthans，F.，& Avolio，B. J. 2003. Authentic leadership development. In K. S. Cameron，J. E. Dutton，& R. E. Quinn（Eds.），*Positive organizational scholarship*（pp. 241－258）. San Francisco：Berrett-Koehler，2003；and W. L. Gardner，B. J. Avolio，F. Luthans，D. R. May，& F. O. Walumbwa，2005.　"Can you see the real me?" A self-based model of authentic leader and follower development. *Leadership Quarterly*，16，343-372.

　　自我意识（self-awareness）指的是领导的个人看法。它本质上不是一种结果，而是一个过程。在这个过程中，个人了解他们自己，包括优点、缺点和他们对其他人的影响力。自我意识包括反省自己的核心价值观、身份、情绪、动机、目标，从最深层次上认识到你到底是谁。另外，它还包括意识到并相信你自己的感觉（Kernis，2003）。当领导者认识了自己，清楚地知道他们是谁、他们代表什么，他们的决定和行为就会很坚定（Gardner et al.，2005）。其他人会认为有强大自我意识的领导更加真诚。

　　内心的道德观念（internalized moral perspective）指的是自我调整的过程，领导者利用他们的内在道德标准和价值观去指导他们的行为，而不是让外在的压力来控制他们（比如团队或者社会压力）。它之所以是一种自我调整的过程，是因为人们能够控制自己不受其他人的影响。其他人认为具有内在道德观念的领导是真诚的，因为领导的行为和他们所表达出来的信仰和道德是一致的。

　　平衡处理（balanced processing）也是一种自我调整的行为，它指的是一种个人能力，即能客观地分析信息，做决定前参考其他人的意见。它也意味着在某些问题上不偏不倚。平衡处理包括听取反对者的意见，充分考虑他们的立场，然后再采取行动。平衡处理的领导被看作是真诚的，是因为他们坦诚自己的观点，同时也客观地考虑他人的观点。

　　关系透明（relational transparency）指的是要坦率诚实，向别人呈现真实的自我。

它也是自我调整的过程，因为个人能控制他们对别人的透明度。当个人以一种合适的方式和别人分享他们真实的感受、动机和偏好时，关系透明就会出现（Kernis，2003）。它包括向他人展示自己好的方面和不好的方面。简而言之，关系透明就是坦诚地交流，与别人交往时呈现真实的自己。

从根本上来说，诚实领导包含以上四个因素——自我意识、内心的道德观念、平衡处理和关系透明。这些因素组成了诚实领导的基础。

影响诚实领导的因素。 还有其他因素，比如积极的心理能力、道德推理和重大生活事件能影响诚实领导（见图10—3）。

有四个关键的积极心理属性（positive psychological attributes）影响诚实领导：自信、希望、乐观和富有活力。这是从积极心理和积极组织行为领域得出的结论（见表10—2；Luthans & Avolio，2003）。积极属性能提高领导者的能力，发展前面部分讨论过的诚实领导的组成部分。每一个属性都有类似特征和类似状态的品质。说它们是类似特征，是因为它们表现出一个人性格里面相对稳定的方面，即在生活中很明显的特征（比如外向）。说它们是类似状态，是因为通过训练和指导，个人能够发展或者改变他们的性格。

表 10—2　　　　　　　　　　　　　相关的积极心理能力

● 自信
● 希望
● 乐观
● 富有活力

资料来源：Luthans，F.，& Avolio，B. J. 2003. Authentic leadership development. In K. S. Cameron, J. E. Dutton, & R. E. Quinn (Eds.), *Positive organizational scholarship* (pp. 241-258). San Francisco：Berrett-Koehler.

自信（confidence）指的是有一种自我效力——相信自己有能力成功完成一项特殊任务。自信的领导更有可能成功，遇到困难不屈不挠，敢于挑战（Bandura，1997；Luthans & Avolio，2003）。希望（hope）是一种积极的动机状态，基于毅力和目标计划（Luthans & Avolio，2003）。充满希望的诚实领导者憧憬他们知道能被实现的目标，他们的希望鼓舞追随者信任他们并且坚信他们的目标能实现。乐观（optimism）指的是从积极角度来看事情的认知过程。乐观的领导者对他们的能力和他们能够取得的成果抱有积极的态度。他们以一种富足感而不是缺乏感来拥抱生活（Covey，1990）。富有活力

（resilience）是指有能力从逆境中恢复并且有能力积极努力地适应困难和痛苦。在艰难时期，富有活力的人能够从困难环境中站起来，充满力量，结果是使阅历变得更加丰富（Sutcliffe & Vogus，2003）。

道德推理（moral reasoning）是影响诚实领导的又一因素（见图 10—3）。它是一种对是非曲直、好坏善恶做出道德判断的能力。发展道德推理能力是一个终生的过程。高水平的道德推理使得诚实领导有可能做出超越个人差异的决定，并且联合个人朝共同的目标奋斗。道德推理能使领导者变得无私，做出有益于团队、组织或者社会利益的判断。道德推理能力还能使诚实领导者促进公平，为社会谋福利。

和诚实领导有关的最后一个因素是重大生活事件（critical life events）（见图 10—3）。重大事件是指能影响人们生活的关键事件，可能是积极的事件，比如获得意外提升、家庭添丁或者读到一本有用的书籍；也可能是消极的事件，比如被诊断为癌症、得到负面的年度评估。沙米尔和艾兰认为，诚实领导在很大程度上取决于和他们生活经历相关的见识（Shamir & Eilam，2005）。当领导者讲述他们的生活故事时，他们能更加认识自我，更清楚地知道他们是谁，更好地理解他们的角色。通过了解他们自己的生活经历，领导者变得更加真诚。

重大生活事件也能促进个人成长，有助于他们成为更强大的领导者（Luthans & Avolio，2003）。比如霍华德·舒尔茨（Howard Schultz）（星巴克创始人兼首席执行官）讲述了他小时候的一个故事：他的爸爸是一位邮递司机，在工作时摔伤了，但是他爸爸没有健康保险或工人补偿。因为爸爸受伤带来了一系列的问题，所以舒尔茨在建立星巴克时，给追随者们都上了健康保险，哪怕有的追随者一周只工作 20 个小时。舒尔茨的领导风格是由他小时候的经历引发的。

随着诚实领导理论的进一步发展，其他影响诚实领导过程的前提因素可能还会被发现。然而，到目前为止，被认为影响个人成为诚实领导的因素是积极心理能力、道德推理和重大生活事件。

如何运用诚实领导理论？

本章之前已从实践和理论角度讨论了诚实领导。这两个角度都将诚实领导描述成一个发展过程，领导者的诚实领导随着时间的推移而形成。但是，对于诚实领导是如何起作用的，这两个角度的描述却不一样。

实践方式描述的是如何待人真诚、如何发展诚实领导。例如，特里方式（Terry，1993）强调通过在特定条件下提出"究竟在发生什么"（what is really going on）这样的问题来对待事情。当领导者和追随者共同来定义他们"真正"关心的事情是什么、并且决定要做的"正确的事情"是什么时，诚实领导才会起作用。诚实领导试图决定真正对领导者、追随者和组织有好处的事情是什么。

乔治方式（George，2003）从另一个方面来理解诚实领导过程，乔治方式关注的是领导者要成为诚实领导者应该开发的五个特征。更具体地说，乔治提倡领导者应该更具有目的性（purposeful）、以价值观为中心（value centered）、建立关系（relational）、自我约束（self-disciplined）和具有同情心（compassionate）。诚实领导的本质是成为强烈展示这五个特征的领导者。

理论方式不是简单的描述，它提出了诚实领导是什么，怎样才能称得上是诚实领导。从这个角度看，因为领导者展示了自我意识、内心的道德观念、平衡处理和关系透明，诚实领导就有作用了。领导者终生都在发展这些特性，而且经常受到重大生活事件的影响。另外，文献资料表明，积极心理特征和道德推理对诚实领导者有非常重要的影响。

诚实领导是一个复杂的过程，领导者应该要被追随者认为是可信赖的和可信任的。领导者的工作就是学习发展这些特质，并实现追随者的共同利益。

诚实领导理论有什么优势？

尽管诚实领导还处在发展的初级阶段，它还是显示了几个优点。第一，它针对社会急需的可信赖领导进行研究。在过去的 20 年里，领导公开的和私下的失败使得人们不再信任领导者。诚实领导研究填补了空白，并且给那些在不确定世界里寻找合理可靠的领导的人们提供了答案。

第二，诚实领导为那些想成为诚实领导者的个人提供了实用的指南。实践与理论方式显然都指出了领导者要成为诚实领导者应该做什么。例如，特里（Terry，1993）认为领导者要真诚，需要和追随者一起发现在特定情景下真正在发生什么事情，并且很好地处理这些事情。类似地，社会科学文献强调领导者要真诚，需要拥有自我意识、内心的道德观念、平衡处理和关系透明，这是很重要的。这些方式放在一起，就提供了一幅如何成为诚实领导者的蓝图。

第三，和转换型领导和公仆型领导类似，诚实领导有清楚的道德标准。实践和理论方式的一个根本观念是需要领导者做"正确的"事情，做有益于追随者和社会的事情。诚实领导者了解他们自己的价值观，把追随者的需要置于自己的需要之上，为了创造更大的共同利益，他们和追随者利益趋同，并肩作战。

第四，诚实领导强调领导者的真诚价值观和行为是随着时间的发展而发展的。诚实领导不是只有某些人才能拥有的特质，每个人都能开发真实性、变得真诚。例如，领导者可以学会变得更明白、更透明，或者他们可以学会变得更亲近、更为他人着想。领导者也可以开发道德推理能力。而且，卢森斯和阿沃里奥（Luthans & Avolio，2003）认为，领导者可以学习发展积极心理能力，比如自信、希望、乐观，富有活力，还可以利用这些能力去创造一种积极的组织氛围。他们认为领导者在一生中有很多方式变成诚实领导者。

第五，诚实领导可以通过诚实领导问卷来衡量。诚实领导问卷被证实是有效的、有理论基础的工具，用 16 个小项来衡量诚实领导的四大方面（Avolio et al.，2009；Walumbwa et al.，2008）。随着诚实领导理论的进一步发展，建立一套具有理论基础、可以在未来研究中用来衡量诚实领导的工具是很有价值的。

诚实领导理论有什么缺点？

诚实领导还处在发展的形成阶段，关于这个理论还有很多问题需要解决。第一，实践方式（George，2003；Terry，1993）中提出的概念和想法还不能完全被证实。尽管实践和理论方式很有趣，并且在诚实领导方面提供了一些见解，但是这两种方式都没有大量的实验基础，其有效性都没有经过检验。因为没有实验研究做支撑，所以实践方式中提到的观念应该被慎重地认为是对诚实领导过程的解释。

第二，诚实领导中的道德成分解释不充分。尽管诚实领导认为领导者是由更高次序的终极价值观驱动的，比如公平和共同目标，但是这些价值观影响诚实领导的方式还不清楚。例如，领导者的价值观和领导者的自我意识是如何关联的？或者，道德价值观影响诚实领导其他成分的途径或者潜在过程是什么？在目前的情况下，诚实领导没有对这些问题给出彻底的答案。

第三，研究者质疑诚实领导是否应该包括积极心理能力这个成分。尽管社会科学有兴趣研究积极的人类潜力和人类的最好状态（Cameron，Dutton，& Quinn，2003），但是为什么将积极心理能力作为诚实领导固有的一个成分，研究者还没有清楚地解释原因。另外，有些研究者认为诚实领导里面包括积极心理能力过于扩宽了诚实领导的结构范围，这使得要衡量它很困难（Cooper et al.，2005）。在对诚实领导发展研究的这一点上，积极心理能力在诚实领导理论中扮演的角色还需要进一步阐释清楚。

第四，诚实领导在怎么使组织取得积极的成果方面还不是很清楚。由于诚实领导是一个新的研究领域，成果方面的数据很少不足为奇，但是，这些数据在证实这个理论的价值方面必不可少。直观地看，尽管诚实领导很有吸引力，但是这个方式是否有效、在哪些方面有效、它是否能带来实实在在的成果，目前还不清楚。还要说一下，诚实领导是否足以实现组织目标，在研究中也不清楚。例如，组织紊乱、缺乏技术能力的诚实领导会是一个有效的领导吗？真诚对于好的领导是很重要的，也很有价值，但是真诚和有效的领导之间的关系还不清楚。显然，将来还需做进一步的研究来探究诚实领导和组织成效方面的关系。

诚实领导理论在实践中的应用

因为诚实领导还处在发展的初级阶段，人们能利用什么策略来发展或提高诚实领导行为，这方面的研究为数不多。尽管理论上有一些描述，但是这些描述或指导策略是否能真正改善诚实领导行为，基于实证方面的研究也很少。

尽管缺乏实证研究，但是从诚实领导文献中还是有一些共同的主题可适用于组织或实践环境。所有诚实领导理论的一个共同点就是人们有能力去学习成为诚实领导者。卢森斯和阿沃里奥（Luthans & Avolio，2003）在他们最初对诚实领导研究的著作中，创建了一种诚实领导发展模式。他们认为诚实领导是一个终生学习的过程，因此这个过程可以随着时间的发展而发展。这就意味着如果追随者上升到领导地位，人力资源部就可以培养他们的诚实领导行为。另一个可以应用于组织的主题是诚实领导最重要的目标是尽力做"正确的"事情，对自己和他人诚实，为共同利益而奋斗。最后，诚实领导是由重大生活事件形成和发展的，重大生活事件能够引发领导者的真实性，并使他们变得更真诚。那些有兴趣成为更加真诚的领导者的人应该对这些事件敏感一些，利用它们作为成长的跳板。

诚实领导理论应用案例

下面的部分讲述了个人展示诚实领导的三个案例研究（案例 10—1、10—2 和 10—3）。第一个案例是关于萨利·海格森的，她是《女性的优势：女性的领导方式》的作者。第二个案例是关于格雷格·莫坦森的，他的任务是促进巴基斯坦和阿富汗地区教育与和平的发展。最后一个案例是关于贝蒂·福特的，她是美国前第一夫人，她的工作领域是唤醒人们对乳腺癌和滥用药品治疗的关注。每个案例之后都提出了一些问题，帮助你运用诚实领导的观念来分析这些案例。

案例 10—1

我是一个真正的领导者吗？

萨利·海格森出生在明尼苏达州圣克劳德市中西部的一个小镇，她的妈妈是一位家庭主妇，也兼职教授英语，她的爸爸是一位大学演讲教授。萨利就读于当地一所州立大学，主修英语和比较宗教学。她受经典电影《蒂凡尼的早餐》的影响，搬到了纽约城。

萨利找到了一份撰稿者的工作，刚开始是在广告业撰稿，然后在当时很有影响力的《村声》杂志当一名专栏作家的助手。她为《哈泼时尚》、《魅力》、《时尚圣经》、

《财富》和《内部体育》杂志自由撰稿写了很多文章。她还回到学校,在亨特学院攻读了古典文学学位,后来又在纽约市立大学研究中心学习语言课程,为攻读比较宗教学博士学位做准备。她将自己想象成一名大学教授,同时又享受当自由作家的生活。她感觉自身强烈的分裂,一方面是"安静的学者",另一面是"自由的梦想家"。这个矛盾困扰着她,她想知道如何解决这个问题。选择做一名作家——事实上她宣称自己是一名作家——似乎让人感到恐慌、虚华而又带有欺骗性。

一天,萨利在雨中走在纽约人行道上的时候,她看见一只冒险的黑猫从她旁边跑过。这让她想起《蒂凡尼的早餐》里霍利·格莱特利的猫,这只猫在电影里象征着霍利梦想的气质和自由。这让她意识到她"临时的"符合她气质的作家职业给了她多么大的自由和独立。萨利告诉这只猫,她是一名作家——她以前从未说过这样的话——并且决定全职写作,至少在一段时间内。当她有一个机会在得克萨斯州沃思堡报道一起著名的谋杀审判时,她接受了这个机会。

在报道这起审判时,萨利对得克萨斯的文化变得感兴趣,并且决定写一本书,内容是关于独立的石油生产商在这个地区文化形成方面所起的作用。写一本书需要花费大量的时间和金钱。将近一年的时间里,萨利开着车在得克萨斯州到处探访,和朋友们去很遥远的地方。这个旅途是偏僻的、艰难的、令人兴奋的,但是萨利决定完成这个项目。当《投机者》这本书出版时,没有多少人关注,但是萨利还是充满了进取心和责任感,并最终完成了这本书。这强化了她的信念:不管好坏,她是一名作家了。

萨利回到纽约继续写文章,并为她的另一本书收集材料。她还开始为《财富》杂志世界500强公司的CEO撰写演讲稿。她热爱这份工作,尤其喜欢做一个办公室政治的旁观者,即使她没有觉察到她也是其中的一员。她认为自己是一个"了解内幕的局外人",但是这种分离的方式让她感觉更专业,而不是欺骗。

作为一名演讲稿撰写人,萨利花了很多时间采访别人,了解他们的工作。通过这样做,她意识到男人和女人经常采取根本不同的方式进行工作。她相信女性工作的很多技巧和态度越来越适合组织改变的方式,所以女性拥有某些优势。她注意到了很少被CEO和其他组织的领导者看重的独特方面。如果这些CEO和其他组织的领导者能更好地理解、关注女性的所作所为,他们会受益匪浅。

这些观察启发了萨利写作另外一本书的想法。1988 年，她与一家重要出版商签订合同写一本书，关于女性必须为组织贡献什么。那时，几乎每一本关于工作女性的书都关注的是她们需要怎么转变，如何适应现有的文化。萨利强烈地感觉到如果女性被鼓励强调这些负面因素，她们将会错失帮助领导改变组织的历史时机。她的觉察正是时候，《女性的优势：女性的领导方式》这本书非常成功，在很多畅销书排行榜上占据首位，并且将近 20 年保持稳定的重印率。这本书的风靡带来了无数的演讲和咨询机会，萨利开始巡游世界，举办研讨会，为各种各样的客户工作。

这种称赞、喝彩和备受关注却有点使萨利感到畏缩。虽然她承认她的书有价值，但是她也知道她不是社会科学家，对妇女问题没有太多的理论研究。她认为自己是一名作家，而不是专家。她在纽约前几年所面临的关于欺骗的老问题开始以不同的形式重新出现。她真的很真实吗？她可以扛起领导的大旗，承担领导的全部职责吗？总之，她想知道她是否能成为人们期望的领导者。

萨莉回答这些问题的方式只是向别人呈现她是谁。她是萨利·海格森，以局外人的眼光来看内幕，她是一个对当前事务表现出很有技巧和富有想象力的观察员。对于萨利，领导之路并没有体现在一步一步的过程之中。在萨利发现自己和接受她个人真实性的旅程中，她走向领导的旅途也开始了。通过这种自我意识，她慢慢相信她作为一名作家的专业知识，以敏锐的眼光观察组织生活的当前趋势。

萨利仍然是一个国际公认的当代问题的顾问和演说家，并已出版了 5 本书。她仍然不确定她是否会完成她的比较宗教学学位、成为一名大学教授，但她始终记得 I. F. 斯通的职业生涯，I. F. 斯通是 20 世纪五六十年代非常具有影响力的一名政治作家。I. F. 斯通后来回到学校，并在 75 岁时获得古典文学的高级学位。

问题：

1. 了解自我是成为诚实领导者的一个重要步骤。自我意识在萨利的领导经历中起到了什么作用？

2. 你如何描述萨利领导的真实性？

3. 案例结尾时，萨利被描述为扛起了领导大旗，这是不是对萨利的领导很重要？扛起领导大旗和领导的真诚性是如何关联的？每一个领导者在达到他的职业生涯的某一点时，信奉领导作用是至关重要的吗？

案例 10—2

为教育与和平扫清障碍

1993 年，登山者格雷格·莫坦森在攀登世界上第二高峰——K2 基地巴尔托洛的冰川时迷失了方向，一直持续了长达 7 天。

这位 35 岁的美国人花了 2 个多月尝试攀登"野人山顶"，以此来纪念他的妹妹赫里斯塔，他妹妹在 23 岁生日时死于严重的疾病。但是，在 600 米的山峰处，格雷格放弃了他的梦想，以协助救援一个非常病危的登山同胞。救援之后下山的路上，格雷格脱离了他的团队，迷了路，他没有食物、水，也没有住的地方。

他筋疲力尽、身体虚弱、辨不清方向，他跟跟跄跄地走到巴基斯坦境内一个遥远的小村庄科尔菲。在美国时他曾担任过紧急创伤护理人员，但在这里，他是被陌生人带回的一个病人。虽然格雷格是一个异教徒，村民还是将他作为贵宾款待。作为回报，他用医疗设备及护理技能帮助患病的村民，并赢得了"格雷格医生"的称号。在他恢复期的一天，他观察到村里的孩子在泥巴里涂写学校的功课。格雷格由此得知贫困的村庄没有学校，而且支付不起一个教师一天一美元的工资。他对村长做出了看似轻率的承诺，说他将会回来在科尔菲建立一所学校。

要履行这一承诺，格雷格面临一系列困难，这和他攀登 K2 时面临的挑战不相上下，但他以前也经历过这种承诺。格雷格在明尼苏达州出生不久之后，他的家人就搬到了非洲，母亲和父亲都是教师。在坦桑尼亚，他的父亲和合伙人共同创办了乞力马扎罗基督教医疗中心，这是一所教学型医院，他的母亲建立了国际学校——莫希学校。就是在那里，格雷格养成了攀登的爱好，11 岁时就攀登了乞力马扎罗山。

要在科尔菲建立学校，格雷格估计需要 12 000 美元，他给 580 位名人每人写了一封要求捐赠的信，但是只收到了 100 美元的回复。他卖掉他拥有的一切，包括曾赖以生存的汽车和他获奖得来的登山设备。他的母亲，一个小学校长，在她的学校组织了一次自发的"为巴基斯坦捐一分钱"的活动，得到了 623.45 美元的收入。

一篇在美国喜马拉雅基金会的通讯小文章给了格雷格最大的突破。吉恩·赫尔尼博士是芯片的发明者，也是格雷格的登山同伴。他看到了这篇文章，通过一个朋友联系上了格雷格。在和这位杰出、古怪的科学家通了一个简短的电话一个星期之后，格雷格收到赫尔尼 12 000 美元的支票，同时附着一张便条，"不要搞砸了，来自吉恩·赫尔尼的问候"。

钱已经筹集到手，他回到了巴基斯坦，之后却发现他面临新的、意想不到的挑战。要想建学校，得先资助建立一座 284 英尺长、60 英尺高的桥，以解决材料搬运时面临的山路险峻问题。另外，一个奸商主动提出保护建设材料，结果反而偷走了那些建材。当竞争对手的部落首领以暴力威胁阻止学校的建立时，科尔菲的村长被迫支付给他 12 只公羊——这对小村庄来说是一笔珍贵的财产。

失误、延迟、挫折使愿望强烈的格雷格感到很沮丧，这种沮丧情绪也波及了村民和项目。但是，智慧的村庄领导哈吉·阿里，给他上了改变生活的一课。村庄领导把格雷格带到村庄的一座高山上，对他说："山在这里已经存在了很长时间，我们也是在这里生活了很多年。如果你想在巴尔蒂斯坦生存，你必须尊重我们的方式。"然后，他拿走了格雷格的工具和会计账簿，并把他们锁在安全的地方。

"那天，哈吉·阿里教给我生命中最重要的一课，"格雷格说。"我们美国人认为干什么事情都要快……［他］教我慢下来，并告诉我建立关系和建设项目一样重要。他教我要更多地向和我共事的人学习，而不是希望教给他们更多的东西。"

格雷格花了 3 年时间才和村民把最后一颗钉子钉进学校的屋顶。在此期间，为了使他的努力变成永久的事业，格雷格建立了一个非营利性组织中亚研究所（CAI），其使命是促进和支持社区教育，特别是促进巴基斯坦和阿富汗偏远地区女孩的教育。格雷格成为中亚研究所的所长，在他蒙大拿州波兹曼的家里指导研究所的工作。

格雷格是前大学足球运动员，高 6.4 英尺，是一个伟岸的人，但其温和谦逊的态度赢得了巴基斯坦和阿富汗地区伊斯兰宗教领袖、军事指挥官、政府官员和部落首领的信任。然而，其中他最重要的盟友，是他在出租车、煤气站遇到的普通人，还有他所访问的村民。这些普通人被格雷格的决心和慷慨吸引，帮助他安排交通运输，和政治领袖、宗教领袖一起扫清障碍，或者只是确认他理解了"正确的"寻求帮助的方式，最终帮助他取得了成功。

"当我终于遇到格雷格医生时，我非常惊讶，"穆罕默德·阿斯拉姆说。穆罕默德是巴基斯坦胡舍的村长，中亚研究所于 1998 年在那里建立了一所学校。"我想我不得不恳求他……但他向我说话就像一个哥哥一样。我发现格雷格是一个很善良、有同情心、平易近人的人。我喜爱他的性格……这种喜爱已蔓延到了我所有的孩子们和所有胡舍家庭"。

但是，不是每个人都赞赏格雷格的努力，他遭到绑架并被用枪口指着脑门，愤怒的伊斯兰毛拉对他宣判了两个裁决：接受中央情报局的调查，接受死亡威胁。该地区越来越受到塔利班的控制，塔利班以其严格地解释伊斯兰法而闻名，其中包括对妇女活动的强烈限制。在塔利班的统治下，女孩严禁接受任何教育。格雷格坚持为女孩提供教育，激怒了那些坚持塔利班哲学的人。

此外，2001 年 9 月 11 日，基地组织恐怖分子袭击了纽约市世界贸易中心双子塔，之后，格雷格收到了美国同胞仇恨的邮件和死亡的威胁，他们为他帮助伊斯兰儿童而愤怒。

但是，这些恐怖主义行为却成为了格雷格努力的新的催化剂。"我们战胜恐怖主义的唯一方式是：恐怖分子存在的国家的人们学会尊重和热爱美国人，美国人能尊重和热爱这里的人"，恐怖袭击不久后，格雷格在阿富汗接受记者采访时说，"他们成为有生产力的当地市民和成为恐怖分子之间的差别是什么呢？我认为关键是教育"。

尽管美国政府发动了在阿富汗和伊拉克的军事行动，但格雷格继续无所畏惧，并在他的家乡开始引起不少积极的关注。受他母亲几年前自发组织的运动的启发，中亚研究所开始进行"为和平捐一分钱"的活动，这是一项针对美国学童的教育项目，同时也在阿富汗和巴基斯坦开展了"一分钱捐助"的教育课程方案，以此来建立和资助中亚研究所的学校。格雷格制定了严格的演讲时间表，以为中亚研究所争取更多的关注。他与记者大卫·奥利弗·雷林合作完成了一本书，书中记录了他的经历和为中亚研究所所做的努力。《三杯茶：一个人促进和平的使命……一次一个学校》，这本书跻身畅销书排行榜首位，所得的一部分收益分配给了中亚研究所。

到 2008 年，中亚研究所在农村建立了 78 所学校，而且多数是在阿富汗和巴基斯坦动荡不安的地区，为 28 000 名儿童包括 18 000 名女童提供了受教育的机会。

"是什么促使我这样做呢？"格雷格说，"答案很简单：我从巴基斯坦和阿富汗孩子们的眼睛里看到了我自己的孩子那充满惊奇和希望的目光，我们每个人尽自己的力量给他们留下一份和平遗产，而不是留下永久的我们还需征服的暴力、战争、恐怖主义、种族主义、剥削和偏见"。

问题：

1. 格雷格领导背后的驱动力是什么？乔治提出的诚实领导者的特征中，格雷格展现了哪些特征？

2. 本章我们讨论了道德推理和透明度是诚实领导的组成部分。格雷格在他的领导中是以何种方式表现这些组成部分的呢？

3. 在追求自己的目标——在巴基斯坦和阿富汗建立学校的过程中，格雷格面临着巨大的挑战。诚实领导在帮助他应付这些挑战时发挥了怎样的作用？成为一个诚实领导者总是会对他的工作产生积极的影响吗？

案例 10—3

不情愿的第一夫人

贝蒂·福特承认，1974 年 8 月 9 日——这一天她的丈夫宣誓就职，成为美国第 38 任总统——是"我生活中最悲哀的一天"。

1978 年，福特有很多身份：前专业舞蹈演员、舞蹈教师、四个几乎已成年的孩子的母亲和第 13 届美国国会众议员杰拉尔德·杰里·福特的妻子。福特正期待着他们的退休生活，她从来没有想过要当美国的第一夫人。

当她举起丈夫就职宣誓手下放着的那本圣经时，福特开始拥有了更多的身份：一位乳腺癌幸存者、一位妇女权利坚定的提倡者、酒精成瘾法修改者，以及贝蒂·福特中心的联合创始人和总裁，贝蒂·福特中心是一个非营利性药物滥用治疗中心。

福特走向白宫之路是从 1973 年 10 月开始的，当时，杰里被任命取代当时已经辞职的美国副总统斯皮罗·阿格纽。理查德·尼克松在水门丑闻中下台后，杰里成为美国总统，当时，杰里当了 9 个月的副总统。

在成为第一夫人的第一天，贝蒂就因为她的公开和坦诚而出名了。当时，妇女正在工作场所和社会中积极地争取平等权利。不到一半的美国妇女外出工作，收入只有男性同行的 38％。贝蒂第一次记者招待会就表明了支持妇女堕胎的权利，支持妇女参政以及《平等权利修正案》。

当贝蒂被确诊为乳腺癌时，她甚至一个月都没有待在白宫。她再次打破社会习俗，公开谈论还没有被广泛公开讨论过的疾病的诊断和治疗。在与她的合作下,《新闻周刊》刊登了她的手术和治疗的全过程,其中包括完整的乳房切除术。这种公开有助于提高人们对乳腺癌的认识,有助于癌症筛查和治疗,为其他与此疾病做斗争的妇女创造了一种支持和安慰的氛围。

"躺在医院里,想想所有那些因为我而做癌症检查的妇女,我更清楚地认识到白宫女性的权力",她在第一本自传《我的生活时代》里说,"不是我的权力,而是这个地位的权力,可以用来帮助别人的权力"。

贝蒂康复后,开始充分利用她新发现的权力。她公开支持和游说《平等权利修正案》的通过。这是一项法案,以确保根据该"法律规定下的权利平等不得被美国或任何州因为性别而剥夺或减少"①。

在接受电视新闻节目《60分钟》采访时,贝蒂坦诚分享了她关于堕胎权利、婚前性行为、使用大麻等挑衅性问题的意见,许多保守派因此愤怒了。采访播出后,关于贝蒂的公众支持率暴跌,但她人气迅速回升,在数月内,她的支持率攀升至75%。

同时,贝蒂还要忙着承担第一夫人的职责,款待来自世界各地的国家元首政要和高层官员。1975年,她穿着印有"为贝蒂的丈夫投票"文字的鼓舞人心的衣服,开始积极地为丈夫1976年的总统竞选拉选票。最后,因为福特患有喉炎输给了卡特,贝蒂走进聚光灯下,向全国朗读了杰里的退让演说,并祝贺卡特的胜利。1977年1月,贝蒂作为第一夫人的时间结束了,然后福特一家退休后到了加利福尼亚州的兰乔米拉和科罗拉多州的韦尔。

一年多后,60岁的贝蒂开始了另一项个人战争:克服酗酒和处方成瘾的毛病。贝蒂对慢性颈痉挛、关节炎和神经压迫的止痛药依赖了14年,但她拒绝承认沉迷于酒精。在长滩海军医院和酒精及药物康复服务机构检查后,她找到了面对恶魔的力量,并再次将她的斗争公布于众。

"我发现,我不仅痴迷于治疗关节炎的药物,我还沉溺于酒精,"她在一份对外公开的声明中写道,"我期望这种治疗和参与能解决我的问题,我这么做不单是为我自己,也为所有那些和我有同样问题的人"。

---

① 《平等权利修正案》最初于1972年提出,未能得到批准。1982年又被重新提起,并且此后在每一届国会会议前被提起。《平等权利修正案》要成功地被写进宪法,需要国会参议院和众议院2/3多数表决通过和38个州批准才行。在撰写本书时,该法案还需要3个州批准才可能成为美国宪法的一个修正案。

贝蒂发现从沉溺中恢复一度是非常困难的事情，多数治疗中心都以治疗男性为目标。"女性酗酒有更多的情绪、健康和生养问题，比酗酒的男性有更多的自杀倾向。"贝蒂在她的第二本自传《贝蒂，快乐地醒着》里解释到。

基于这个原因，贝蒂于 1982 年在兰乔米拉帮助建立了非营利性的贝蒂·福特中心。该中心的空间被平等地分为男性患者区域和女性患者区域，但分性别治疗。这个中心还为受酗酒影响的整个家庭制定系统方案。该中心的成功吸引了许多人，包括中产阶级母亲、高级管理人员、大学生和劳动者。贝蒂在恢复领域的行动使她在 1991 年获得了"总统自由奖章"，在 1999 年获得了"美国国会奖章"。

贝蒂在与福特中心的病友团聚时说道："我真的很为这个中心感到自豪。我真的为我自己的康复而表示感激。因为我的恢复，我能够帮助其他人解决他们自己的沉溺问题，而且我认为没有比帮助别人更美妙的事情了。"

问题：

1. 你如何描述贝蒂的领导？在哪些方面可以说她的领导是真诚的？

2. 重大生活事件在她的领导发展过程中起到了什么作用？

3. 贝蒂的领导里有清晰的道德维度吗？讨论一下从哪些方面来看她的领导是服务于公共利益的？

4. 我们在本章讨论过，自我意识、透明度是和诚实领导相互联系的。贝蒂是如何展示这些品质的？

诚实领导水平测量工具

诚实领导问卷是由瓦卢姆布瓦等人（Walumbwa，2008）创立的，虽然仍处于发展的早期阶段，但仍被用来研究和验证诚实领导的假设。这是一个包含 16 项内容的研究工具，衡量诚实领导的四个因素：自我意识、内心的道德观念、平衡处理和关系透明。根据对中国、肯尼亚和美国样本的研究，瓦卢姆布瓦等人验证了工具的维度，发现它与成果——比如组织的职责、组织的承诺、对监督者和其表现的满意度——有积极的相互关系。要获得此工具，请与位于加利福尼亚州门洛帕克的心灵花园公司联系，或登录www.mindgarden.com。

在本节中，我们提供了一个诚实领导自我评估体系，帮助你确定自己的诚实领导水平。本问卷将帮助你了解诚实领导是如何被衡量的，你也可以计算出自己在诚实领导项目上的分数。问卷包括 16 个问题，评估诚实领导的四个主要组成部分：自我意识、内心的道德观念、平衡处理和关系透明。自我评估问卷的结果会为你提供有关你的诚实领导水平的信息。诚实领导水平是基于诚实领导的维度得来的。这个问卷具有实用价值，旨在帮助你了解诚实领导的复杂性，它并不用于研究目的。

诚实领导自我评估问卷表

说明： 本问卷包含诚实领导不同维度的项目，没有正确或错误的答案，所以请诚实回答。回答每一个问题时，使用下面的数字标记，将你认为最能准确反映你对问题看法的数字写下来。

答案： 1＝强烈不同意　2＝不同意　3＝中立　4＝同意　5＝强烈同意

1. 我可以列出我的三个最大弱点。	1　2　3　4　5
2. 我的行动反映我的核心价值观。	1　2　3　4　5
3. 我在做决定前先听取别人的意见。	1　2　3　4　5
4. 我公开与他人分享自己的感受。	1　2　3　4　5
5. 我可以列出我的三个最大优点。	1　2　3　4　5
6. 我不容许团队的压力控制我。	1　2　3　4　5
7. 我细心聆听那些不同意我的人的意见。	1　2　3　4　5
8. 我让其他人知道我实际是什么样的人。	1　2　3　4　5
9. 我实际是个什么样的人，我寻求反馈。	1　2　3　4　5
10. 在有争议的问题上，其他人知道我的立场。	1　2　3　4　5
11. 我不以牺牲别人的观点为代价而强调我自己的观点。	1　2　3　4　5
12. 我很少以"假面孔"示人。	1　2　3　4　5
13. 我接受我对自己的感觉。	1　2　3　4　5
14. 我的道德观指导我作为一个领导该干什么。	1　2　3　4　5

15. 我非常仔细地聆听他人的想法，然后才做出决定。　　　　　　1　2　3　4　5

16. 我向他人承认我的错误。　　　　　　　　　　　　　　　　　1　2　3　4　5

评分

1. 总结题目 1、5、9 和 13 的得分（自我意识）。

2. 总结题目 2、6、10 和 14 的得分（内心的道德观念）。

3. 总结题目 3、7、11 和 15 的得分（平衡处理）。

4. 总结题目 4、8、12 和 16 的得分（关系透明）。

5. 总结所有题目的得分（诚实领导）。

总成绩

自我意识：_____

内心的道德观念：_____

平衡处理：_____

关系透明：_____

诚实领导：_____

得分说明：

这种自我评估问卷是用来衡量你的诚实领导的，通过评估这个过程的四个组成部分来衡量自我意识、内心的道德观念、平衡处理和关系透明。通过比较每一组成部分的分数，你可以决定在总的领导得分中，哪些是你的强项，哪些是你的弱项。你可以使用下列准则解释你的诚实领导得分（总分）：非常高＝64～80分，高＝48～64分，低＝32～48分，非常低＝16～32分。成绩在较高范围内的显示较强的诚实领导，成绩在较低的范围表明较弱的诚实领导。

本章要点回顾

领导在公共部门和私营部门的失败使得社会急需真实、可信和优秀的领导，于是诚实领导应运而生。诚实领导将领导描述为透明的领导、以道德为基础、顺应人民的需要和价值观。即使诚实领导仍然处于初期研究阶段，对诚实领导的研究仍是及时的和有价值的，给渴望真正领导的人们提供了希望。

虽然诚实领导没有一个被普遍接受的定义，但它还是可以被概括为内心的、发展的和人际的。内心角度重点关注领导者以及领导者的知识、自我调节和自我概念。发展角度强调诚实领导的主要组成部分，诚实领导是一个随着时间发展而不断发展的过程，并且由重大生活事件引发。人际角度认为诚实领导是一个集体过程，由领导者和追随者一起创造。

有两个对诚实领导研究的实际方式提供了"如何"成为一个真正的领袖。特里方式(1993)介绍了领导者如何利用真诚行动之轮，解决在特定环境下真正发生的事情，并确定什么样的行动才是真正对领导者、追随者以及该组织是有益的行动。

乔治方式（2003）确定了诚实领导的五个基本方面，以及个人想成为诚实领导者需要发展的相应的行为特征。

在社会科学文献中，一个研究诚实领导的理论方式正在形成。从领导领域、组织学领域、伦理学方面，研究人员已经确定了诚实领导的四个主要组成部分：自我意识、内心的道德观念、平衡处理和关系透明。

此外，研究人员发现，诚实领导受到领导者的积极的心理能力、道德推理和重大生活事件的影响。

诚实领导有几个积极的特性。第一，它为那些在不确定世界里寻找良好合理的领导的人们提供了一个答案。第二，诚实领导是指导性的，针对领导者如何学习才能成为诚实领导者提供大量信息。第三，它有一个明确的道德层面，认为领导者需要为他们的追随者和社会做"正确的"和"好的"事情。第四，它被认为是领导者随时间发展而发展的一个过程，而不是一个固定的特征。第五，诚实领导可以被一个有理论基础的工具来衡量。

诚实领导也有一些消极的特征。第一，实际研究方式中提出的观点需要谨慎对待，因为它们没有得到充分的研究证实。第二，诚实领导的道德组成部分未得到充分解释。例如，它没有说明例如公平和共同目标是如何与诚实领导相关联的。第三，有些基本原理，比如积极的心理能力作为诚实领导模式所固有的一部分，还没有得到充分阐述。第四，关于诚实领导的有效性缺乏证据，它和积极的组织成果如何关联也缺乏证据。

　　总之，诚实领导是一个令人激动的新的研究领域，前景非常广阔。随着越来越多的关于诚实领导的研究的进行，将会出现一幅更清晰的图画来说明这个过程以及它所包含的假设和原则的真实性质。

第 11 章

团队领导

苏珊·E·科格勒·希尔

什么是团队领导？

　　团队领导已成为领导理论和领导学研究中最普遍、发展最迅速的领域。团队就是由一群相互依赖、有共同目标、必须相互合作方能完成任务的个体组成的有组织的团体。该类型团队包括项目策划小组、任务执行小组、工作小组、常务委员会、质量监督小组和改进小组。

　　回顾群体或团队研究的历史根源有助于清楚地解释人类群体研究的长期性和多样化（McGrath，Arrow，& Berdahl，2000；Porter & Beyerlein，2000）。波特（Porter）和贝尔莱（Beyerlein）认为，对群体的研究实际上是从 20 世纪 20 年代和 30 年代开始的，重点研究的是集体努力的人类关系，而不是科学管理理论家以前所倡导的个人努力。在 20 世纪 40 年代，重点转移到研究群体动力学和社会科学理论的发展。在 20 世纪 50 年代，重点又转移到敏感训练和 T 型团体，以及这些团体中领导的作用。这种早期的研究大多是基于实验组的实验室研究或短期现场组的野外研究，忽略了团体活动的环境 （McGrath et al.，2000）。

20 世纪 60 年代和 70 年代，重点关注发展中的团队以及领导效能。20 世纪 80 年代，日本和其他国家的竞争导致集中关注质量团队、标准程序和持续改善。在 20 世纪 90 年代，研究集中关注组织团队，同时还注重质量、从全球的角度关注组织战略以维持竞争优势。因为组织趋向更扁平化的结构，依靠团队和新技术，能够跨越时间和空间进行通信交流，所以他们有更快的反应能力（Porter & Beyerlein，2000，pp. 3−19）。曼金、科恩和比克松（Mankin，Cohen，& Bikson，1996，p. 217）提出这种新的组织"以团队为基础、以技术作支持"。这种基于团队的组织结构是保持竞争力的一条重要途径，因为它能快速响应和适应不断发生的迅速变化。

许多研究都集中在组织工作团队面临的问题上，集中在如何使它们更高效的问题上 （Ilgen，Majer，Hollenbeck，& Sego，1993）。团队有效性的研究发现，经过有效组织的团队有许多益处，例如生产力的提高、资源的更有效利用、更加优化的决策制定和问题解决过程、更高质量的产品与服务以及革新与创造力（Parker，1990）。然而，团队的失败也是显而易见的。

在对团队研究的回顾中，伊尔根、霍伦贝克、约翰逊以及容特（Ilgen，Hollenbeck，Johnson，& Jundt，2005）认为，自 1996 年以来研究已变得更加复杂，更侧重于团队的变数，不再只聚焦团队绩效结果。目前研究人员不仅研究团队情感的、行为的和认知的过程中在团队成功和发展中的作用，也研究协调过程——如信任、联系、规划、调整、构建和学习——对团队的表现和发展的作用与影响（Ilgen，et al.，2005，pp. 520−521）。

研究还表明，有必要了解团队中领导的作用，惟其如此，才能确保团队的成功，避免失败。"不足为奇的是，整体的研究证据支持这样的说法；团队领导是实现情感和行为方面成果的关键所在"（Stagl，Salas，& Burke，2007，p. 172）。其他研究人员声称，"有效的领导过程"是团队成功最关键的因素（Zaccaro，Rittman，& Marks，2001，p. 452）。反过来，无效的领导往往被视为团队失败的首要原因（Stewart & Manz，1995，p. 748）。为了确保团队的成功，我们需要集中了解领导的必要职能，重要的是我们要注意到这些职能可以正式地由团队领队实现，并（或）可以和团队成员共享。戴、格罗恩和萨拉斯（Day，Gronn，& Salas，2004）将这种共享或分配的领导称作团队领导能力（team leadership capacity），包括整个团队的领导系统。最近的研究表明，具有这种共享领导的团队比单一的领导团队有更多优势（Solanshy，2008）。

团队领导模型

本章提出的团队领导模型将领导放在影响团队效力的驾驶员座位的位置。该模型提供了一种精神路线图，以帮助领导者（或担任领导的团队成员）诊断团队问题，并采取适当行动，以纠正这些问题。

团队领导模型（见图 11—1）是基于功能性的领导，认为领导者的工作是监控整个团队，然后采取一切必要行动，以确保团队效能。该模型提供了一个理解团队领导复杂现象的工具，团队领导是从最高层最初的领导决策开始的，然后转移到领导者的行动，最终集中到团队效能的指标。

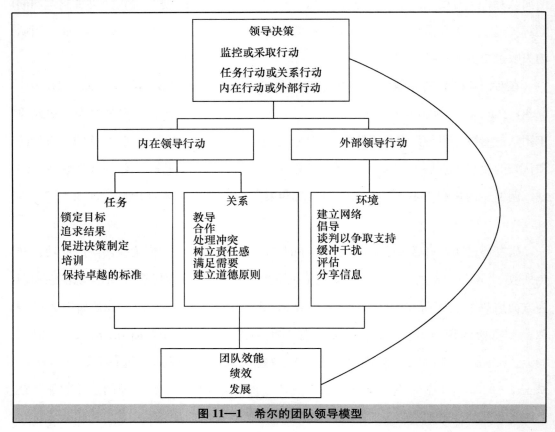

图 11—1 希尔的团队领导模型

团队领导模型（见图 11—1）试图把协调和监控的概念（Barge，1996；Hackman & Walton，1986）与团队效能（Hughes，Ginnett，& Gurphey，1993；Larson & LaFasto，1989；Nadler，1998）结合起来。此外，该模型提出了领导者所能采取的改善团队效能的具体行动（LaFasto & Larson，2001；Zaccaro et al.，2001）。有效的团队领导需要广泛的沟通技巧来监控团队的运行，并采取适当行动。该模型旨在简化和澄清团队领导复杂的本质，并提供一种简单的工具来帮助领导者解决问题。

有效的团队表现始于领导者的心理模型（mental model）。这种思维模式，不仅反映了团队面临的各种问题，而且为领导者开发了一种模式，帮助领导者判断该团队的问题是什么，在环境和组织约束及资源有限的背景下应该采取什么样的解决方案（Zaccaro et al.，2001，p. 462）。

为了很好地回答心理模型中所设想的问题，领导者需要行为灵活，具有广泛的行动或技能措施，满足团队多样化的需求（Booge，1996）。当领导者的行为和情况的复杂性相匹配时，他就是在以"必要的变革"在行动，或者采取了一系列必要的行动来满足团队的需要（Drecksel，1991）。有效的团队领导能够通过观察团队的运作，构建正确的关于团队问题的心智模式，并可以采取必要的行动来解决这些问题。

领导者在帮助团队取得实效方面肩负着特殊的责任。从这个角度来看，领导行为被看作为团队解决问题的行为，其中领导试图通过分析内部和外部形势争取实现团队目标，然后选择和实施适当的行为确保团队效能（Fleishman et al.，1991）。此外，扎卡罗等人（Zaccaro et al.，2001）指出，领导者必须判断哪些问题需要干预，并且决定哪些解决方案是最合适的。合适的解决方案因为环境不同而有所变化，所以重点应该集中在怎样做才能使团队更有效。有效力的领导者有能力确定什么样的领导干预是必需的，并且采取必要的干预来解决团队问题。

领导决策

图 11—1 列出了团队领导模型。模型顶部的第一个框是领导决策，列出了领导者需要做出重大决策，决定是否干预、如何进行干预，以改善团队的运作。领导面临的第一个决定就是应该采取观察措施（目标干预）还是采取行动（行动干预）。第二个决定，是任务

干预，还是关系干预（比如，团队是否需要帮助其完成任务，或是否需要帮助其维护关系）。最后的决定是，是在内部（团队本身内部）还是在外部（团队的环境）进行干预。

领导决策 1：我应该观察团队还是采取行动？领导者首先面临的决定是继续观察团队还是采取行动帮助团队。麦格拉思（McGrath）概述了团体效能的关键领导职能，提出领导者应分析内部和外部形势，以及决定是否应该立即采取行动（Hackman & Walton，1986）。在图 11—2 中，麦格拉思展示了领导行为的两个维度：观察与采取行动的问题以及内部与外部的团队问题。领导者可以诊断、分析、或预测问题（观察），或者可以立即采取行动来解决问题。领导者也可以着眼于团队内的问题（内部）或团队外的问题（外部）。这两个方面形成了团队四种类型的领导职能（见图 11—2）。

	监控	采取行动
内部	诊断团队薄弱之处 1	采取补救行动 2
外部	预测环境变化 3	防止不利变化 4

图 11—2　麦格拉思的关键领导作用

资料来源：McGrath's critical leadership functions as cited in "Leading Groups in Organizations," by J. R. Hackman and R. E. Walton，1986，in P. S. Goodman & Associates (Eds.)，*Designing Effective Work Groups* (p. 76). San Francisco：Jossey-Bass。

图 11—2 中第一行主要针对团队的内部运行。在第一个方框，领导者诊断团队的薄弱地方。在第二个方框，领导者采取措施修复或补救发现的问题。第三和第四个方框的重点强调团队的外部行动。在第三个方框，领导者观察环境，确定和预测任何将影响到团队的外部变化。在第四个方框，领导者采取行为，以防止任何环境中的不利变化伤害团队。

因此，领导者面临的第一项决定是，我应该继续监控这些因素，还是在已收集和整理过的信息基础上采取行动？要发展一个关于团队运作的准确的思维模式，领导者需要观监察内部和外部环境，以收集信息、减少模糊性、提供行动计划、克服障碍。弗莱什曼等人（Fleishman et al.，1991）描述了团队领导初始过程中的两个阶段：信息收集和信息整理。领导者必须首先寻找资料，以了解团队运作的当前状态（资料收集），然后分析、组织和解释这些信息，以便领导者能够决定如何采取行动（信息整理）。领导者还可以通过做以下事情来补足信息收集的不足：获得团队成员的反馈、与团队之外的人合作、进行团队评估调查和评估团队的成果。一旦收集有关团队的信息，领导者需要整理或解释这些信息，以便能确定行动计划。

重要的是，要注意到该团队的所有成员可以进行监控（信息收集和整理），帮助团队以适应不断变化的环境。在快节奏、变化迅速的情况下，团队领导和成员可能要协同工作，以准确地评估局势。团队的领导者可能太忙于从环境方面进行信息处理，而不能够从团队内部处理信息。团队成员可以帮助领导者处理内部问题，他们一起可以建立一个准确的团队效率的心理模型。

除了收集和解释信息，团队领导者还必须根据这些信息采取正确的行动。"行动调整是领导的核心，因为它涉及从不同的行动中做出选择，帮助建立一个组织系统，以保证团队做出最佳的决定"（Barge，1996，p.324）。

领导决策 2：我是否应该进行干预，以满足任务需要或关系需要？领导者面临的第二个决定是团队在关系问题还是在任务问题上需要帮助。研究者历来注重领导职能的两个方面：任务职能与维持关系职能。任务职能包括完成工作、做出决策、解决问题、适应变化、制订计划、实现目标。维持关系职能包括营造积极的气氛、解决人际问题、满足追随者的需要、发展凝聚力。后来研究工作团队的学者用执行和发展的字眼来指代这些职能（即团队的工作完成得怎样、团队在发展有效的关系方面做得怎样）。

高级团队领导一直都看重任务和维持关系职能（Kinlaw，1998）；两种领导行为（以任务为主的行为和以人为主的行为）被发现与团队效能有关（Burke et al.，2006）。

任务（执行）职能与维持（发展）职能密切相关。如果团队具有良好的关系，那么成员将能够有效地齐心协力，并顺利完成工作。同样，如果团队能有效地、成功地完成任务，它会更容易保持积极的气氛和良好的关系。相反，失败的团队经常缺乏执行力，互相斗争的团队也经常做不成什么事情。

虚拟团队的最新研究强调了认知模型的重要性，认知模型强调先建立团队关系，然后强调任务问题。在由电子媒介所联系的跨越时间和空间的虚拟团队中，维持关系更重要。"在电子交流的世界中，虚拟团队领导者必须能够'读懂'所有人际的和文本的细微差别。他们必须能够在没有任何常见标识的引导下理解沉默、误解和轻视的可能原因。领导者必须对团队过程的进展非常敏感，关注最微不足道的事情，扫除可能会影响任务完成的障碍（Pauleen，2004，p. 229）。"相对于传统领导，虚拟团队对团队领导者的要求更高，虚拟团队的领导者要比传统团队领导者多投入50%的时间（Dyer，Dyer，& Dyer，2007）。扎卡罗、阿迪森和奥维斯（Zaccaro，Ardison，& Orvis，2004）详细说明了虚拟团队的具体领导问题，并为这样的团队领导者提出了具体建议。

领导决策3：我应该从内部还是从外部进行干预？如果决定采取行动或干预，领导者必须要做出如图11—1所示的战略领导决策，并决定团队过程在什么程度需要领导的重视：内在领导行动还是外部领导行动？内部成员之间是否有冲突？是否要采取内部关系行动，以维持团队氛围和改善人际关系？抑或是团队的目标不明确？外部工作干预需要把重点放在为团队获得外部支持，这是否是最适当的干预？目前研究的重点是在更大的组织环境中存在的现实生活中的组织工作团队。除了平衡团队的内部工作和关系需要，领导者还必须帮助团队适应外部环境。有效的团队领导者分析和平衡团队内部和外部的要求，并做出恰当的反应（Barge，1996）。

领导行动

下面一部分的团队领导模型（见图11—1）列举了大量的可以内（任务与人际关系）外（环境）兼施的领导技巧。这些行动虽不详尽，但都是根据优秀团队的表现进行研究后汇编的，这将在本章后面讨论。例如，团队明确的目标和标准、有效的结构和决策会使团队有较高的任务绩效。领导行动可以管理团队冲突，通力合作，并建立承诺机制，这将会形成良好的关系。联系紧密和受环境保护的团队也将更富有成效。领导者评估哪些行动是需要的，然后利用具体领导职能（appropriate function or skill）进行干预，以满足情况的需求。领导者需要有能力运用这些技能并做出战略选择，利用最合适的职能或技巧进行干预。举例来说，如果领导者认为团队成员相处不好，他可能会决定发起冲突管理。一个有效的领导者要根据情况采取必要的行动。因此，领导者要了解和分析情况，以便为团队利益做出最好的决定。

古然和广川（Gouran & Hirokawa，1996）讨论了阻碍任务完成的制约因素。他们指出，领导者需要意识到并解释是什么阻碍了团队目标的实现，然后做出战略性的选择，采取恰当的行动。如果一个问题被诊断为团队表现问题，那么领导者需要决定采取适当的行动来解决这个任务问题（例如目标重点、制定标准或培训）。如果一个问题被诊断为团队发展问题，那么，领导者需要确定适当的行动解决这个关系问题（如管理冲突或建设承诺）。如果一个问题被诊断是环境问题，那么，领导者需要确定适当的行动解决环境问题（例如网络、倡导或共享信息）。

内在任务领导行动。关于团队领导模型的任务框（见图 11—1）列出了一套领导者提高领导绩效所需要的技能或行动。

- 锁定目标（清晰化、赢得认同）
- 追求结果（计划、远景规划、组织、明确角色、授权）
- 促成决策制定（获得信息、监控、调整、协调、综合、集中问题）
- 培训团队成员的工作技能（教育、发展）
- 保持卓越的标准（评估团队及个人表现、纠正不当行为）

举例来说，如果领导者在考察团队后，发现该团队成员不具备必要的技能来从事工作，那么领导者应该选择进行干预，教育团队成员或提供必要的技能或专业发展（培训）（training）。如果领导者发现该团队并不清楚其重点或目标，那么他可以进行干预，以澄清目标，或者和团队成员一起就目标（重点目标）（goal focusing）达成一致。如果领导者注意到有些成员上班迟到或不参加重要的会议，那么领导者可以采取直接行动，处理这一不足表现（标准设置）（standard setting）。如果领导者认为团队停留在日常事务，而不是追求或建设未来，那么他可以进行干预，帮助团队培养远见和规划未来（追求结果）（structuring for results）。

内在关系领导行动。图 11—1 所示的内在领导第二部分反映了领导者为了改善团队关系所需要实施的一些行为。

- 为团队成员提供人际沟通技巧培训
- 合作（包括参与）
- 处理冲突和权力之争（避免对峙、质疑、观念差异）
- 树立团队责任感和团队精神（乐观、创新、设想、社交、奖励、承认）
- 满足个人需要（信任、支持、倡导）
- 建立道德原则（公平、统一、规范）

领导者在考察团队成员之间的关系后，如果发现该团队某些成员在人际关系上发生冲突，那么领导者应该介入冲突管理（处理冲突和权力之争）（managing conflict and power issues）。如果团队氛围似乎很沉闷，那么领导者应该建立责任机制，承认过去的成功来团结成员（树立团队责任感和团队精神）（building commitment and esprit de corps）。如果团队成员似乎没有能够有效地沟通，那么领导者可以进行干预，以适当的行为教导团队成员（教导）（coaching）。

外部环境领导行动。外部领导行动（见图 11—1）反映了领导者为改善团队环境可能要采取的一些行动。现实生活团队并不存在于实验室，它们是较大组织和社会环境的子系统。为了保持活力，团队领导者需要密切关注环境，并确定应采取什么样的行动以提高团队效力（Barge，1996；Hyatt & Ruddy，1997；Zaccaro et al.，2001）。如果环境变化暗示领导者应该介入，那么领导者需要从以下职能中做出选择：

- 建立网络，形成联盟（收集信息、增强影响力）
- 提倡和代表团队
- 和上级谈判争取必要的资源、支持和认同
- 缓冲环境对小组成员的干扰
- 评估团队效率的环境指标（调查、评价、绩效指标）
- 与团队分享有关的环境信息

领导者考察环境之后，如果发现组织上层对团队的成功毫无察觉，他可以提出一个"仅供参考"的政策，将所有成功的信息传达至上级（提倡和代表团队）（advocating and representing team to environment）。领导者也可以启动一个团队时事通讯，将团队完成任务的情况在更广泛的范围内宣传。或者领导者认为团队未得到足够多的上层支持来完成团队的目标，他可以和上层商议为团队提供必要的支持或根据情况调整目标（和上级谈判争取必要的资源）（negotiating upward to secure necessary resources）。

团队领导是复杂的，团队若想成功，没有简单的模式可选。团队领导者必须学会在了解和诊断团队问题方面采取开放和客观的态度，善于选择最合适的行动（或不作为），以帮助实现团队的目标。重要的是，要注意这些关键职能不必仅由领导者来执行。在一个成熟的团队中，经验丰富的成员可能分担这些领导行为。只要团队的关键需求得到满足，无论是领导者或团队成员承担的领导行为都是有效的。从职能角度看，领导者采取

一切必要的行动满足团队未满足的需要是很重要的。如果团队成员已经满足了大部分的需要，那么领导者需要做的就很少了。

团队效能

团队领导模型最下面的一栏（见图 11—1）是团队效能，或团队期望的结果。团队效能的两个重要内容是：绩效（任务完成）与发展（团队维护）。团队绩效是"决策的质量，执行决定的能力，在解决问题和工作完成方面的成果，最后是团队组织领导者的素质"（Nadler，1998，p.24）。团队的发展是团队凝聚力的体现，是团队成员在与团队其他成员有效工作的同时满足自己需要的能力（Nadler，1998）。

有学者系统地研究了工作团队的效率以及完善的效率标准或卓越的成效标准，这些可以用来评估一个团队的发展状况（Hackman，1990，2002；Hughes et al.，1993；LaFasto & Larson，2001；Larson & LaFasto，1989；Zaccaro et al.，2001）。1986 年，哈克曼和沃尔顿（Hackman & Walton，1986，p.87）提出了判断组织内团队任务绩效的必要标准。他们发现，有效的团队有一个明确的努力方向、一个有利的工作环境（其中包含结构、支持和指导），以及足够的资源。

拉尔森和拉法斯托（Larson & LaFasto，1989）研究了现实生活中成功的团队，发现无论是哪种类型的团队，有八种特征与团队卓越相关。表 11—1 显示了这些特征与哈克曼理论成分的相似性。哈克曼和沃尔顿（Hackman & Walton，1986）进行了支持团队效率的基础研究。

表 11—1　　　　　　　　　　　　理论与研究标准比较

团队效力的条件 （哈克曼和沃尔顿，1986）	卓越团队的特征 （拉尔森和拉法斯托，1989）
明确的努力方向	令人振奋的明确目标
有效的结构	结果导向结构
	胜任工作的团队成员
	统一的责任
	团结协作的氛围
有效的环境	卓越标准
足够的物质资源	外部支持和认可
专家指导	原则分明的领导

团队领导者需要了解这些绩效标准，并能够评价其团队的绩效水平，以确定他们在哪些方面还存在不足。除了团队的成功指标，领导者还需要了解团队表现如何，并采取适当行动，以促进团队成功。

令人振奋的明确目标。团队的目标必须十分明确，这样团队成员才能判断工作目标是否能够实现。通常团队失败是因为它所接受的任务十分模糊，却又被要求解决细节问题（Hackman，1990）。另外，这个目标必须振奋人心，这样成员才会认为它很重要并值得去做。团队失败还因为他们让其他的事情代替了目标的位置，如个人的议程和权力的问题等（Larson & LaFasto，1989）。对很多团队进行的研究数据表明，有效的领导者能让团队集中实现目标（LaFasto & Larson，2001）。

受结果导向驱动的组织结构。团队需要找到最佳的组织结构以完成其目标。对于高层管理来说，团队尤其要处理权力和影响力。任务团队要处理想法和计划问题，客户服务团队要处理客户问题，生产团队要处理技术问题（Hackman，1990）。以上团队均可归为三类：问题解决团队、创意团队和机动团队。问题解决团队，例如任务团队需要一个强调信任，使所有人愿意和能够作出贡献的结构。创意团队，例如广告团队需要强调自主权，使所有人能够承担风险和免于不必要的检查。机动团队，例如紧急团队需要强调清晰度，让大家知道做什么、什么时候做。此外，所有团队需要明确每个成员的角色，建立良好的沟通制度，实施评估个人绩效的方法，强调基于事实的判断（Larson & LaFasto，1989）。恰当的结构能使团队在实现目标的同时满足成员的需要。

胜任工作的团队成员。团队要完成所有的团队任务，应该由适当数量和不同类型的成员组成。而且，成员应该得到充分的信息、教育和培训来帮助他们胜任工作或继续工作（Hackman & Walton，1986）。作为一个整体，各个团队成员必须具备必要的技能来完成团队的目标。成员个人还需具备人际技巧和团队合作能力。组成团队时最普遍的误区就是，认为一个有良好工作技能且善于解决工作难题的人肯定也同样善于处理人际关系（Hackman，1990）。团队成员需要一定的核心能力，包括工作能力和解决问题的能力。此外，团队成员需要特定的团队工作特征，如开放、支持、行动导向和积极的个人风格（LaFasto & Larson，2001）。

统一的责任。一个常见的错误是将一个工作团队称作团队，但实际却将其视为个人的集合（Hackman，1990）。团队不是偶然出现的产物：需要认真的谋划和发展才会出现。优秀的团队发展了其一统性和团队身份感。这种团队精神常常可以通过让成员参与整个过程得以培养与发展（Larson & LaFasto，1989）。

协作氛围。一个团队的协作能力对于团队效能是必不可少的。团队氛围是这样的一种氛围：成员共同关注问题，互相倾听和彼此了解，自己承担风险，并愿意与对方合作。为了建立一种团结协作的氛围，我们需要发展信任关系，以诚信、开放、和谐和尊重为本（Larson & LaFasto，1989）。个别行动一体化是有效团队的基本特征之一。团队成员"有具体和独特的作用，每个角色都为集体成功作出贡献。这也就是说，团队失败的原因不仅仅在于成员能力不足，也在于协调个人贡献方面的集体失败"（Zaccaro et al.，2001，p. 451）。研究表明，有效的团队领导者要确保协作氛围，通过创造安全的交流环境，要求和奖励协作行为，引导团队努力解决问题（LaFasto & Larson，2001）。

卓越标准。有效的团队标准对团队运行来说是非常重要的。团队成员的表现应加以规范，以便于可以协调行动和完成任务（Hackman & Walton，1986）。尤其重要的是，组织环境或团队本身要设立卓越标准，使成员感到压力，以发挥出最好的水平。标准必须明确具体，所有团队成员必须要执行标准（Larson & LaFasto，1989）。通过要求结果——制定明确的预期目标、审查结果——提供解决绩效问题的反馈意见，以及奖励成果——承认出众的表现，团队领导者可以促进团队效能的实现（LaFasto & Larson，2001）。随着这些标准的实施和评估，团队成员将会受到鼓励，以最高水平投入工作。

外部支持和认同。一种常见的错误就是赋予团队挑战性的任务，却没有给予其组织上的支持（Hackman，1990）。"领导者的第一任务是确定这些具体的结构和系统对团队效能是最关键的，因此值得关注，并进行可能的干预"（Hackman，2002，p. 134）。如果你没有达成目标所需的资金、设备和支持，那么最好的目标、团队成员和责任就没有任何意义。团队常常要求员工完成一项困难的任务，却不给予其晋升或物质奖励来表彰其行为。凯悦和拉迪（Hyatt & Ruddy，1997）发现，如果设立支持工作团队的体制（明确的方向、信息、数据、资源、奖励和培训），那么将会使团队更加有效地实现工作目标。若大力支持一个团队，给予其工作所需的资源，承认它们作出的贡献，并以团队绩效名义而不是个人绩效名义奖励他们，那么团队就可以实现卓越（Larson & LaFasto，1989）。

原则分明的领导。研究结果表明，有效的团队领导和团队效能密切相关。扎卡罗等人（Zaccaro et al.，2001）提出领导是团队效能的核心，从四个角度影响团队：认知、动机、情感和协调。从认知来看，领导者帮助团队了解团队面临的问题。从动机来看，领导设置较高的绩效标准，并帮助团队实现这些目标，这样使团队凝聚力更强，更有能力。从情感来看，领导帮助团队应付压力环境，提供明确的目标、任务和战略。从协调来看，领导者量才任用，提供明确的业绩战略，监控反馈和适应环境变化，帮助团队整合资源、协调行动。

有效的团队领导者要实现团队的目标，需要在可能的情况下给予团队成员自主权，以发挥他们的才能。但是领导者如果给予成员太多优先权、高估团队表现的积极方面，却反而会降低团队的工作能力（Larson & LaFasto，1989）。

拉尔森和拉法斯托（Larson & LaFasto，2001）研究了 600 多个团队和 6 000 多名成员，发现有效的团队领导者都有下列行为：

- 集中团队力量实现目标
- 保持一种合作的气氛
- 加强成员之间的信任
- 展示技术能力
- 设置优先权
- 管理效能

团队领导和团队卓越的标准一起被评估是必要的，这样的反馈对团队的健康和效率是非常重要的。

可以利用以上描述的八个卓越标准或准则（见表 11—1）来评估团队的发展状况，并采取适当措施来应对任何不当行为。如果团队领导者发现团队成功的八个特征中有一个或几个特征没有出现，那么，他需要弥补这些不足。连续评估团队效率标准也可以提供反馈，使领导者确定是否通过部分行动和干预达到期望结果。要评估团队效率，团队领导需要利用任何可以利用的工具，例如直接观测、调查、反馈和业绩指标。从对团队效率的分析中获取的信息可以给领导者提供反馈，指导未来的领导决策。在图 11—1 中，连接团队效率和领导决策的线条反映了正在进行的数据收集、分析和决策的进程。这个反馈环路展示了团队动态和演变的本质（Ilgen et al.，2005）。以往的领导决策和行动也反映在团队绩效和相关的结果中，这些团队绩效指标也有助于团队领导者在未来进行分析和决策。

如何运用团队领导模型？

　　领导者需要利用模型来帮助他们决定其团队的现状和需要采取的具体行动，以改进团队的运作。团队领导模型认为，领导具有团队监控职能，领导的作用就是做必要的事情来帮助团队取得效率。模型为领导者提供了一幅认知地图，来识别团队需要，并就如何采取适当正确的行动提供建议。模型帮助领导者了解团队的复杂性，并根据理论和研究提供实用的建议。

　　在使用团队领导模型过程中，团队领导者参与团队过程，决定对团队来说最恰当的行为：监控或采取行动。如果观察显示团队运作的所有方面均令人满意，那么领导不应该采取任何直接行动，而应继续监测团队表现和发展所依赖的内部和外部环境。如果监控显示需要采取行动，那么领导者要决定是采取内部行动还是外部行动，或者兼而有之。最后，领导者要决定哪种行动对于满足团队需要最为适当。

　　然而，确定恰当的干预不像听起来那么容易，它清楚地反映了团队领导所必需的技能，例如，监控团队内部运作的领导者注意到了团队内部有权力暗战。一名小组成员实施独裁和专制行为，因为团队结构不适当，领导也许将此看作一个内部关系问题（internal relationship），也许将它看作一个内部任务问题（internal task problem）；团队一些成员的角色和责任不明确，因为没有给团队充足的自主权，或许领导者将此看作一个外部环境问题（external environmental problem）。这样，就会发生团队成员争权夺利的情况。无论如何，领导者要有能力决定是继续观察情况，不立即采取任何措施，还是决定在何种水平下进行干预，然后领导者会采取三个步骤：处理独裁的个人（内部、关系）、确认小组角色（内部、任务）和组织高层协商争取更多团队自主权（外部）。

　　团队领导模型为分析团队问题和不断改善团队领导指明了道路，这和体育团队类似。在体育活动中，教练不会因为团队赢得比赛就停止工作。教练继续工作，建立责任机制，培养年轻球员，分享专门技术，创造新的方法和战略，提高团队效能。有效的教练从不沉溺于过去的成功，而是努力改进团队将来的运行。团队领导者可以从体育团队教练身上学习很多经验。团队领导模型为团队分析问题和不断解决问题提供了指导。通过比较他们自己的团队与卓越团队之间的差距，领导者可以确定可能需要重大干预的不足方面。

团队领导模型有什么优势？

团队领导模型的众多优点之一是，通过聚焦于现实团队及其所需领导，它能回答许多早期小团体研究中所不能回答的问题。团队领导模型将工作团队放在一个组织、行业或社会的环境背景中。另外，对团队表现和效率的关注使得领导者和成员能诊断和改正团队问题。通过学习优秀团队的构成因素，并将这些标准应用于团队绩效，领导者就能学会如何更好地领导团队达到卓越的最高水平。

团队领导模型的第二个优势是它提供了一个综合的认知指导，能帮助领导者策划和维系团队效率，尤其是当团队绩效不理想时。这种学说与领导者的新兴理论想法一致，其作用是处理团队工作内在的复杂信息。"领导是一个复杂过程；行动复杂也是领导的一个方面"（Fisher，1985，p. 185）。任何试图简化这个复杂过程的模型或理论都是不正确、不充分的。团队领导理论并非过分简单，它以一种易管理且实用的形式结合了许多复杂因素，而这些因素可以帮助领导者发展出好的领导方式或成为信息处理中心。

团队领导模型的另一个优势是它重视团队中领导者与员工的角色变换。该模型关注的不是领导者的"职权"，而是领导的关键职能，如诊断问题与采取措施。任何团队成员都可以执行这样的重要领导职能，并评估团队当前的效力，然后采取适当行动。这个理论符合现有的团队实践，有助于在工作团队中重新思考领导者的责任。团队领导的这些责任或职能，如树立目标、培训或奖励，历来都是团队领导者的职责，但是，随着组织框架的重组，这些职能和责任在团队领导者和成员之间常常共享。

此外，这个理论还有助于选拔团队领导者。如果你要选拔一名团队领导者，最好选择一个有洞察力、开放、客观、善于分析、有良好判断力的优秀倾听者，他有很好的干预技巧，能用谈判、消除冲突、解决难题、聚焦目标、影响上层等方式轻松处理团队问题。好的领导者不仅能诊断团队出现的问题，还能找到它们的关键点，并采取恰当行为解决问题。例如，若发现团队中的两名成员与另一名成员之间存在冲突，就应先找出他们矛盾的根源，然后采取最适当的行为（或不采取任何行为）来解决这个问题。

团队领导模型有什么缺点？

团队领导模型的缺点之一是整个模型缺乏理论和实践支持。对团队效率和组织性工作团队的关注是研究团队的一种新方法。大部分早期关于小团队的研究没有直接地应用于真实组织团队，仍有许多问题如团队形态、自我实现的团队循环、权力和满意度等问题需要解答（Hackman，1990）。这些理论上的关系是否适用于新团队、成熟的团队抑或关系趋于恶化的团队？这些理论上的想法是否适用于所有类型的团队，特别是虚拟团队？现在尚无定论。还要更多地关注对组织的奖励的研究，领导者如何能加强价值观和行动力来延续团队职能，而不是奖励团队个别成员（Ilgen et al.，1993）。"很显然，需要建立基于团队组织的新体系。组织重视团队工作，这一信息对追随者来说比其他信息更有用"（Mankin et al.，1996）。

虽然该模型的一个优势是它考虑了团队领导的复杂本质，但这个特殊的复杂性同样也是该理论的一个重大缺陷。模型是复杂的，不能为领导者所做的艰难决定提供简单的回答。当今组织的领导很多都是分散的和共享的，这样一种复杂的领导方法也许对日益增长的团队领导者来说是不适用的。

这种理论方法除了高度复杂之外，并不能为团队领导者提供现场解决具体问题的答案。对哭泣的团队成员，你应该说什么？对互相叫嚷的团队成员，你怎么应付？如果上层组织拒绝奖励团队的成果，那你又该如何？在团队日常运作和复杂管理方面，团队领导模型没有提供太多指导。模型阐述的前提是领导者很了解团队进程、决策制定、人际交流、冲突解决方案、网络化工作等职能。模型应该扩展范围，鉴别具体技能和提供如何进行干预的具体方法，帮助处理日常运作中的关键事件。

最后，团队领导模型为领导训练提出了新的有创造性的指导建议，这可以是一个优势。然而，这些领导训练的指导是隐晦的、复杂的，甚至难以操作。团队领导技能名目繁多，领导者很难知道从哪里开始。另外，很多团队被授权和自我支配，每一个在团队某个岗位担负领导责任的人都有必要学习这些技巧，这又增加了其复杂性。领导者和追随者的角色在一个有计划的组织重组过程中会随着时间的推移而发生改变，甚至可能在一天之内改变，所有领导者对员工角色的理解都很重要，反之亦然。塞拉斯、伯克和斯太格（Salas，Burke，& Stagl，2004）从职能角度为领导者和成员在技能发展培训方面提供了建议。如何指导领导者诊断团队问题和采取行动，这是必须要关注的。

团队领导模型在实践中的应用

团队领导模型有许多方法来提高团队效率。它有助于领导者做决策：我应该采取行动吗？如果是的话，我应该怎么做？例如，如果团队效力不佳，那么领导者可以选择采取第一战略，通过了解情况、采取行动来改善团队运行。如果似乎有必要采取行动的话，领导者需要决定是否针对团队直接采取内在行动，或者针对环境采取外部行动，或两者兼而有之。一旦确定了行动范围，那么领导者就需要选择采取最适当的技巧来应对：继续监控或干预结果，并且根据这些结果采取适当的行动。

领导者可能采用类似本章后面所提供的问卷形式帮助团队诊断现状，以制定行动所需的步骤。团队成员和团队领导都可以填写这份问卷。团队成员和领导者被要求填写的问卷，其结果反馈给团队成员和团队领导者后，可以使他们能够看到团队最大的优势和劣势。尤其重要的是，团队领导和团队成员都要填写问卷。研究表明，团队领导者往往高估这些方面的成效，而且自己的评分总是远高于小组成员（LaFasto & Larson，2001）。通过比较领导者和各成员的得分，领导者才能确定该团队或领导有效性在哪些方面需要改进，团队和领导才能制订行动计划，纠正团队中最严重的问题。这个评估方法在监控和诊断团队问题方面非常有用。它有助于确定影响团队卓越的复杂因素，以建立一个在行动策划方面负责任的团队。

团队领导模型应用案例

为了加强对团队领导模型的理解，请参阅下面的案例研究（案例 11—1、11—2 和

11—3）。对于每个案例，你要把自己放在领导者的位置上，运用团队领导模型分析并提出团队问题的解决方案。

案例 11—1

这个虚拟团队可以有效运行吗?

吉姆·汤恩为一家大型国际公司负责一个新成立的信息技术团队。这个团队由约20名居住和工作在加拿大、美国、欧洲、南美、非洲和澳大利亚的专家组成。所有小组成员都向吉姆汇报工作。这是个"虚拟"的团队，成员间的联系主要通过科技设施来实现（电视会议、决策支持设备、电子邮件和电话）。该团队目前已通过可视设备举行过两次设定目标和制订计划的会议了。所有成员在各自的相关领域都是佼佼者，其中有些人与公司有着长期重要的合作关系，其他一些人最近通过公司合并也成为公司的一员。但此前他们从来没有在任何项目中合作过。

该团队的工作是促进公司在全球所有商业机构中的发展并实施技术革新。整个团队为这项任务的重要性和创造性激动不已。他们彼此尊重并很高兴成为该团队的一员。然而，团队在开始工作时却遇到了很大的困难，成员说他们极端超负荷工作，大部分人每月至少要去商业网点两周。这些商务旅行非常重要，但是也使成员的工作越来越拖延。

该小组在纽约有一个兼职秘书，职责是为团队成员安排出差和会议。团队成员同时做着多个项目，但每一个项目的完成都存在很大的困难。一名团队成员大约要看500封电子邮件，因为团队的每个人都将自己的信息传给组里的其他人。吉姆·汤恩在向上级证明该团队能发挥作用并为公司提供有价值的服务方面承受着巨大压力。

问题：

1. 卓越团队的八个特点（见表 11—1）中，这个团队缺乏哪些特点?

2. 在对团队效能分析的基础上，这个时候吉姆应该干预还是只继续观察? 如果你认为他应该采取行动，那么他应该在哪个层面进行干预（内部或外部）? 如果是内部，那他的行动应该是注重任务还是注重关系呢?

3. 吉姆应该实施怎样的领导职能来改善团队? 为什么?

案例 11—2

他们控制了话语权

地方癌症中心专门为癌症儿童设立了一个健康关心小组。该小组由 6 名成员组成：一名物理临床医学家谢里夫·海迪亚特教授（临床肿瘤学家），一名放射学家韦恩·莱恩特教授，一名护士沙伦·惠特林，一名社会工作者卡西·英格，一名物理临床医学家南希·克罗斯比，还有一名幼儿工作者珍妮·刘易斯。该小组成员每周开一次会，讨论他们照看的 18 名儿童的情况并制定他们的最佳治疗方案。社会工作者卡西·英格是这个小组的领导者，负责每个孩子的治疗安排。但那时小组的谈话被海迪亚特和莱恩特教授支配着。他们认为自己的医学背景令他们在孩子的治疗问题上有更多的知识和发言权。他们欢迎女性发言，但到做决定时，还是坚持为了病人的利益应该按照他们的方法去做。卡西·英格（社会工作者）、珍妮·刘易斯（幼儿工作者）、南希·克罗斯比（物理临床医学家）和沙伦·惠特林（护士）不满此行为，因为他们是医疗工作者，花在孩子们身上的时间最多，感觉他们最了解如何进行长期护理。这样的工作效力和结果是令患者觉得没有人关心理解他们。在合作方面小组同样存在矛盾，每一个人都不满意这样的结果。

问题：

1. 你如何评价这个团队的效力？

2. 在观察这个团队的过程中，你认为最严重的问题在哪个层面和哪个职能？是内部工作，还是内部关系或外部关系？

3. 你会采取行动改善团队运作吗？如果是的话，你会如何介入？为什么？

4. 你会使用什么具体的领导技能或技巧，以改善团队运作？

案例 11—3

隆重开始，却一事无成

一位大学教员、管理系的金·格林被任命主持一个重要的大学委员会，策划未来 20 年后的大学前景。另外 3 名教师和 7 名校园管理者也被派来为这个委员会效力。校长萨格雷夫博士向委员会布置了任务："诺斯考斯特大学在 2020 年后会是什么情形？"

萨格雷夫博士告诉委员会成员，这项工作对于学校的将来具有极其重大的意义，他们的费用将优先于学校的其他事务，他们可以使用校长的会议室和秘书。他们要在两个月内提交出一份令人满意的报告。

　　小组成员为自己被选入如此重要的团队而兴奋。他们每周开两小时的会议。起初他们都很有兴趣，并投入了极大的热情。他们做了大量的户外调查和信息收集工作，然后回到会议上骄傲地向大家证明，与其他人分享自己的研究和资讯。然而，一段时间过后，委员会没有任何进展。成员似乎无法对委员会的任务达成共识，他们对应该完成什么事情存有分歧，并且抱怨委员会占用其正常工作时间的行为。他们进行周复一周的团队会晤，但一事无成。大家不再来开会，要么就迟到或早退，出席成了一个问题。成员将委员会分派的工作搁置一旁。金·格林不知所措，因为她不愿意向校长承认他们不知道自己在做什么。她越来越灰心，会议开得越来越少，最后彻底停止了。校长此时正陷于学校的一场危机，对金·格林的委员会失去了兴趣。校长从未要求委员会提交报告，而这个报告也从未完成过。

问题：

1. 这个专责小组缺乏卓越团队的哪些特征？
2. 这个专责小组体现了卓越团队的哪些特征？
3. 你如何评价作为领导的金的工作？
4. 如果你是这个专责小组的领导，你会采取什么措施改进工作（内部的或外部的）？

团队领导测量工具

　　有几个不同的工具用来评估团队效能和团队领导。在研究许多不同类型的优秀组织团队之后，拉尔森和拉法斯托开发了一份这样的调查问卷，以评估团队的发展状况（Larson & LaFasto，1989）。他们的研究证明了一贯与优秀团队和杰出表现相关的 8 大标准。整个调查问卷包括涉及这 8 个标准的 40 多个问题，用来评定团队的表现水平，并建议在哪里采取纠正行为。这个测评工具的第 8 个标准是原则分明的领导。由拉法斯托和拉尔森随后进行的研究开发了一份针对这个领导标准的含有 42 个问题的调查问卷。完整的团队领导测评工具和对其可靠性与有效性的讨论，可在他们最新的著作中找到（LaFasto & Larson，2001）。本章包括的调查问卷提供了一个问卷样式，读者可以看到团队和团队领导的有效性是如何进行评估的。

团队成员填写调查问卷，他们的总分相加后得出的平均值，便是这个团队的总分。同时，团队领导者填写完整调查问卷后，将领导者的答案和其他成员的答案进行对比。如果团队工作中存在最需要改进的地方，对比答案就能找出这些问题，然后团队成员和领导者一起制订行动计划来纠正和改进不足之处。

卓越团队和合作团队领导调查被当作诊断工具，帮助团队将他们面临的复杂问题进行分类，并有针对性地采取行动。本章提出的卓越团队和合作团队领导调查包含由拉法斯托和拉尔森开发的两个测评工具的样本。前七个问题取自由拉法斯托和拉尔森在 1987 年开发的卓越团队调查（Larson & LaFasto，1989），从团队卓越标准角度衡量团队的发展状况（目标、结构、团队成员、承诺、氛围、标准和外部支持）。领导是由取自拉法斯托和拉尔森在 1996 年开发的合作团队领导调查中的 6 个问题来衡量的（LaFasto & Larson，2001，pp. 151-154）。这六个问题从目标一致、确保合作氛围、建立信心、问题认知、确定优先事项和管理绩效方面评估领导者的效力。所有这些团队因素和领导因素都被发现与团队效能有关。

当你填写完这份调查问卷时，站在领导者或员工的角度上想一想这个团队。那些你填了"否"（1 或 2）的条款就是从个人角度来看待的团队弱项。为了得到对整个团队的评估，你要把你和其他成员的得分相比较。比如，如果大部分人在第三项上填了"否"（团队成员具备完成团队目标的基本技能和能力），那么团队领导可能需要为团队成员提供培训来加强他们的技术和能力。团队效能评估的工具特别有助于团队领导者确定团队或领导的弱点，并提出解决方案以提高团队效能。

卓越团队和合作团队领导问卷表

说明： 本问卷包含有关你的团队和团队领导。每一项陈述对于你的团队来说是真还是假，请使用以下数字表明你的看法。

答案： 1＝否　　2＝倾向否　　3＝倾向是　　4＝是

1. 有一个明确界定的需求——要达到的目标或要取得的目的——证明了我们团队的存在。（团队：振奋人心的清晰目标）

2. 我们建立了监控个人业绩和提供反馈的方法。（团队：结果为导向的结构）

3. 团队成员具备了完成团队目标的基本技能和能力。（团队：团队成员的能力）

4. 团队的目标高于任何个人目标。（团队：统一的团队责任）

5. 我们彼此信赖，共享信息、观点和回馈。（团队：协作环境）

6. 我们常给自己施压推动自己不断发展。（团队：卓越标准）

7. 我们能得到完成任务所需的资源。（外界的支持、认可）

8. 如果需要调整团队的目标，领导确保我们明白为什么。（领导：着眼于目标）

9. 团队领导为团队成员创造一个安全的环境，公开讨论并大力支持与团队成功有关的任何问题。（领导：确保协作氛围）

10. 团队领导注重和确认团队成员的贡献。（领导：建立信任）

11. 团队领导理解我们在实现目标过程中必须要面对的技术问题。（领导：问题认知）

12. 团队领导没有设置太多优先事项而分散我们的努力。（领导：确定优先次序）

13. 团队领导愿意面对和处理由于团队成员处理不当造成的事件。（领导：管理绩效）

得分说明：

除了这些针对每一条卓越标准设计的问题之外，完整的调查也提出了尚未得出结论的问题。这些问题让成员讨论一些没有特别指出的问题，如团队及团队领导的优势和薄弱环节、必要的变革、有疑义的标准或需要加以解决的问题。这个问卷的完整版本呈递给团队成员及领导者，所有的问题都与诊断团队现状和由此产生的行动计划有关。这样一种方式与团队组织中的授权行为一致，并帮助解决在促进团队工作效率时所面临的极其复杂的问题。

资料来源：Questions 1~7：Adapted from the Team Excellence Survey（copyright 1987 LaFasto and Larson；portions reprinted with permission of Profact）. Questions 8~13：Adapted from the Collaborative Team Leader Instrument（copyright 1986 LaFasto and Larson；portions reprinted with permission）.

本章要点回顾

　　组织团队及其领导日益重要，团队领导理论激发了又一轮新的领导学研究兴趣。团队领导模型提供了一个框架，有助于提高团队绩效。在这一理论的影响下，领导的关键作用是通过监控团队、诊断问题、采取必要的行动帮助团队完成任务。

　　研究者开发出了一个策略决定模型，用于解释团队领导者为促进团队效力所做出的各种决策。这个模型描述了以下三项内容：应该使用什么类型的干预行为（观察或采取行动）？干预应该针对哪个层面（内部或外部）？应该实施什么样的领导职能以改善团队的运作？

　　由团队成员和领导者共同填写完成的问卷将帮助找出团队问题的症结所在，并有助于明确团队采取行动的步骤。

　　团队领导模型需要进一步研究和阐释。这种理论的优点是它从实用角度研究现实生活中的组织团队及其效力。该模型还强调领导的职能可以在团队内部共享。该模型在如何选择合适的团队领导和成员方面提供了指导。此外，该模型具有适当的复杂性，为了解和研究组织团队提供了认知模型。

第 12 章

心理动力理论

欧内斯特·L·施特克

什么是心理动力理论?

心理动力理论包括好几种领导方法,没有一个统一的模式或理论。心理动力理论中的一个基本概念就是性格。这个术语用在这里是指对于环境包括对于其他人一贯的思维方式。性格的特点是指一系列的倾向或品质,比如一个人可能是害羞的、智慧的、行为刻板的,而另一个人则是有创造性的、独立的、自然的。可能具有的性格特征很多,心理学家设计了许多问卷可以用来概括一个人的性格。其中之一是迈尔斯-布里格斯类型指标,在本章后面的部分将会介绍。

心理动力理论与第 2 章介绍的领导特质理论和第 4 章介绍的领导风格理论不同。在特质理论中,一个人的某些特质被认为在获得领导地位和执行领导任务中是非常重要的。风格理论认为某种领导风格,特别是团队管理(9,9)的风格是最好的(见图4—1)。情境领导继续说明领导的关键因素在于领导者的风格或行为要和下属的需要相匹配。在心理动力理论中，性格类型被强调得很重要，有证据表明不同的性格类型更适合某种领导岗位或领导情景。

从心理动力角度研究领导的成果很多（Berens et al., 2001；Maccoby, 1981；Zaleznik, 1997），但是这些研究都强调领导者意识到他自己的性格类型和下属的性格很重要。心理动力理论从考察个人的家庭根源开始。我们对领导关系的体验始自出生之日。至少在几年内，父母就是我们的领导。这是心理动力理论最基本的前提。尤其是在孩童时期，父母在我们的心灵深处刻画了关于领导关系的深刻感受。当我们谈到商业时，说一个公司是"家长作风"，这时"父母"的形象就立刻凸显出来。希尔（Hill, 1984）撰写的《父亲法则》讲的就是领导者的心理动力测试。美国空军有时把他们的服役对象称为"伟大的蓝色母亲"，这当然指的是他们制服的颜色和"原始碧蓝的远方天空"。有关"家庭"的隐喻常常被引用指代各种组织。例如，"一个幸福的大家庭"中当然是领导扮演父母，而员工扮演孩子。

儿童和青少年时代的经历和追随者对家长式的领导和家庭式的管理的反应很相似。有些人尊重和回应权威人物，另一些人则有叛逆心理。不管怎样，是心理发展塑造了多种性格类型。心理动力理论不对优良性状或最佳风格做出假设，也不会尝试将某种风格和追随者相匹配。但是，有些性格类型似乎更适合某些条件、情况或立场。心理动力理论不是以研究领导者或权威人物开始的，而是以分析人类性格开始的，然后研究性格类型与领导水平和风格的相关性。

在心理动力理论中，没有必要为了创造一个有效的工作环境而将领导者的性格类型与下属的性格相匹配，事实上，性格理论家认为，这是很难尝试的行为方式，特别是处于压力下时。重要的是，在某种程度上、在一定的行为范围内，下属对领导者的反应行为是可以预测的。有些下属抵制权威领导的指示，而另一些则很顺从甚至感激一位强有力的领导者。因此，虽然心理动力理论集中讨论领导者和追随者的性格，但是它最终是处理领导者和追随者之间关系的一种方式。

心理动力理论中一个重要的基本假设是：人的性格特征是根深蒂固的，很难以任何重大的方式发生改变。关键是要接受一个人的性格特点和怪癖，接受追随者的特点和特质。

第二个假设是，人们具有无意识的动机和情感。因此，一个人的行为结果，不仅来自可观察到的行动和反应，而且来自以前经验情绪的延续。

心理动力理论可以追溯到弗洛伊德在 1938 年关于精神分析的著作。弗洛伊德试图理解和帮助用常规治疗不起作用的病人。他试着用催眠法去治疗癔症病人。但后来发现没有必要使用催眠，只要使病人谈及他们过去的经历就足以产生疗效。于是，弗洛伊德发明了著名的谈话疗法。

弗洛伊德的理论产生了许多分支。荣格是他最著名的追随者之一，后来逐渐发展出自己的心理学体系。他的著作是本章大部分材料的基础。如今，荣格心理学被广泛接受，而经典的弗洛伊德精神分析法，近年来则较少被人接受。然而，心理动力领导理论是从弗洛伊德和荣格的著作中形成的。

心理动力理论最主要的倡导者是哈佛大学的管理学教授亚伯拉罕·扎莱兹尼克（Abraham Zaleznik，1977）。许多描述那些超凡领导者的书籍中也提及心理动力理论（Hummel，1975；Schiffer，1973；Winer，Jobe，& Ferrono，1984—1985）。迈克尔·麦科比（Michael Maccoby，2003）以独特的方式组合了人类学和精神分析理论，认为多产的自恋者是富有远见的领导者。

心理动力学理论的一个分支是心理历史学。它试图解释像林肯和希特勒这样的历史人物的行为。它不仅重新审视历史纪录，而且深入研究他们的家庭背景。有些普遍的基本观点存在于众多的心理动力理论中，其中一个概念是由埃里克·伯尔尼（Eric Berne，1961）开发的自我状态，它是交易分析方法的一部分。

埃里克·伯尔尼与交易分析

最近心理动力学模型的范围又增加了埃里克·伯尔尼创造的交易分析法（TA），它被称为一个"个人和社会统一的精神病学系统"。在这一称谓背后，最重要的是社会精神病学理念，不仅关注个人，而且也关注个人和他人的关系。几年后，他出版了一本流行的著作《人们玩的游戏》（*Games People Play*），交易分析法进一步扩大了心理动力理论的范围（Stewart & Joines，1991）。

尽管 TA 并没有直接应用到领导学研究中，但是有一些基本思路是很有意思的，可以说明领导者和追随者的相互作用。最基本的概念是自我状态的概念，伯尔尼将其定义为"一个连贯的情感系统，一套连贯的行为模式"（Berne，1964，p. 23）。这个概念是为了把情感和经历与人们实际做什么联系起来。

TA 有三个自我状态：家长、成人和孩子。当一个人的想法、感觉或表现方式复制于他的父母，那么此人是家长自我状态。同样，思想、感觉或表现方式类似于孩子，那么此人处于孩子自我状态。成人自我状态，是指一个人参与现实检验的状态。成人自我状态的特征是思想、情感或行为是此人经历事情的直接结果。重要的一点是，人们在三种自我状态间转换：任何人在任何时间都处于三种自我状态中的一种。对一个人的现状进行评估是所谓的结构性分析。

在 TA 进一步的发展中，家长和孩子自我状态已被细分，一个人可以处在控制或抚育的家长自我状态，也可处于自由或适应的孩子状态。成人自我状态的意义是不言而喻的。孩子状态可以被认为是一个人顺从和适应别人的要求。相反，以前被认为是叛逆的自由的孩子状态是指一个人的行为和感觉就像放荡不羁的和未社会化的孩子。

在 TA 中，自我状态和性格是不一样的。人们从一个自我状态转移到另一个自我状态要根据情景、与他们交往的对象以及每个自我状态无障碍的环境而定。和性格概念最接近的 TA 是由杜萨伊（Dusay，1980）发展的自我状态。一个自我状态是一个条形图，显示了一个人在每个自我状态的相对频率。如图 12—1 中的一个例子所示，控制的家长自我状态缩写为 CP，抚育的家长自我状态缩写为 NP，A 代表成人状态，FC 代表自由的孩子状态，AC 代表适应的孩子状态。图 12—1 所示的具有自我状态的一个人，表现主要是在成人自我状态，并在较小程度上处于适应的孩子状态和抚育的家长状态。

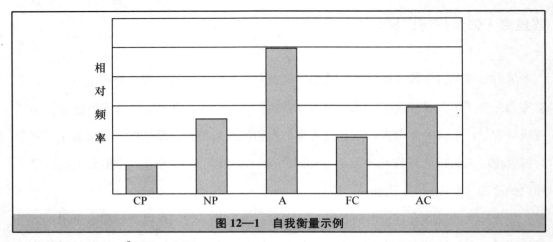

图 12—1　自我衡量示例

资料来源：Stewart & Joines，1987。

　　和结构分析相反，TA 是在评估两个交往的人的自我状态时出现的。例如，一个可能处于他的家长自我状态，也许是抚育的家长自我状态，而另一人处于适应的孩子自我状态。这将被认为是互补的交易（见图 12—2）。用技术术语来说，一个交易就是一个自我状态所指引的、另一个自我状态所反应的。连接自我状态的线条不是平行的，或者自我状态所指引的不是另一个所反应的，交叉交易就出现了（见图 12—3）。举个例子，处于成人自我状态的领导者面对一个处于自由的孩子自我状态的下属，那么，下属的反应是有点消极的，拒绝服从领导的意愿。

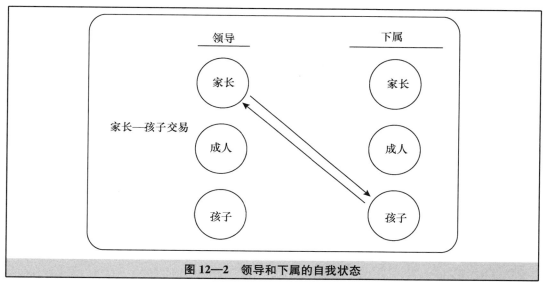

图 12—2　领导和下属的自我状态

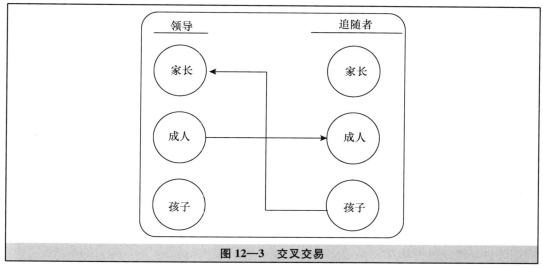

图 12—3　交叉交易

　　如果它是一个互补交易，一个成人自我状态就会得到另一个成人自我状态的回应。

在领导—下属二分体中，下面普遍的互补交易就会出现：

领导　　　下属

家长 ←→ 孩子

成人 ←→ 成人

孩子 ←→ 家长

从直观上看，领导处于孩子自我状态似乎不太合理，但是，一个领导者可能对危机情况"发脾气"，或者一个领导者在强调规范和组织规则重要性的时候，可能会处于孩子自我状态。

交叉交易代表了领导—下属交往的重大问题。如果领导者开始处于成人自我状态，在明确一个需要采取某种行动的情况时，追随者可能会以孩子自我状态回应，询问可能做些什么，然后领导者必须切换到家长自我状态，并通过提供指导和咨询来帮助孩子。

从伯尔尼（Berne，1961）最初的著作到最新的版本（Stewart & Joines，1991），TA 将重点完全放在交叉交易及其他人类互动不顺利的方面。有效的领导者和追随者依靠两个或多人在成人自我状态行事、通过获取信息和评估可能的行动路线和他们的成果来检测现实。如果领导者的态度和追随者的反应是一致的，那么 TA 也可以用来说明这种关系的性质。TA 背后的有些想法可能在分析和改进互动方面是有作用的。

弗洛伊德和性格类型

如前所述，弗洛伊德研究了精神分析的过程，并撰写了许多有关人类性格的论文。他的很多著作都是关于精神病理学的——也就是心理问题，例如神经衰弱症和性心理。但是，弗洛伊德确实使用了性格概念，他提供了一个包含三种性格类型的架构。对弗洛伊德来说，性格是一个典型或常规的方式，人类以这样的方式和世界相联系。一个人与生俱来有一种核心性格，价值观、态度和信仰都体现出这种核心性格。

弗洛伊德提供的三种性格类型是：色情型性格、强迫型性格和自恋型性格。弗洛姆后来加上第四种性格类型：推销型性格（Maccoby，2003，pp. 43-44）。下面四种性格描述取自麦科比的著作（Maccoby，2003，pp. 45-60）。

色情型性格是一个人寻求爱与被爱的性格。与被羡慕和被尊重相比，他们宁愿被喜欢和被接受。相反，拥有强迫型性格的人试图达到标准、服从规则，并严格遵守良心道德。推销型性格的特点是具有高度适应能力，这样的人顺应不同的人和情况，并及时调整自己。最后，自恋型性格的特点是不需要别人指导。色情型性格想讨好别人，强迫型性格想做正确的事情，推销型性格类型顺应和适应当前的形势，自恋型性格确定什么是正确的、做什么和拥有什么样的价值观。

色情型性格希望爱与被爱，为了简单的快乐而和别人交谈，或者为了了解某人而和别人交流。在工作情况下，色情型性格希望团体和团队成为一个家庭、一个相处愉快亲密无间的家庭。他们想了解同事的背景情况，甚至试图深入个人私密问题。然而，色情型性格的人也相当具有依赖性，并且需要他人。

另一方面，强迫型性格更喜欢秩序和稳定，而不是接受和喜爱。他们最重要的价值观是维护现状，这意味着遵守社会和组织的规则和条例。这些人有强烈的良知引导他们做正确的事情，想方设法改善提高，特别是要变得聪明能干。强迫型性格的消极方面是他们极其霸道、具有侵略性。他们认为他们是对的，不接受质疑。

推销型性格可以随时适应变化的社会和组织。他们通常寻求个人的发展和成长，不仅希望变得更能干，而且情感上也更加丰富。推销型性格类型善于帮助和扩大人脉，并且享受合作过程，追求共识。

麦科比强调，要明确区分自恋的人和自我本位或自我中心的人。自恋者不试图给人留下印象，但他将骄傲藏于心中，并会谈论实际成果。事实上，麦科比指出，自恋的一个重要特点是幽默，经常自我导向。在积极方面，自恋型性格明确知道做什么，在追求目标过程中不考虑其他人说什么或做什么。

在对性格类型的进一步发展中，麦科比区分了每种类型的积极和消极方面。因此，有积极的色情型性格、消极的强迫型性格，有积极的推销型性格，也有消极的推销型性格。弗洛姆（Erich Fromm，1947）提出了创生性概念，并确定了五个关键因素来界定创生性：创生性的人自由独立、由理智指导、积极主动、了解他自己的处境、抱有生活目的。麦科比（Maccoby，2003，p.86）又增加了毅力作为创生性的特点。另一方面是非创生性人群，其特点是缺乏创见、反对冒险、不合情理、被动、肤浅、漫无目的、不负责任。

作为许多大型机构和不同文化的高级行政人员的顾问，麦科比意识到，最好的性格是创生性自恋型性格。他们有理想，能激励别人接受这个理想，并为此努力。但是，创生性自恋型性格有优点也有缺点（见表 12—1）。

表 12—1 创生性自恋型性格的优点和弱点

优点	弱点
改变世界和为人们谋福利的眼光	不愿聆听
独立思考和承担风险	对批评很敏感
激情	偏执
感召力	生气和贬低、奚落
如饥似渴地学习	过于竞争和过于控制的行为
坚定不移	孤立
对威胁很警觉	缺乏自知之明
幽默感	夸张

资料来源：Adapted from *The Productive Narcissist*：*The Promise and Peril of Visionary Leadership*（pp. 95 and 132），by M. Maccoby，2003，New York：Broadway Books.

最后，麦科比（Maccoby，2003，pp. 204-215）就如何与自恋类型共事提出了建议。追随者知道他们自己的性格类型是非常重要的。一个自恋型性格的领导者不会满足任何其他性格类型的需要。追随者需要在其他地方满足这些需要。其次，追随者必须发展提高，在自己的领域更优秀，让自恋型领导知道他们的能力，但是不与领导者竞争。再次，如果追随者知道自己的性格和需要，并能支持自恋型领导，那么自恋型领导将更愿意接受他们作为合作伙伴。又次，追随者在领导面前不要自负，因为领导者将无法满足那些有自己想法的追随者的需要。最后，追随者应该尽其所能保护创生性自恋型领导者的形象。

在组织和工作团队中需要创生性自恋型性格。在调查和应对混乱和变革的情况下，对未来的构想非常重要。因为自恋型性格的领导愿意承担风险，所以结果可能是奇妙的但也可能是灾难性的。麦科比集中讨论了创生性自恋型性格作为组织领导者在危机和变革时期的作用。然而，创生性色情型性格、创生性强迫型性格和创生性推销型性格的领导者都可以自己的方式使团队有效运作。友好的、体恤的、善于教导的人们能够成为组织和团队的卓越领导，为人类提供服务。强迫型性格类型是组织运作的理想人选，以一种一致的、可预见的、常规的方式致力于生产产品或服务。最后，推销型性格在隶属于其他组织和机构的组织团队中游刃有余。

社会性质和领导视角转变

麦科比（Maccoby，2007）使用社会性质的概念，提供了从追随者心理角度来看待领导的途径。社会性质（social character）这个术语是由弗洛姆提出来的，是一个基于某种环境下人们共有的情感态度和价值观的宏观性格概念（Maccoby，2007，p. 3）。一个特定类型的社会性质是在一个特定的文化或社会阶层内创造的。

麦科比理论的本质是，最近社会性质正在发生转变，从工业时代转变为知识经济时代。这是由于信息技术迅速发展的结果，社会已经由官僚性质转变为互动性质。这一变化对领导实践产生了重大影响。

官僚社会性质是在正式的、等级分明的规则的时代形成的。每一个大型组织都有一个组织结构图，具体表明了组织中的位置，比如"谁向谁报告"。管理者和领导者创建任务、目标、计划、预算并指派人员。下属被希望毫无问题地接受领导者的指示。根据麦科比（Maccoby，2007，p. 65）的观点，官僚社会性质的理想是稳定、有层次结构和自主性、对组织忠诚和努力追求卓越。经理们期望和被期望做到精确和有条不紊。追随者喜欢家长式的权威，想要的是一种来自坚强有力的领导者的安全感。

现代组织必须应对全球市场和技术的迅猛发展，能够使用网络进行沟通，以及面对其他企业公司的竞争。此外，随着企业适应不断变化的竞争和技术环境，现代组织还面临不确定性。麦科比提出的一种新的社会性质就是互动的社会性质。

美国家庭的变化也会影响社会性质。与官僚社会有关的结构是异性双亲家庭和几个孩子组成的传统家庭。父亲经常是专制的，或许离孩子有点距离、外出工作、挣钱养家、提供经济安全。妻子抚养教育孩子，提供社会和心理安全。当在那种家庭结构中长大的孩子出去工作时，他们希望有一个家长式的领导者，一个提供与家庭类似的一种安全的领导。社会和文化转变已经出现，现在有很多不同的家庭结构，包括单亲、离婚的个人独自抚养子女、离婚的夫妻共同监护孩子们、混合家庭、带子女的男同性恋和女同性恋夫妇。多样家庭结构的一个结果是，传统家庭结构侧重于父亲权威和母亲抚育的模式已经被兄弟姐妹和同龄人代替，父母模式的重要性减少了。

在理想的条件下，互动式的社会性质令人向往。这个社会不是停步不前，而是要面对不断改进的挑战；不是在等级结构上进行运行，而是要享受创造和利用网络的喜悦（Maccoby，2007，p.65）。此外，这种社会性质下的个人可以自由地从一个组织转移到另外一个组织，而不是忠于一家公司。社会性质的大部分内容是希望实践和创新，希望具有市场观念。

从官僚社会性质转变为互动社会性质的一个结果是，组织中的人不再想成为追随者，而想成为合作者，和他们的领导者和管理者共同努力。麦科比（Maccoby，2007，p.72）绘制了一个图表，竖向是领导者的动机，从个人力量到共同利益，横向是领导行为的动机，从必须遵从到想要遵从。现代组织中最佳的结合是领导寻求共同利益，追随者愿意跟随。这种组合的结果是经理和下属、领导者和追随者之间的通力合作。

荣格与性格类型

人类的行为是可以预测和理解的，这也成为荣格划分人类和他们性格的基础（Jung，1923，1993）。他认为，人们对他们的思想和感觉有偏好。这些偏好成为人们工作、联系和玩乐的基础。

荣格认为有四个重要的方面可以用来评估性格。第一个是他的能量来源于哪里（无论是内部或外部）。第二个是一个人收集信息的方式（是以精确连续的方式还是以更直觉、更随机的方式）。第三个是一个人做决定的方式（是理性的、基于事实的还是主观的、个人的）。第四个是制订计划的领导和顺从的追随者之间的区别。

这些方面构成了性格类型分类的基础：

外向性与内向性：一个人喜欢从外部还是内部获取资源。

感知与直觉：一个人喜欢以一种精确的还是富有洞察力的方式收集信息。

思维与感觉：一个人喜欢理性地还是主观地做决定。

判断与知觉：一个人喜欢以组织的方式还是以自发的方式生活。

这些词语在心理动力模型中的具体含义，将在本章后面做详细解释，心理动力模型提供了一种评估你自己类型的方式。

这四个方面有 16 个可能的组合。在这一章中，每个组合被认为是一个类型。一对术语比如外向和内向是一个方面，是一个类型的一部分。组合编码利用每个单词的第一个字母来表明，除了直觉缩写为 N，以避免和内向 I 重复。因此，16 个组合是 ESTP、ISTP、ESFP、ISFP、ESTJ、ISTJ、ESFJ、ISFJ、ENTJ、INTJ、ENTP、INTP、ENFJ、INFJ、ENFP 和 INFP。要立即理解这 16 个组合是非常困难的，也没有必要这样做。相反，一个领导者应该确定他自己的风格，集中了解它。（在这一点上，到本章结束部分去评估自己的心理类型或性格类型是有帮助的。）

理解这 16 种类型是很重要的，因为这些会影响到一个领导者与下属的互动。有些类型比其他类型更具有兼容性，而有些组合可能会导致挫折、误解和冲突。因此，本章针对这 16 种类型进行指导（Bernes et al.，2001）。要运用它们并不需要学习和记忆。

职能和偏好

在荣格的性格类型理论中，如外向者（extravert）、敏感者（sensor）、思想家（thinker）和判断者（judger）这样的标签，代表着人类性格的职能。在每一对组合中，个人倾向于一种职能。如前所述，对这些职能的偏好组合构成了类型。

外向性与内向性

外向性是指从自身外部获得信息、灵感和资源。外向者的一个特点是他们非常健谈。这样的人喜欢与其他人接触、喜欢行动。在社会环境中，他们常常被看作精力充沛的和被人喜欢的，在聚会中充满活力。

一个内向的人利用他的想法和思想，不需要外部刺激。这些人宁愿听而不愿意说。他们喜欢通过阅读或看电视来获取信息。内向人的一个特点是有时喜欢独自待着，以便思考和获得能量。持续地和人交谈和参与活动会让他们的思维枯竭。

根据克罗杰和西森（Kroeger & Theusen，2002，p.28）的观点，在现代社会中，外向者和内向者的比例是 3 比 1。这意味着内向者常常需要适应一个外向者的世界。大多数人偏好一种功能，但有些人的偏爱比较弱势，某些时候需要使用其他的功能。因此，就可能有强大的外向人和内向人，但也有可能一个外向的人也有内向的组成部分，反之亦然。

感知与直觉

感知和直觉都与人们获取信息的方式有关。感知者通过他们的感觉收集数据，他们的思想围绕事实和实际问题。这样的人注重细节，乐于应对"真实的世界"。他们把重点放在视觉、听觉、触觉、嗅觉和味觉上。精确（precision）和准确（accuracy）是感知者最喜欢的词汇。

另一些人是直觉的，他们往往更加概念化和理论化。普通的日常经历让他们感到厌烦，他们宁愿具有创造性，对未来充满幻想，巧妙地处理问题。在收集信息的过程中，直觉者会寻找机会和关系，他们使用理论框架，以获取和理解数据。和感知者相反，直觉者更可能使用"大约"（approximately）或"据我所知"（as far as I know）。

思维与感觉

收集信息之后，人们需要根据数据做出决定。做决定有想法和感受两种方法。思想家使用逻辑，力求客观，并具有分析性。另外，他们似乎经常被孤立，不和人交流，宁愿用可能的结果指导他们的行动。和思想家相反的是感觉者。他们往往比较主观，与他人相处追求和谐，并考虑到别人的感受。这样的人在工作或其他地方更多地和人交流，被认为考虑周到和人性化。

克罗杰和西森（Kroeger & Theusen，2002）指出，思维和感觉之间的差别已被经验证明是与性别差异有关的，男性更多的是思想家，女性更多的是感觉者。然而，这不是绝对的。此外，随着女性在科学、工程和管理方面接受更多的教育和培训，这种差异可能会缩小。此外，如后面将要讨论到的，大多数管理者都是思想家，这可能是因为管理领域一直以男性为主，商学院所教授的和组织世界所看重的都是思想家运作模式。

判断和知觉

克罗杰和西森（Kroeger & Theusen，2002）认为，知觉者和判断者之间的差异来自如何面对工作和领导中最令人沮丧的事情。判断者偏好结构、计划、进度和决议。他们是具有决定性的和深思熟虑的，很肯定他们的处事方式。知觉者往往更加灵活，适应性强，好尝试和开放，自发行事。知觉者往往不在乎最后期限，并可能毫不困难地改变他们的思想和决策。

心理类型和领导

有人已经从心理动力角度研究了领导（Berens et al.，2001；Kroeger & Theusen，2002），认为领导是有意而为的，它需要一个愿景或目标，而且追随者和领导者必须积极地朝一个目标或最终结果努力。克罗杰和西森建议，领导涉及权力的使用，包括对个人和组织的权力。皮尔曼（in Berens et al.，2001）提出了一个更复杂的要求，即提升未来领导活动的发展过程。

克罗杰和西森（Kroeger & Theusen，2002）讨论了领导八个职能的优势和劣势，研究结果如表 12—2 所示。

表 12—2　　　　　　　　　　　　　心理偏好和领导

偏好	正面领导	负面领导
思想家	客观 理性 问题解决者	批评 严格 麻木不仁
感觉者	移情 合作 忠诚	优柔寡断 多变
外向者	充满活力 交际 开放	交流过多
内向者	安静 反省 思考	决定缓慢 犹豫不决
直觉者	战略思想家 面向未来	模糊 非特定
感知者	实际 以行动为导向	缺乏想象力 注重细节
判断者	决定性 坚持计划	刻板 顽固
知觉者	灵活 好奇 非正式	散乱 没有重点

资料来源：Adapted from *Type Talk at Work*，by O. Kroeger and J. M. Theusen，2002。

表 12—2 很好地展示了心理类型的架构，从表面上看，他们并不认为某个心理类型在领导方面优于任何其他一种类型。每种类型都有其优缺点。

不过，有数据显示了处于管理位置的人们的偏好。克罗杰和西森（Kroeger & Theusen，2002）从 20 000 份根据迈尔斯-布里格斯类型指标（MBTI）的得分数据库中得出了结论。被调查的人来自各种组织，包括私营企业、政府机构、军队和会计师事务所。需要注意的一点是，男性代表过多，该数据可能有点偏颇。此外，这些人都是经理，而不一定是领导。该数据库的资料来源于对中层管理者、高层管理者和高层行政人员的信息收集。在这三类人群中，最常见的偏好是思想家—判断者，比例分别是

69.9%、72.9%和85%的受访者。当思想家和其他的偏好结合时，中层管理者、高层管理者和高层行政人员的结果比例分别为86.2%、92.7%和95.4%。显然，管理加强了对独立的、理性的和分析的思维方式的需求。第二常见的偏好是判断者（规划、安排、组织和控制）。相比之下，同一组织中，只有36%的训练者呈现思维偏好，47%呈现思维和判断偏好。

不同种类的领导职务可能需要不同的偏好和类型。为组织设置长期任务和方向需要一个有远见的人。这将意味着需要一个内向和直觉的结合，一个安静的、反省的、缓慢决策的人。要有远见则不能操之过急。创建愿景可能是孤立的活动，要对多种选择进行探索。因此，对管理者偏好研究的数据不应该被视为所有领导者追求的心理类型。

16 种类型与领导

皮尔曼（in Berens et al.，2001）对16种心理类型的领导风格作了描述。皮尔曼的研究总结见表12—3。

表 12—3　　　　　　　　　　　　心理类型和领导

类型	价值	表现
ESTP	竞争	积极，务实，敏锐，严格
ISTP	效率	积极，有能力，具体，精通
ESFP	现实主义	精力充沛，好奇，鼓励
ISFP	合作	灵活，协作，务实
ESTJ	组织	有方法，有重点，有计划
ISTJ	生产力	持续，合理，实用
ESFJ	和谐	有帮助，支持，实际
ISFJ	考虑	合作，效忠，理解
ENTJ	指挥	分析，直率，有计划
INTJ	效能	分析，坚韧，系统
ENTP	知识	进取，有竞争力，足智多谋
INTP	独创性	有想法，分析，批判
ENFJ	协作	温暖，支持，包容
INFJ	创造	善于创造，理想主义，富有洞察力
ENFP	创新	富有想象力，热情，有表现力
INFP	移情	激情，直觉，创造

资料来源：Adapted from *Quick Guide to the 16 Personality Types in Organizations*, by L. V. Berens, S. A. Cooper, L. K. Ernst, C. R. Martin, S. Myers, D. Nardi, R. R. Pearman, S. Segal, and M. A. Smith, 2001, Huntington Beach, CA：Telos。

皮尔曼强调，所有16种类型都有领导潜力。他还介绍了每种类型潜在的陷阱和问题。审视表 12—3 中的价值一列，包括思维（thinking）的类型往往是对有效管理者固定模式的最好概述，这些价值中包括了竞争、效率、组织、生产力、指挥、效能、知识和独创性。

应对追随者

克罗杰和西森（Kroeger & Theusen，2002，pp. 90-91）绘制了矩形图表，显示了每一维度的领导者如何应对相同维度或不同维度的下属。由于图表太复杂，这里就不展示了。它由 8 个心理维度组成（E、I、S、N、T、F、J 和 P），领导者和下属都适用，结果显示在一个 4×4 矩阵的 16 个方框中。以下是领导者的心理类型如何和追随者相互作用的三个例子。

假设领导者是一个偏外向的人，正在和一个内向的追随者打交道。外向的领导者喜欢侃侃而谈，有时讲话未经过深思熟虑，倾向于主导交谈。另一方面，内向的追随者需要时间做出反应，认为事情要通过认真思考，并喜欢不受打扰地解释他的意思。外向和内向的组合可能会产生问题。外向的领导者可能会将追随者的沉默和反应迟缓视作认可，而事实上，追随者只是在思考领导所讲的话。如果谈话是关于该做什么的，领导者会认为下属会去做，但实际上是下属才刚刚想出一个回应。后来，领导者将会因为追随者缺乏行动而不满，追随者将会因为领导没有听取他的意见而郁闷。

在这种情况下，领导者在交谈中要倒退回去想想追随者的话，或者甚至建议一两个小时后再商讨需要做什么。这会给内向的下属一些思考的时间。如果追随者还属于直觉类型，那么他会想出一个完成任务的好主意。

如果有一个直觉类型的领导和一个感觉类型的追随者，在团队工作中也会出现一些问题。直觉类型的领导者能够和喜欢看到宏观全局、整体策略以及未来的可能性。这是一个领导者的宝贵特性。它可能是一个向前迈进并促进改变的主要因素。但是，直觉类型的领导者可能会改变目标和战略，而追随者却试图达到现有的目标和战略。这种领导者可能会对实施中的无聊细节感到厌烦，只是提供大概和模糊的方向，并不说明具体怎么做，而下属却想要具体的指示。

一个感觉的下属在和直觉型领导相处时会感到沮丧。下属想知道怎么做、何时做，甚至如何做。领导者却根本不关心细节。然而，下属必须完成工作和取得成果，但是因为领导含糊不清的指示和经常变化的方向，下属很难做到。在这种情况下，直觉型领导必须了解他的思维方式，并尽一切努力满足下属的需要。如果做不到这一点，领导者可能会因为缺乏进展而心烦意乱。

如果是一个直觉型领导和一个直觉型下属打交道，那么有趣的情况就出现了。两者都倾向于概念化的思维，他们对下一步怎么走很有兴趣、充满幻想，甚至规划下一个项目。当谈到对当前项目的工作时，他们都会以理论上的方式来做，而不考虑现实情况。这两个直觉者都不喜欢追求事实和实事求是，这将会带来灾难。如果领导懂得偏好搭配，那么他将必须确保两人追求实际，并且在目前，他们应该完成现有的项目，然后再进行下一个项目。

从这些例子可以看出，理解和认识心理偏好与类型将有助于有效地沟通、有效地完成工作。这些类型之间的差异可能导致沮丧甚至对立。一种可能的解决办法是创建一个只有一两种类型成员组成的团队或组织。他们将易于沟通、相处融洽。然而，由此产生的团队或组织的能力将是有限的，不能处理更广范围的项目和问题。

如何运用心理动力理论？

心理动力理论的主要目的是让领导者和追随者意识到自己的性格类型，并意识到这些类型对工作和关系的影响。MBTI 或类似的方法，如麦科比（Maccoby，2003，pp. 26—34，252—264）设计的问卷已经对心理类型作了说明。在 TA 模型中，受访者通过回答描述各种自我状态的问题，然后确定出那些自我状态在他们生活和工作中的存在情况。无论使用性格类型还是自我状态模式，可能的优势是，一个人的行为和他人对此行为的反应将会变得更容易理解。

在工作团队或组织的背景下，心理动力理论通常涉及下属以及领导者的参与。认识和了解必须与之共事的人的差异是非常重要的。当一个人了解自己和他人的心理类型或自我状态后，就可能容易理解相互间的不协调甚至冲突是什么。最终可能的好处是，领导者和追随者能够更好地互相容忍、互相接受、和谐相处。

毫无疑问，团队或组织的成功取决于多样化能力和人际关系技巧的存在和应用。组织和团队需要有些人能够看到并创造远景——全局画面，需要其他的人能够努力工作、把远景变为现实，需要有些人销售产品或服务，还需要另一些人制造产品或提供服务。因此，心理类型模型的应用是根据一个人在收集信息、制定决策、计划工作和与人打交道过程中体现的个人偏好来确定这个人最合适的工作岗位。

心理动力理论有什么优势？

心理动力理论最大的特点是分析领导和下属之间的互动关系，强调两者之间的交流。在有些管理模式中，恰当的领导方式会得到来自下属的积极回应。在这种模式中，领导并不是什么特殊人物，他只需保持恰当的行为即可。心理动力理论认为，领导者与下属以某种性格类型或自我状态行事，他们的关系是那些类型和状态集合的结果，而不是有意识地互相理解。

第二个特点是心理动力理论的普遍性。该理论所基于的许多当代理论不仅研究了人类存在的普遍真相，还有赖于对神话的研究。同弗洛伊德一样，荣格（Jung，1923，1961）也非常注重对希腊神话的研究，将类似恋母情结之类的心理和反应加以分类。

心理动力理论的另一个特点是强调领导需要洞察自己的内在心理。这种洞察通过自我意识与分析自我状态或心理类型来获得。要说出或写出曾经发生过的陈年旧事，只有这样，领导才会了解他对下属行为的反应，并明白下属为什么有某种特别的举动。能够理解下属的行动和反应可以使领导者更好地驾驭下属。

最后，至少按照目前的研究结论，心理动力理论不鼓励操控性的管理技巧。运用心理动力理论实施有效领导的前提是认知自我和对下属性格与行为的宽容。

心理动力理论有什么缺点？

对心理动力理论的一个批评是，许多早期的研究是基于对严重患者的临床治疗和观察的。这是一种对不正常心理而不是正常心理的研究。在大多数情况下，心理学家的工作是同有问题的人打交道。这对 TA 尤其如此。在有关 TA 的最新著作中（Stewart & Joines，1991），研究人员重点关注自我状态的紊乱组合，关注人本心理学和超个人心理学中日常个人的心理动力，而成人自我状态几乎没有给予重视，虽然它是成熟地和有效地与他人交往的基础（Maslow，1998）。

MBTI 也受到了限制。它是由凯瑟琳·库克·布里格斯（Katharine Cook Briggs）和伊莎贝尔·布里格斯·迈尔斯（Isabel Briggs Myers）在荣格关于职能和偏好的研究基础上发展起来的。他们并不是专业的测试开发人员。因此，MBTI 可能在可靠性或有效性上存在问题。

对于 TA，限制更加明显。没有标准化的评估可以用来描述一个人的自我状态。每个人只是试图从文字或研讨会上描述的自我状态中找出他的自我状态。

心理动力理论也有很多限制，它主要侧重领导者和追随者的性格，因为性格规定了他们之间关系的性质。它没有考虑到团队组织的因素，包括企业文化、组织结构以及特别的挑战和面临的任务。

心理动力理论本身的性质也限制了它在实践中的运用。许多人不认为领导者、追随者和同事会有情感反应；没有意识到情感反应来源于个人经历特别是下意识。组织领导者尤其认为管理和领导应该尽可能合理。事实上，往往是思想家和判断者类型的管理者可能会阻止他们自己接受心理动力理论。情绪反应会被忽略或拒绝，甚至许多经理由于白天工作中的情感反应而夜不能寐。

最后一点，心理动力理论不适合于通常意义上的培训方式。没有技能可学习，没有技巧可用来激励下属。相反，它需要领导者和追随者评估他们自己的行事方式、接受这些方式和容忍其他人的行为方式。

心理动力理论应用案例

本节中，我们提供三个案例研究（案例 12—1、12—2 和 12—3），可以运用心理动力理论来分析组织中的领导。在每个案例结束时提出的问题将帮助你分析问题。

案例 12—1

你不是能看到全局的那种人

珍妮·福尔瑟姆是一群市场专家的主管。除了康尼·佩雷斯之外，她同团队中的绝大多数人员保持着良好的关系。珍妮正在考虑解雇康尼。看起来康尼似乎无法在工作上达到珍妮的期望值。去年珍妮同康尼每季度进行一次沟通。每一次，珍妮都表达出她的期望，指出康尼在哪些方面存在不足。尽管康尼觉得自己也在试着改善，但她仍然和以前没有什么变化。

在决定开除康尼前，珍妮去过人事部，特别是培训和研发部。她向两位培训发展专家讲述了她的问题。她说："康尼几乎陷在细节里了。我给了她一个项目和一系列需要完成的目标。后来当我同她谈论的时候，我发现她正为一些细节所累。她收集了所有她能收集到的信息，不断同别人谈论这些信息。她做的事都快让我发疯了。我需要她完成这个项目然后去做别的事情。我想让她看到全局。我们有很多事情要做，这是战略部署。我受不了有人将时间都耽误在细节上。"

培训和发展专家意识到康尼和珍妮之间的性格类型有很大的不同。他们邀请珍妮第二天再来，当时她获得了一个关于性格类型的简报。很明显，在荣格的性格类型中，珍妮是一个直观的思想家（NT）。她善于构思和系统规划，她能看到组织和制度的基本原则。

当她的小组完成性格测试时，珍妮就看到了三四个不同性格的人。培训和发展专家以这种方式和珍妮谈论时，她很同意他们对她的描述。

另一方面，根据珍妮的描述，康尼似乎是知觉—感觉型（SF）。康尼非常实际，脚踏实地。实际上，她非常善于直接解决问题，她足智多谋，总能够找到信息和答案。不幸的是，她没有全局观。

珍妮向培训和发展问题专家问道："那么我该怎么办？"

问题：

1. 珍妮是否应该同康尼单独开会讨论？
2. 她是否应该同发展培训专家开会讨论？
3. 康尼是否应该得到自己和珍妮的个性类型报告？
4. 两位女士现在应该着手讨论什么？
5. 珍妮将来应该给康尼指派何种类型的工作？

案例 12—2

负责人会议问题

斯坦·威廉姆斯是一个小公司的部门经理，为客户提供各种技术服务。该部门和总部不在一个城市，斯坦每个月要召集部门主要负责人召开一次会议，包括 4 名技术专家、3 位销售和推销人员，以及 1 名预算和财务人员。

斯坦是一个非常有秩序的人，每次会议都制定议程。因为他想形成一种团队氛围，所以他要求负责人参加每一项议程。但是，技术人员和推销人员对参与的程度和类型有很大的差异。预算和财务人员只想参加直接回答问题的会议。销售和推销人员在大多数会议上占主导地位。他们不仅谈论最多，而且会把议程撇在一边说笑。技术人员只是坐在那里，偶尔转动他们的眼睛，发出感到沮丧的信号。其结果不仅没有凝聚力，而且与斯坦的想法背道而驰，气氛暗含摩擦和冲突。

斯坦考虑不再举行全体负责人会议，相反，他会单独和技术人员、推销人员举行会议。斯坦没有办法协调人力资源，他应该怎么办？

问题：

1. 斯坦应该停止举行会议吗？

2. 当斯坦认为特定人群需要参加一个特定的议程时，他应该更具有命令性吗？

3. 他是否应该组织一次会议，阐述他希望的团队是什么样、他看到了什么，请大家谈谈对会议的反应，并讨论如何努力成为一个团队？

4. 他应该找一个顾问来帮他解决这个问题吗？

案例 12—3

意外的反应

玛克辛·辛普森是一名拥有超过 20 年经验的经理。她一步步走到管理层，10 年前就读完了工商管理硕士学位。她管理的方法是用最直接和最简单的方式说出她看到的情况或问题。她总是试图找到最好的答案，她能够并愿意推迟做决定，如果需要这么做的话。

兰迪·艾伦是一个最近刚到玛克辛管理团队工作的员工。他在他的专业领域能力出众，是一个对团队运作举足轻重的人。他的前任经理是个有点独裁的人，都对他评价甚高。兰迪习惯于被告知问题是什么、怎么做、什么时候完成，并在某些情况下，被告知如何制定出一个解决方案。他对那种领导方式感到很适应，因为这可以让他把技能直接应用到许多问题上。

自从他加入玛克辛的团队后，兰迪对玛克辛管理的反应无法预测。他最常见的反应是与玛克辛争辩，反驳玛克辛如何定义问题，甚至是否真的代表一个问题。兰迪似乎并不喜欢这种对峙，但似乎无法有不同反应，除了有几次例外。在那些例外的情况下，兰迪变得非常听话，向玛克辛询问更多的指示。这也给玛克辛带来了困扰，她觉得自己没有时间来教导兰迪。

　　问题：

　　1. 玛克辛应该适应兰迪的反应方式吗？

　　2. 她应该试图查明为什么他的反应是不可预测的吗？

　　3. 她应该问兰迪为什么他在不同情况下有不同的反应吗？

　　4. 她是否应该联系兰迪以前的经理以确定兰迪在以前环境中的反应是不可预测的吗？

　　5. 从 TA 角度来看，你觉得是怎么回事？

心理动力测量工具

心理动力调查表

　　下面的调查问卷提供了一种方法，可以评估你偏好迈尔斯-布里格斯四种类型中的哪一种。你可以使用它来形成一个轮廓，以显示你的偏好是外向或内向、判断或知觉、思维或感觉、感知或直觉。

　　说明：对于以下八个句子，用 1 至 6 的数字来表示你认为真实的程度。对于两个意思相反的句子，你的程度等级加起来是 7。（例如，如果你对于一对句子中一个句子的评价等级是 3，那么对另一个句子的评价等级应该是 4。）例如，你可能像这样评价头两句：

我很善于交际、性格开朗、合群、健谈。　　　　　　　1 2 3 4 5 6

我反思、深刻、注重内心、有想法、安静。　　　　　　1 2 3 4 5 6

因此，这两个等级加起来是 6+1=7。

当你已经完成了你自己的调查表和计分程序，让你认识的其他人也评价一下他们自己。这一步很重要，因为调查问卷是为了让你比较你和其他人的性格类型。

答案： 6=总是正确　　5=通常正确　　4=一般正确

　　　　　3=有时正确　　2=很少正确　　1=从不正确

1. 我很善于交际、性格开朗、合群、健谈。　　　　　1 2 3 4 5 6

2. 我反思、深刻、注重内心、有想法、安静。　　　　1 2 3 4 5 6

（对 1、2 句的评分总分是 7）

3. 我很实际、现实、实事求是、喜欢细节。　　　　　1 2 3 4 5 6

4. 我概念化、理论化、面向未来、有全局观。　　　　1 2 3 4 5 6

（对 3、4 句的评分总分是 7）

5. 我很坚定、公正、明确、自我决断。　　　　　　　1 2 3 4 5 6

6. 我人道、和谐、主观、喜欢多渠道获得信息。　　　1 2 3 4 5 6

（对 5、6 句的评分总分是 7）

7. 我很有条理、善于安排、计划和控制。　　　　　　1 2 3 4 5 6

8. 我适应性强、灵活、自发和公开。　　　　　　　　1 2 3 4 5 6

（对 7、8 句的评分总分是 7）

评分

在下面的表中划出每个句子的评分。

句 1：外向者（E）　　　　　　　　　　　　　　　　1 2 3 4 5 6

句 2：内向者（I）　　　　　　　　　　　　　　　　1 2 3 4 5 6

句 3：感知者（S）　　　　　　　　　　　　　　　　1 2 3 4 5 6

句 4：直觉者（N）　　　　　　　　　　　　　　　　1 2 3 4 5 6

句 5：思维者（T）	1 2 3 4 5 6
句 6：感觉者（F）	1 2 3 4 5 6
句 7：判断者（J）	1 2 3 4 5 6
句 8：知觉者（P）	1 2 3 4 5 6

得分说明：

你的心理类型包括 8 个偏好中的 4 个：E 或 I，S 或 N，T 或 F，J 或 P。首先看 E 的评分是否比 I 高，如果是，那么 E 就是你的类型的一部分。在上表得分的基础上，在两个字母中选择一个：

句 1 和 2：	E	I
句 3 和 4：	S	N
句 5 和 6：	T	F
句 7 和 8：	J	P

你对每对句子的评分可能会非常不同。例如，对 S 的评分是 6，那么对 N 的评分是 1。这很明显地显示你偏好感知者。在其他情况下，你的评级可能会更加接近。例如，你可能会对思维者句子的评分为 4，对感觉者句子的评分为 3，这种偏好不明显，所以你的类型可能是 T，也可能是 F，这是相当普遍的，甚至在 MBTI 中也是如此（例如，一个人可能是 ENTJ 和 ENFJ，这意味着思想者和感觉者评分非常接近）。

心理类型方法应用于自身时非常有趣，但是在比较你自己和另一个人的类型时更有用处。因此，你应该让你认识的人或同事也来做这样一份问卷。当你得知这个人的评价得分时，你可以将他的类型与你的类型进行比较。虽然这种方法很有用，但是评估你性格类型的最好方法是，在咨询者或另一个懂得解释测试的人的指导下进行 MBTI 测试。

本章要点回顾

心理动力理论基于领导者和追随者的性格评估。它不同于通过研究和总结特质、行为、技能或领导风格而开始的方法和模式。可以使用识别性格特征的几种方法，比如交易分析中的自我状态模式、弗洛伊德和荣格的性格类型（Maccoby，2003）和 MBTI。

数据表明，有些性格类型更适合管理和行政职务，尤其是荣格框架中的思想家类型。麦科比对大量执行官进行研究后认为，自恋型最适合领导现代组织。其他类型的性格可能更适合某种职位或组织。

心理动力理论被用来鼓励领导者和追随者意识到他们自己和与之共事的人的性格类型，以便更好地了解自己的行为和他人的回应。

心理动力理论有优点也有缺点。一个重要的优点是，它强调领导者和追随者的关系。此外，自我状态和性格类型被假定为具有普遍性。心理动力理论鼓励自我意识，减少领导的操控和控制的程度。因为心理动力学的早期研究是建立在分析精神病人的基础之上的，因此有一些并不适用于一般正常人。还有一些问题涉及自我状态与性格类型被测量和评估的方式。或许更重要的是该理论假定无意识动机和反应的存在，并依赖于和理性客观相反的情绪状态。此外，心理动力方法没法训练，因为没有可供学习的技能和行为。

第 13 章

女性与领导

克勒斯特·L·霍伊特

性别与领导有什么关系?

当你遇到一个人时,你首先判断的是这是"男性还是女性"? 你习惯毫不犹豫地做出你的判断。

——西格蒙德·弗洛伊德

大众媒体作家对性别与领导这个主题表现出持久的兴趣,以研究男性和女性之间鲜明的、有意义的差异(Book, 2000; Bowman, Worthy, & Greyser, 1965)。这些差异先是表明和男性相比,女性处于劣势[例如,有些人(Hennig & Jardin, 1977)认为女性缺乏管理成功必要的技能和特质],后来又以现代流行的观点颂扬了女性在领导岗位的优势(Book, 2000; Helgesen, 1990)。然而,由于种种原因,比如理论缺陷,男性研究人员对此话题不感兴趣;另外,领导上两性平等的学术假设使学术研究者直到20世纪70年代(Chemers, 1997)才开始重视性别的问题。越来越多的女性担任领导职务、进入学术界，给美国社会带来了巨大的变化，也提升了学者们对女性领导的研究兴趣。

学者们开始问道："女性可以做好领导工作吗？"但是现在看来这是一个毫无意义的问题。除了越来越多的女性在企业界和政界扮演领导角色外，我们还可以举出在各个领域的高效女性领导者，比如英国前首相玛格丽特·撒切尔夫人、印度前总理英迪拉·甘地、智利总统米歇尔·巴切莱特、百事公司执行总裁英德拉·诺依、雅芳公司首席执行官钟彬娴、美国众议院议长南希·佩洛西、四星上将安·邓伍迪、美国教育创始人温迪·科普。现在研究的主要问题是："男性和女性之间有领导风格和效能差异吗？"这往往可以追寻到下一个更大的问题："为什么在精英领导位置上的女性数量不多？"本章先探讨性别与领导问题相关的经验证据，研究男性和女性之间的风格和效能差异，然后讨论领导上的性别差距并做出解释，最后探讨提高女性领导效能的方法。

性别与领导风格

随着越来越多的女性担任领导职务，很多问题得到了更多的关注，比如她们的领导方式是否与男性不同，是男性领导者还是女性领导者更有效（Book，2000；Helgesen，1990；Rosener，1995）。越来越多的作家在主流媒体上声称，男性和女性在领导风格上确实存在性别差异，而且女性的领导在当代社会中更有效。然而，学术研究的结果呈现出多样性。事实上，许多人认为，性别与领导风格以及领导表现有很少的联系或者没有关系（Dobbins & Platz，1986；VanEngen，Leeden，& Willemsen，2001；Powell；1990）。

早期探讨男性与女性之间风格差异的研究不是比较人际导向风格和任务导向风格就是比较民主风格和专制作风。在大量分析中，伊格里和约翰逊（Eagly & Johnsoo，1990）发现，和刻板的想法相反，在组织研究中并没有发现女性领导比男性领导更注重人际导向而不太注重任务导向。这种差异只是在行为由社会角色规范的环境中出现，例如实验环境。在各种环境中，唯一明显的性别差异是，女性以一种更加民主或更具有参与精神的方式在领导。另一个在1987年至2000年进行的一元分析研究中发现了相似的结果（Van Engen & Willemsen，2004）。

从众多文献分析角度来考虑这些结果与发现，是一个很重要的方法，文献分析是对所有特性和领导行为都相等的女性和男性领导者的评价（Eagly，Makhijani，& Klon-sky，1992）。这些研究发现，当她们以男性方式领导时（Bartol & Butterfield，1976）、当她们处于一个典型的由男性领导的角色时（Knight & Saal，1984）、当评估为男性时，女性都处于劣势（例如，专制或命令）。这些发现不仅指出了女性在担任领导职务中经历的偏见，而且也表明，女性更多地运用民主风格似乎更具有适应性，因为这种风格产生了最有利的评价。

从 20 世纪 80 年代初开始，研究人员开始研究一种新的领导风格，它是由伯恩斯（Burns，1978）提出的，当时称为转型领导，后来由巴斯修正并扩展为变革型领导（Bass，1985）。大量的研究表明，变革型领导的四个组成部分（理想化的影响力、鼓舞性激励、智力激发和个性化关怀）以及变革型领导的后效奖赏与领导表现呈正相关（见本书第 9 章）。由伊格里、约翰森-施密特和范·恩根（Eagly，Johannese-Schmidt，& Van Engen，2003）进行的分析发现，女性和男性领导者之间在某些风格中存在着微小或显著的差异，例如女性的风格比男性更趋向变革，女性比男性有更多的后效奖赏行为。虽然这些风格能产生效力，但是最近的调查结果显示，男性下属对女性领导者的低评价也出现在女性变革型领导者的身上（Ayman，Korabik，& Morris，2009）。

性别与领导效能

除了领导作风，男性和女性领导者的相对有效性已受到多项研究的关注（Jacobson & Effertz，1974；Tsui & Gutek，1984）。通过对女性和男性领导者的比较，总体发现，男性和女性是同等效力的领导者，但也有性别差异，男性和女性在符合他们性别特征的领导岗位上更有效（Eagly，Karau，& Makhijani，1995）。因此，女性在领导角色是男性化的岗位上不太有效。例如，在有关军事的领导岗位上，女性在一定程度上没有男性有效。但在教育、政府和社会服务机构中她们比男性要有效一些，在高度需要人际交往技巧的中层管理岗位上，女性比男性要有效得多。此外，当女性管理的男性下属占多数，或对领导者效能进行评估的大多数是男性时，女性就不如男性有效。

总之，实证研究支持男性和女性有较小差异的领导风格和效力。女性担任男性化领导角色时会遭遇轻微的效力劣势，但是更具女性化的领导角色对她们来说会更有优势。

此外，和男性相比，女性更会使用民主或参与的风格，更可能使用变革型领导行为和后效奖赏，这是与现代有效领导观念相联系的风格。

玻璃天花板变成迷宫

在政府、商业、专业领域，可能有一天妇女会被当作一个人来看待，但是，我们离那一天还很远。

——埃莉诺·罗斯福，1940 年

领导迷宫的证据

自从埃莉诺·罗斯福写下上面的话语后，虽然女性领导的困境已明显改善，但还是有一段很长的路要走。在美国，女性将近 60% 都具有学士和硕士学位，几乎一半的女性被授予学位（U. S. Census，2007），并且占据了美国几乎一半的劳动力（46.7%；U. S. Bureau of Labor Statistics，2008a），但是在美国的公司和政治体制的上层，女性领导仍然为数不多。女性在美国组织中占据超过一半的管理和专业职位（占 50.8%，Catalyst，2009a），占据几乎 1/4 的 CEO 职位（23.4%；U. S. Bureau of Labor Statistics，2008a）。然而，担任精英领导职务的女性却很少。例如，财富 500 强公司 CEO 中女性只占 3%，财富 500 强企业董事会席位的女性只有 15.2%，财富 500 强企业决策职位的女性仅为 15.7%（Catalyst，2009a）。

在政治方面，目前在美国国会中女性可以占有 535 个席位中的 90 个席位（16.8%；参议院 17% 和众议院 16.8%），但是非白人的女性只占据 20 席（Center for American Woman and Politics，2009）。事实上，2009 年 2 月，女性代表在国家立法机关或议会的世界平均水平为 18.4%，在 188 个国家中，美国排名第 71 位（Inter-Parliamentary Union，2009）。此外，在准将和海军少将或更高级别的军官位置上，女性只占 6.1%（U. S. Department of Defense，2008）。

阻止女性升至精英领导位置的无形障碍最初被称为玻璃天花板，这是由美国两个华尔街日报记者在 1986 年引进的一个术语。即使在以女性为主的职业领域，女性也面临玻璃天花板，而男性白人似乎乘着"玻璃自动扶梯"到达领导职位的顶端（Maume，1999，Williams，1992，1995）。伊格里和卡利（Eagly & Carli，2007）确定了玻璃天花板隐喻的限制，比如它意味着每个人在较低的位置上都有平等的机会，但是所有的女性遇到这个单一的、无形的、不可逾越的障碍时，情况就不一样了。他们提出了领导迷宫的另一个现象，这是一路上充满挑战的旅程，不仅仅是靠近顶部才会有挑战，这一点能够并且已经成功地得到女性认同（见表 13—1）。

表 13—1　　　　　　　　　　　　　　　　领导差距

教育和工作程度	
女性	男性
在管理/专业职位	
50.8%	49.2%
美国劳动力	
46.7%	53.3%
学士学位	
57.5%	42.5%
领导差距	
女性	男性
在财富 500 强公司的 CEO	
3%	97%
在财富 500 强企业控股董事会席位	
15.2%	84.8%
美国国会议员	
16.8%	83.2%

扫清障碍动机

领导差距是一个全球性现象，和男性相比，女性不成比例地集中在低层次、低权威的领导职位（Powell & Graves，2003）。虽然障碍总体对女性不利，但是迷宫还大致包括其他非优势群体比如少数族裔。要消除女性进入高层领导的障碍有很多重要的动机。这样做可以履行平等机会的承诺，让每个人都可能扮演领导角色，从会议室到参议院。此外，正如一个人更有可能在一个湖里而不是小池子里找到一条大鱼一样，一个人更有可能从越来越多的潜在候选人里找到最优秀的人力资源。除了寻找大鱼，一个人也更可能从一个大湖泊里找到种类繁多的鱼类。让不同类型的女性进入领导层，将会使社会机构、企业和政府更具有代表性。除了代表性之外，小组成员的多样性会与更大的群体的生产率相联系（Forsyth，2010）。事实上，研究显示出性别差异和组织财务表现之间有紧密的联系。随着顶层女性领导者数量的增加，经济上也会更加成功（Catalyst，2004）。

了解迷宫

对女性在高层领导的任职人数不多的原因解释一般有三种类型（见图 13—1）。第一种解释突出了女性和男性在人力资本投资上的分歧。第二种解释考虑了男女之间的性别差异。最后一种解释重点关注对女性领导者的偏见和歧视。

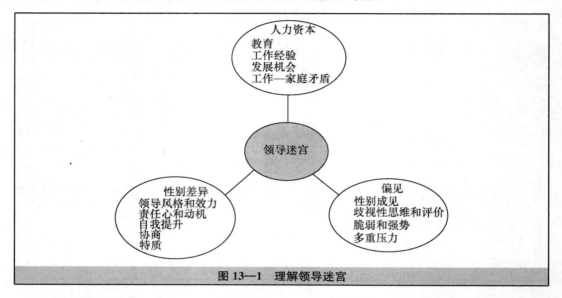

图 13—1　理解领导迷宫

人力资本的差异（human capital differences）。对迷宫一种突出的解释是，和男性相比，女性较少在教育、培训和工作经验上进行人力资本投资（Eagly & Carli，2004，2007）。所谓的人力资本缺乏，据说会导致合格女性的缺乏，有时被称为"管道问题"。然而，仔细看看数字，这些数字显示出女性的确是在管道内，但是该管道在漏水。女性取得本科学位的比例远远高于男性，在美国女性获得学士学位的比例是 57.％（NCES，2008），女性在专业学校的毕业率大于或几乎相当于男性的毕业率，占所有学士学位和硕士学位的近 60％，占所有博士学位的 48.9％（NCES，2008）。虽然女性获得法学学位的比例占 47.5％，女性同事的比例占 45.1％，但是他们只占合作伙伴的 18.3％（ABA，2008）。而且即使是获得 20 家顶级商学院工商管理硕士的女性比例占了大约1/3（Catalyst，2009b），但她们在美国企业的高层代表和男性相比简直是微不足道。最后，有明确的证据表明，女性较少进入高层管理，却并不是因为没有足够的时间来发展职业生涯（Heilman，1997）。

和男性相比，女性在工作经验和就业的连续性方面也有一定的不足，因为女性要承担抚养孩子和大部分家庭事务的责任（Bowles & McGinn，2005；Eagly & Carli，

2007)。虽然有一个普遍的观念认为，女性缺乏经验是因为女性比男性更容易辞去工作（Eagly & Carli，2004），但是，有证据表明，和男性相比，女性在辞去工作后损失得更多，因为女性更容易因为家庭原因辞职（Keith & McWilliams，1999）。有子女的女性比没有子女的女性更可能不被雇用或工作的时间很少，而有子女的男性则更可能被雇用，比没有子女的男性工作时间更长（Kaufman & Uhlenberg，2000）。这些家务和养育子女的责任加重了女性晋升高层领导的负担，尤其是给那些不能支付家政服务的女性。女性比男性要花更多的时间承担家务和照顾孩子（Bianchi，Milkie，Sayer & Robinson，2000）。职业女性也用带有性别歧视的标准评价自己：与丈夫具有同等职业地位的女性，不仅承担更多的照顾孩子和家庭事务的责任，而且还要对她们的丈夫在家中的贡献感到满意，对自己的家庭表现要求苛刻（Biernat & Wortman，1991）。

女性对工作与家庭的矛盾有各种不同的反应方式（Bowles & McGinn，2005）。有些女性选择不结婚或不要孩子；有些人选择成为"超级女人"，并试图胜任每一个角色；还有一些人选择缺席、病假或选择兼职来应对这些工作和家庭上的矛盾（Hewlett，2002；Nieva & Gutek，1981）。选择请假的女性最近发现重新进入工作岗位更难了，而且进入一个比她们离开的水平更低的工作岗位后，上升到领导层往往要困难得多。一个有关领导差距的解释是，文化上定义的劳动分工导致女性偏离领导轨迹，因为她们选择无法进入领导岗位的"妈妈轨道"的工作（Belkin，2003；Ehrlich，1989；Wadman，1992），但是，研究是不支持这一论点的（Eagly & Carli，2004）。

虽然女性占所有管理和专业一半以上的职位（Catalyst，2009a），但是她们的发展机会比男性要少。这些发展机会上的性别差异一部分是因为女性在领导领域会遭遇偏见。除了比男性在同等职位上承担较少的责任外，女性不太可能得到鼓励，不可能担当关键角色，不可能和男性一样接受正式的在职培训（Knoke & Ishio，1998；Morrison & Von Glinow，1990；Ohlott，Ruderman，& McCauley，1994；Powell & Graves，2003）。影响职业成功的一个非常重要的发展经验是有效的导师关系（Ensher & Murphy，2005），女性比男性面临更大的障碍去建立非正式的导师关系（Powell & Graves，2003）。

此外，女性在企业中处于不重要位置的比例很大，承担较少的责任，但并不会晋升到领导职务。例如，女性集中在下列领域：会计、教育和人力资源管理（Bowles &

McGinn，2005）。与此相关，当女性被晋升到领导职位时，她们比男性更可能被放置在
"玻璃悬崖"：她们更容易被任命在岌岌可危的领导位置，肩负更大的风险和批评
（Haslam & Ryan，2008；Ryan & Haslam，2005）。

　　总之，人们很少支持这样的观念：女性接受的教育比男性少，她们比男性更容易辞
去工作，退出领导轨迹，走上妈妈轨道。人们承认的是：女性工作经验较少，比男性更
多中断职业生涯，这主要是因为女性承担着更多的家庭责任。最后，女性受到的正规训
练比男性少，工作的发展机遇比男性少，这两者可能和对女性领导的偏见有关。

　　性别差异（gender differences）。试图解释领导差距的另一个论点是，女性不同于
男性。在这种论点支持下的一个说法是，女性担任精英领导职务人数不多，是领导风格
和领导效力差异的结果。正如在本章前面所讨论过的，任何实质性的男性和女性领导风
格差异不应该让女性处于不利地位，而应该甚至可以成为女性的优势（Eagly & Carli，
2003；Powell，1990；Vecchio，2002）。另一个经常被引用的阻碍女性晋升的因素是人
们认为在雇用和领导动机方面存在性别差异。然而，研究表明，女性得到了和男性同级
别的雇用身份，并扮演和男性一样的角色。女性和男性都把他们自己首先看作个人角
色，然后才是家长和合作伙伴（Bielby & Bielby，1988；Thoits，1992）。实证研究也
表明，女性不太可能像男性那样将自己提升至领导职位（Bowles & McGinn，2005）。
例如，女性更可能承担非正式的，而不是官方的领导作用，并使用如调解人（facilita-
tor）或组织者（organizer）而不是领导者或类似的字眼（Andrews，1992；Fletcher，
2001）。此外，对领导文献的研究分析表明，尽管女性比男性有可能较少担任领导小组
组长，但是她们比男性更有可能成为社会调解人（Eagly & Karau，1991）。当女性提升
自己或胜任领导职位时，这个研究就必须从社会成本和女性经验的角度来解释（Rud-
man & Glick，2001）。当女性自我提升时，她们面临着严重的性别偏见和社会障碍。例
如，与男性不同，自我提升的女性被视为缺乏社会吸引力和较少被雇用（Rudman，
1998）。因此，想要追求领导职务的女性可能选择不这样做，因为她们把这些期望埋在
心里或者只是意识到了当领导的社会成本（Bowles & McGinn，2005；Powell &
Graves，2003）。

　　另一种说法是，男性比女性更具有效领导所必需的特质。然而，有效的领导混合了
男性女性的特质，比如智力、社交技巧、主动性以及说服能力（Eagly & Carli，2007）。

社会科学研究展示了一些与有效领导相关的、微小的性别差异，如正直、进取、合群以及承担风险。然而，这些差异有利于男性，也有利于女性（Eagly & Carli，2007；Feingold，1994；Franke，Crowne，& Spake，1997）。一种有利于男性领导的性别差异是男性可能比女性更想得到他们想要的东西（Babcock & Laschever，2003）。到达精英领导职位不是在真空中进行的：人们必须与其他人进行协商，以获得正确的位置、经验、机会、资源和帮助，不管在职业领域，还是在家庭领域。但是，女性不太可能像男性那样去协商（Small，Gelfand，Babcock，& Gettman，2007）。遗憾的是，登上高等级的领导层所需要的协商经常是非结构化的、模糊的、普遍和性别有关的——在对女性不利的情景中，情况更是如此（Bowles & McGinn，2005）。此外，女性发起谈判要面临比男性更大的社会成本，她们较低层次的所有谈判可能是对社会障碍一个适应性的反应（Bowles，Babcock，& Lai，2007）。

总之，女性在领导职位上同样地有效，同样地致力于她们的工作，或想要担任领导职务。但是，女性较少自我提升和进行谈判。此外，研究显示了和有效领导特质相关的一些小的性别差异，尽管这些差异对女性和男性具有同样的优势。

偏见（prejudice）。对于领导差距一个突出的解释是陈旧的性别偏见：女性照顾，男性主导（Hoyt & Chemers，2008）。这些偏见在媒体对希拉里参加美国总统初选的报道中很明显：性别歧视被认为是没有新闻价值的（当有人问麦凯恩"我们如何击败那个令人生厌的女人"时，媒体对他的回答"这是一个很好的问题"缺乏兴趣），但又被记者和政治分析家认为是可以接受的（例如，美国有线电视新闻网的格伦·贝克评论"她的声音里有某种意味，她是某种令人生厌的女人的代表，你知道我的意思"）。凯蒂·库里克在希拉里·克林顿下台后指出，"那一场竞选运动的巨大教训之一是，在美国生活中持续并被接受的性别歧视——如果参议员奥巴马不得不面对种族主义，就像希拉里不得不面对在竞选集会张贴的'给我熨衬衫'的海报，或面对在机场出售希拉里标志的胡桃夹子一样——不应该是愤怒的注脚，而应该是'头版新闻'"（Couric & Co.，2008）。

在对财富 1 000 强企业的女性管理人员的调查中，33%的受访者提到成见和偏见：女性的角色和能力是导致领导差距的主要因素（Catalyst，2003）。固有观念是一种认知捷径，影响人们对团队和团队成员评价的方式。人们赋予团队或团队成员某些特征，不管成员之间的特质实际上有什么差异（Hamilton，Stroessner，& Driscoll，1994）。虽然许多刻板印象是可以适用的，因为它们基于团队一些成员的经验，但是成见不是完全适用的，因为它们不准确，或者会阻止个人识别一群人的个体差异（Aronson，1995）。

性别固有观念普遍存在，有案可稽，难以改变（Dodge，Gilroy，& Fenzel，1995；Heilman，2001）。性别固有观念是对女性和男性属性的一种刻板的信念，觉得男性和女性应该是什么样的（Burgess & Borgida，1999；Click & Fiske，1999）。男性被定型具有这样一些特征：信任、果断、独立、理性和决断，而女性被普遍认为有以下特性：善解人意、灵敏、温情、乐于助人和有教养（Deaux & Kite，1993；Heilman，2001）。

除了被期望符合刻板印象外，人们也被期望避免与刻板印象不相容的行为（Heilman，2001）。对性别刻板印象的处罚清楚地说明了1989年最高法院裁决普华永道对安·霍普金斯的经典案例。普华永道告诉霍普金斯，她不再成为合作伙伴，因为她太男性化，甚至建议她去魅力学校学习、戴首饰、化化妆、减少攻击性。最终，法院裁定，普华永道因为有性别刻板印象，歧视了安·霍普金斯（Fiske，Bersoff，Borgida，Deaux，& Heilman，1991）。

性别刻板印象是很容易并且自动启动的，而且往往导致有偏见的判断（Fiske，1998；Kunda & Spencer，2003）。我们可以来看一个生动的例证：对男性和女性加入交响乐团的评价。在20世纪七八十年代，男性占主导地位。交响乐团做了一个简单的变化：所有演奏申请人被要求隐藏在屏幕后面试演。这个小变化大大增加了女性在交响乐团的比例（Goldin & Rouse，2000）。仅仅看到申请人的性别就会引起刻板印象，批评者的头脑就会产生重大偏见，不愿选择女性而更愿选择男性。

在领导角色方面，性别刻板印象对女性是特别有害的，因为女性具有代表性，而不是共同性（Chemers & Murphy，1995）。根据角色的一致性理论，领导作用中必要的代表性素质思想不符合占支配地位共同素质的刻板印象，因此，这就会对女性领导者造成偏见（Eagly & Karau，2002）。除了基于性别的偏见，女性还经常面临种族或民族偏见（Bell & Nkomo，2001）。

因此，在领导角色上，女性面临多重压力：作为领导者，就应该阳刚和坚韧，但作为女性，她们不应该"太男性化"。在2008年总统初选中，希拉里·克林顿的竞选团队努力寻求代表性和共同性的平衡，并试图驳斥那些认为女性不如男性那么胜任政治职务的说法，持这一观点的人认为女性不够强硬当不了总统，她们还没有准备好当总指挥

（Carroll，2009）。可以说，希拉里·克林顿无法找到一个很好的平衡，虽然她很好地表达了她的代表性，但是她并没有有效地传递她的共同性（Carroll，2009）。这些相反的期望让女性往往认为女性比男性较少有资格承担精英领导职务，并在评价有效的女性领导者的时候又很苛刻，认为她们"不够女性"。

这种偏见有助于解释许多研究结果：更多地偏好男性领导者的态度，女性到达最高领导地位面临更大的困难，女性要被认为是有效的领导具有更大困难（Eagly & Karau，2002）。这些性别偏见，尤其是在选拔精英领导人的决策过程中是有害的，因为那些决定允许出现偏差（Powell & Graves，2003）。不仅是决策制定者受刻板印象的影响（Kanter，1977），认为女性不适于当领导者，而且他们倾向于喜欢和自己类似的其他人，对和自己最相似的人的评价最积极，因此，男性领导者在寻找替代人时，偏见可以明显地让女性处于不利地位。

这些刻板的期望，不仅影响他人的看法和对女性领导者的评价，而且还可以直接影响到女性自身。女性在一个由男性占主导领导地位的群体中只是极少数，被视为所有女性代表的象征。她们面临着很大的压力，因为她们的表现被密切注视，而且还要面对性别刻板印象（Kanter，1977）。作为象征的女性往往非常了解她们的性别及随之伴随的刻板印象（Sekaquaptewa & Thompson，2003）。研究表明，女性会以一两种方式来回应基于性别的领导刻板印象：她们要么表现出刻板印象的脆弱，要么采取行动反抗那些刻板印象。例如，研究表明，当定型观念比较微弱时，女性收敛她们的愿望，表示不太可能希望获得领导职位，或在谈判中表现不佳。然而，如果刻板印象很猖獗，女性会高调表示想获得领导职位或在谈判中表现优越（Kray，Thompson，& Galinsky，2001；Stoddard，Kliengklom，& Ben-Zeev，2003）。同样，不相信自己领导能力的女性也更可能屈从于刻板印象，而更多的进取女性更有可能反抗刻板印象（Hoyt & Blascovich，2007）。最后，戴维斯、斯宾塞与斯蒂尔（Davies，Spencer，& Steele，2005）发现，有些刻板印象会损害女性的领导愿望。总之，大量实证证据表明，性别刻板印象可以极大地改变女性领导者的观念和评价，直接影响女性对领导职位的渴望。

导航迷宫

成功走出迷宫的女性数量正在不断上升。例如，1995 年以来，在财富 500 强企业中，董事会中没有女性董事的公司数量已下跌近 50%，而那些有 25% 或更多的女性董事的公司数量增加了近 6 倍（Catalyst，2006）。此外，在低级别的管理层和行政职位上的女性们在显著增加，她们有可能升至最高领导职位（Powell，1999）。在政治方面，希拉里·克林顿在成为第三位女国务卿之前，在总统玻璃天花板上炸了"1 800 万道裂缝"。南希·佩洛西最近创造了历史，成为众议院第一位女议长。尽管在美国只有 17 位女性参议员，其中 4 人来自人口最多的三个州（加利福尼亚州、得克萨斯州和纽约州），但是自 1971 年以来，在州议会中工作的女性是以前的 6 倍（CAWP，2009）。

许多因素使女性领导者崛起（见图 13—2）。组织中的变化开始使女性更容易达到最高职位。许多组织的文化正在改变有性别歧视的工作设想，如男性工作模式、不间断的全日制职业生涯的概念，以及工作和家庭分离的观念都受到了挑战（Cooper & Lewis，1999）。此外，许多组织都重视领导层人员的灵活性和多样性。通过让女性参与职业发展计划和加入正式的网络关系，提供工作—生活的支持，女性可以在事业上加强发展。此外，让更多的女性从事关注度高的工作、支持女性发展有效的导师关系是减少领导差距的关键策略（Bell & Nkomo，2001；Ensher & Murphy，2005；Ragin，Townsend，& Mattis，1998）。

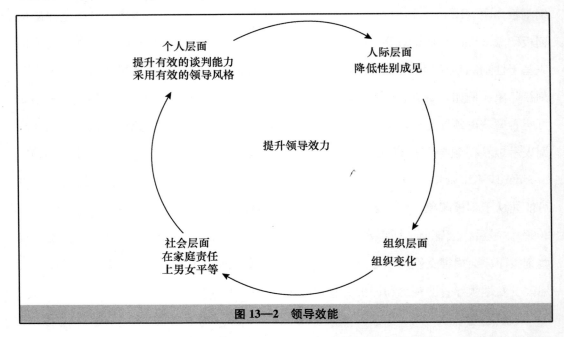

图 13—2　领导效能

虽然基于性别的劳动分工导致了领导差距，但是最近有证据显示，女性和男性在照顾孩子和承担家务方面更平等了（Eagly & Carli，2007）。在平衡工作和家庭生活时，对女性具有吸引力的办法是结构性角色的重新定义（Hall，1972）。这种方法涉及与家庭和同事重新讨论工作和家庭的角色期待。例如，在家庭中，女性可以和配偶协商彼此的工作量，与朋友和家人协作，而且如果可能的话，需要时可以雇人帮忙（Bowles & McGinn，2005）。在工作中，女性可以进行家庭友善式的改革，如提出实施就业保障的产假。除了工作—家庭问题，争取有价值的位置、经验和资源，也是走向最高领导层的重要的社会交往方式。因此，另一种减少领导差距的方法是提高女性的谈判能力和重组对她们有利的谈判（Bowles & McGinn，2005）。例如，研究表明"谈判"一词是女性的性别内涵之一，所以有种做法是培训女性将"谈判"构建成"咨询"这样无性别内涵的情景。

意识到迷宫的妇女可能绕过障碍，开创她们自己的事业（Wirth，2001）。妇女拥有的企业占所有私人企业的 40％，雇用超过 13 000 000 人，销售额约 1.9 万亿美元，有色人种妇女拥有的企业 2002—2008 年之间在所有私人企业中增长最快。妇女已经成功进入企业界，并正在通过改善领导而改变企业面貌。

许多妇女面临的领导障碍源于女性性别角色和领导角色的不协调。妇女面临着领导角色的双重标准：她们必须能力超群，并且又适当地展现男性所不具备的"女性化"（Eagly & Carli，2003）。妇女增加她们的热情和影响的一种方式是将包括温情和友爱的共同素质与包括超群能力和进取的代表性特质结合起来（Carli，2001；Rudman & Glick，2001）。此外，变革型领导风格对女性是特别有利的，因为它不是一个显著的阳刚风格。这种风格包括诸如体贴和支持的传统女性行为，又和领导效力有很强的联系（见本书第 9 章）。幸运的是，领导角色和女性性别角色之间的不协调似乎正在减少（Eagly & Carli，2007）。最近的研究表明女性变得更加男性化，例如，变得更加进取和有价值，权力也变成工作属性，又不失其女性特质（Konrad，Ritchie，Lieb，& Corrigall，2000；Twenge，2001）。此外，有证据表明，领导不再被认为是男性的专利，而是男性和女性共有的权力（Eagly & Carli，2007；Schein，2001）。

总之，妇女正越来越多地担当领导职务。随着组织的变化和为女性提供更多的发展机会，家庭责任中有更大的性别平等；妇女有更多的谈判权力，特别是关于工作与家庭平衡的权力；妇女和领导角色有更多一致性，将来我们会看到更多的女性担任精英领导职位。

女性领导理论有什么优势？

　　这项关于性别对领导影响的研究对于全面理解领导具有重要意义。关于性别和领导的现代研究方法涉及直接影响领导成功的问题，如男性和女性之间的风格和有效性的差异、妇女面临的各种障碍。性别是有效领导风格现代观念中的一部分，从传统的阳刚、专制作风演变为更女性化或男性女性都合适的民主和转换型领导风格。领导更加中性的概念将提高领导效能，通过给予人们机会去参与最好的领导实践，而不是限制人们的行为去适合自己的性别。

　　对性别和领导的研究是有作用的，消除了关于性别差距的神话，消除了难以看到且往往被忽视的性别障碍。例如，性别偏见一般不再明显，而更多的是微妙的偏见和歧视，这使得它们更有力、更有害。这些偏见负面地影响了女性的认知和评价，她们将自己限制在适合女性领导的范围内。此外，意识到这些偏见可能会威胁到处于领导地位的女性。只有当我们明白这些往往是微妙和变相的偏见时，克服组织和社会中这些问题所需要的改变才可能出现。

　　了解迷宫的许多组成部分将给予我们必要的工具，以打击来自许多方面的不平等，比如个人、人际、组织和社会的偏见。此外，这项研究从更大、更重要的方面来考虑性别和社会制度。例如，它承认了男性和女性之间固有的权力分工，并开辟了关于结构问题的对话，诸如社会上基于性别分工的工作问题。这项研究尽力了解性别和领导问题。我们可以帮助确保妇女有平等的机会获得有影响力的领导职务，确保组织和机构从最大的人才库中选择领导者，以及确保领导队伍中的性别多样性，以促进组织成功。

女性领导理论有什么缺点？

　　性别和领导问题包含在领导和多样性这个更普遍的主题之下。这个视角涉及理解不同的个人特征对领导的影响，比如——不局限于——性别、种族和民族（Chemers &

Murphy，1995；Hoyt & Chemers，2008），然而，与考察性别和领导的研究不同，对少数团体领导的研究还是不足的（Hoyt & Chemers，2008）。尽管围绕少数团体的一些问题和围绕女性的研究有些相似（例如，少数团体也面临不好的刻板印象，升至领导顶层很难），但是潜藏的动力学和机制无疑是截然不同的（Gurin，1985；Stangor，Lynch，Duan，& Class，1992）。领导学研究人员应该更注重于理解种族、民族和其他多样类型的作用，以及注重理解领导过程中重要的互动效应，例如种族和性别之间的互动效应（Smith & Stewart，1983）。

　　领导中的性别问题研究大多都在西方背景下进行，在其他背景下进行的关于性别和领导问题的研究不多。由于大多数的关于女性领导的调查结果来源于文化定义中女性在社会中的作用，很多本章讨论的结果可能不适用于女性角色不同的其他文化。因此，我们必须认识到关于性别和领导现存文献的有限性，研究人员应扩大其范围，从跨文化视角研究性别和领导问题。最后一个批评是美国国内方面缺乏必要的互补性的研究议程。关于性别和领导的研究侧重于减少领导位置的性别差距，从而减少在工作中的性别偏见，然而，如果没有共同的努力，领导差距将不会消失。

女性领导理论在实践中的应用

　　虽然性别差异对领导职位的影响力依然明显，但是有证据表明它已经开始消失。理解构成迷宫的障碍和消除不平等的策略，会使女性更容易到达最高职位。迷宫有许多障碍，所以必要的变化要在许多层面进行，包括从个人和人际层面到组织和社会层面。偏见在人际及个人层面中起着重要的作用，而处理这些偏见的第一步是要意识到别人和我们自己心中的偏见。女性面临的问题是需要用合适的"女性特点"加强她们的领导：采用诸如变革和后效奖赏行为方式，这是一种克服这些偏见很有效的方法。此外，女性的有效谈判技巧可以帮助她们获得在工作和家庭中需要的资源，以提升其领导地位。更大组织和社会层面也正在发生变化，这将有助于更大程度上促进领导中的性别平等。例如，组织文化的改变、女性的职业发展、培训女性的机会、女性人数在战略位置上的增加将会使女性更多地出现在重要领导岗位上。在社会层面上，在结构上更平等地分配子女抚养和家庭事务的责任，也将促进女性更多地进入精英岗位。

女性领导理论应用案例

在下面的部分中，呈现了三个案例研究（案例 13—1、13—2 和 13—3），供大家分析评价女性领导在团队组织中面临的实际情况。第一个案例是有关华尔街证券公司的一位市场分析员，第二个案例是缓刑监督官们的一次会议，第三个案例是关于一个制造公司的高级主管。在每个案例后都会提出一些问题帮助你分析这个案例。所有案例均选自布兰科和斯利普的著作（Blank & Slipp，1994）。

案例 13—1

"玻璃天花板"

莉萨·韦伯从不怀疑她能成为华尔街证券公司的股东。因为她毕业于一所著名的商学院，是经济学博士，还曾在大学里短暂任教。她是这家著名公司里第一位女性市场分析员。两年内她已经成为直接向高级股东报告的四位高级证券经理之一。她的客户都高度评价她的出色表现。过去两年里，她为公司带来了最大数额的账单。

尽管她的同事对她很钦佩，表面上也似乎接受她，但是即使是对她的恭维，也总有一种令人不安的成分。白天很多同事和一些股东经常到她的办公室里私下征求她对市场状况和金融预测的看法。她喜欢这些私人会议，但遗憾的是在每周的首席执行官和追随者参加的会议上，迈克尔·布雷耶通常会说："好吧，让我们开始吧，让我们听听莉萨对一些麻烦问题的意见。"没有同事和股东提到莉萨对证券市场是多么的了解。她也不对小瞧自己能力和证券知识的行为表示反对，更不会提到每天别人是怎样了解到她的观点的。作为管理层的唯一女性，她希望成为团队的一员，"一个小伙子"。

次年，一位同事被推举为股东，其实莉萨在账单量和开展新业务方面的表现都超过了他。莉萨一直没有得到她成为股东的消息，她决定找老板（股东之一）问个究竟。老板回答说："莉萨你做得非常好。但如果你成为了股东，犯了错误怎么办，你会怎么想，客户会怎么想，咱们公司 103 年以来就没有过女股东。"

过了没多久，另一位女性帕梅拉·托拜厄斯也被聘为市场分析员。有一次，当首席执行官看到莉萨和帕梅拉在一起时，他向男性们大声喊道："嘿，伙计们，两个女士在一个房间里。这太可怕了。"

接下来的半年里，因自己的出色表现，莉萨几次向 CEO 提出成为股东的要求。但最终发现这在目前是无望的。她决定离开，去开办一家自己的投资公司。

问题：

1. 莉萨面对哪些发展障碍？

2. 公司的高层管理人员，包括迈克尔应当怎样做才能留住莉萨？

3. 什么样的组织政策和机会可以使莉萨和帕梅拉受益？

4. 团队组织应当怎样提升迈克尔·布雷耶和莉萨的男同事们的性别意识？

案例 13—2

缺乏包容和诚信

洛里·布拉德利是一位经验丰富的缓刑监督官，她正准备和另两位监督官特德·斯托尔兹和伊恩·贝特曼，以及他们的上司兼首席监督官助理莱恩·杜根一起开会。他们准备为新来的监督官们策划一次指导会议，介绍怎样为法庭准备调查报告。

洛里进屋的时候，另两位监督官正在向对方扔纸片，嘲笑昨晚进行的一场联盟杯足球赛。他们似乎并没有看见她，继续高谈阔论。首席监督官助理莱恩进来后，这两位监督官拉他一起聊天。

过了一会儿，莱恩说："好吧，开始说正事。计划一下这次会议。有建议吗？"

洛里说："我重新研究了一下上次提到的哥伦比亚镇的会议，我觉得咱们可以采纳。会议效果很好，也很适合咱们。"没有人看她，也没有回应。特德提出了不同的建议，其他人开始就此发问。特德的建议似乎不合理，这时伊恩说："我认为可以效仿哥伦比亚镇，那个效果最好。"莱恩说："伊恩，我同意你的意见。"特德也说："我也是。伊恩，好主意！"

洛里插话了："但那最初是我提议的，可你们都不听。"伊恩说："洛里，别那么敏感。我们是个团队。"

问题：

1. 洛里遇到了哪些发展障碍？

2. 洛里的男同事在她进入房间时应该怎么做？

3. 莱恩应该如何表现，以便为洛里的男同事提供角色模型？在伊恩提出和洛里相同的建议后，莱恩应该说什么？

4. 团队组织该怎样提高四位管理人员的领导？

案例 13—3

怀孕，工作地位的障碍

玛琳·索斯洛是一家制造业公司的高级主管，她在该公司工作十年了，终于逐步上升到管理岗位。她想晋升到高层行政职位，并于最近读完了工商管理硕士学位，之前她获得了化学工程专业的硕士学位。

几个月前，她发现自己怀孕了。她不愿告诉老板罗伊·邦德，他也是该部门的负责人，因为她知道有几个孕妇在分娩前后被调离了她们的工作岗位。

在与罗伊讨论新产品的一次会议上，玛琳提到怀孕的事，并说她计划在分娩后请三个月的假期。她开始叙述她仔细考虑过的重新分配工作的事情。罗伊打断她说："我知道这是迟早的事，总是这样。"他说话的方式就犹如一场灾难即将发生："现在谈论这个没有意义，我们以后会考虑的。"

玛琳知道他对于将要发生的事情非常恼火。她可以猜到他的担心，她认为："罗伊难道不知道1993年颁布的《家庭和医疗休假法》（FMLA）吗？在法律上，这家公司就必须保证我的工作，但我知道他可以使事情变困难。"

问题：

1. 玛琳在发展中遇到的障碍是什么？

2. 当玛琳告诉罗伊她怀孕了，罗伊应该怎么说？

3. 罗伊能够做什么，以确保玛琳的工作在她离开期间处理好，并且离开不会影响她的晋升？

4. 能够采取什么类型的组织变化，使玛琳和这一组织中的其他孕妇受益？

领导性别偏见测量工具

内隐联想测验（IAT）是由安东尼·格林沃尔德（Anthony Greenwald）、马扎林·班纳吉（Mahzarin Banaji）、布赖恩·诺塞科（Brian Nosek）开发的，通过研究人们将图片或文字进行分类所需的反应时间来测评自动联系程度（Greenwald，McGhee，& Schwartz，1998）。这一性别内隐联想测验是在达古帕塔和阿斯卡里（Dasgupta & Asgari，2004）开发的一个测评版本的基础上修改而成的，用来研究性别偏见，偏见使得人们对女性当领导有成见（Eagly & Karau，2002）。

领导与性别内隐联想测验表

说明：这项测验以实践练习开始。用铅笔将中间一栏的每个词语归到花卉或昆虫这两个类别下，在左栏或右栏做上标记。请尽快做这个练习，注意不要跳过任何词语。

实践练习

花卉		昆虫
	玫瑰	
	百合	
	蜻蜓	
	甲壳虫	
	咬人的小虫	
	水仙	
	蚊子	
	雏菊	
	蟑螂	
	郁金香	

现在，你将要完成两个测试，你需要用一个秒表记录这部分测试的时间。测试的类别是男性或女性、领导者或支持者，分类将被合并。如果认为单词属于男性或领导者类别，在左栏做个记号，如果认为它属于女性或支持者类别，在右栏做个记号。你要用秒表记录你需要多长时间来完成这个任务，从最开始做题到最后完成分类。记住要尽快做这个练习，注意不要跳过任何词语。

测试试验 A

男性或领导者		女性或支持者
	艾米丽	
	乔希	
	支持者	
	领导者	
	布兰登	
	雄心勃勃	
	彼得	
	坚决的	
	唐娜	
	黛比	
	有帮助的	
	有活力的	
	理解	
	凯瑟琳	
	伊恩	
	有同情心的	
	体恤的	
	简	
	安德鲁	
	果断的	

完成测试 A 的时间：＿＿＿＿＿＿＿＿＿＿＿＿

你将这个任务重复做一遍，但这次的类别组合要颠倒过来。如果你认为这个词属于男性或支持者类别，在左栏做个记号，如果认为它属于女性或领导者类别，在右栏做个记号。同样，用秒表记录你需要多长时间来完成这个任务。

测试试验 B

男性或支持者		女性或领导者
	支持者	
	艾米丽	
	乔希	
	领导者	
	雄心勃勃	
	布兰登	
	彼得	
	唐娜	
	有帮助的	
	坚决的	

续前表

男性或支持者		女性或领导者
	有活力的	
	果断的	
	黛比	
	凯瑟琳	
	理解	
	伊恩	
	有同情心的	
	安德鲁	
	体恤的	
	简	

完成测试 B 的时间：_____

评分：

IAT 背后的逻辑是，当有些类别的配对不是常规的成见配对时（即女性或领导者、男性或支持者），如果你进行分类的时间越长，你就越自动地将女性和支持属性相联系，而不是和领导属性相联系。

性别偏见影响的计算方法是用完成试验 B（与刻板印象不一致的任务）的时间减去完成试验 A（与刻板印象一致的任务）所花费的时间。如果结果为正，则反映你自动将女性与支持属性相联系，将男性和领导属性相联系。许多人惊讶地发现，他们有这样的偏见：将男性和领导属性相联系。这个测试的目的是向人们表明，他们可能拥有他们没有意识到的性别联系，使人们了解这些偏见非常重要。请参阅哈佛大学的 IAT 网站（https：//implicit. harvard. edu）以获取更多关于 IAT 的信息和更详细的结果。

本章要点回顾

在 20 世纪 70 年代初，研究人员开始研究领导领域的性别差异。对领导风格的调查显示，有些女性较男性更可能运用民主和变革风格。探讨领导效能的研究表明，男性占主导地位的环境对女性略有不利，女性占主导的环境对女性略为有利。女性更多地使用有效转换和后效奖赏的行为。

女性担当重要领导职务的数量明显不足。女性在领导过程中所遇到的障碍被称为领导迷宫。消除这些障碍，将有助于确保机会平等，获得最大的人才库和多样性，有助于企业取得效益。对于领导的性别差异有很多解释。有一种解释集中关注女性在教育、培训和工作经验上缺乏人力资本投资。女性较男性受教育程度更低，或比他们更可能放弃工作或选择妈妈轨道，这一论点还没有实证支持。有证据表明，女性承担着更多的家庭责任，这会导致工作经验缺乏和更多的职业中断。此外，妇女接受正规培训较少，并比男性的工作发展机会要少。

另一种性别差距的解释重点关注男性和女性之间的不同。女性领导也同样有效，致力于她们的工作，或更想比男性获得领导角色。然而，女性不太可能自我促进，不太可能发起谈判，然而这都是所有领导者必须具备的在专业和家庭领域获得合适机会和资源的重要工具。最后，虽然男性女性之间有一些特性差异，但是这些特性对男性和女性担任领导角色来说各有优势。

用偏见来解释领导的性别差异是受到大力支持的，性别刻板印象认为男性应该当领导，而妇女则不一定，这种偏见特别不利于处于领导地位的女性。女性性别角色和领导角色之间的不协调导致对女性领导的偏见，和男性领导相比，他们得到的评价和关注更负面一些。这些偏见在选择精英领导的非结构化决策过程中尤其有害。认为男性应该当领导的刻板印象会威胁女性领导者，或对女性领导者表示反抗。有证据表明，这种差距正在减弱，因为领导这个职位变得更中性化，女性也变得更加具有代表性。

最后，还有一些走出迷宫的方法。组织中的变化——组织文化的改变、加强女性职业发展、增加有效的培训机会和女性担任更多的战略职务——已经开始使女性晋升到高层领导变得更加容易。有效的谈判将有助于减少性别差异，特别是在就工作和家庭中的角色期望进行谈判时。此外，代表性素质和温情素质的结合、转换型行为的使用都可以有效地开发女性领导潜力。

第 14 章

文化与领导

文化对领导有何影响?

正如标题所示，本章涉及文化和领导，主要研究文化定义、文化范围以及文化对领导过程的影响。本章不是集中于一个统一的理论，而是在一系列有关的思想上收集整理而成。

自第二次世界大战以来，全球化已经在整个世界范围内推进。全球化是指各个国家越来越相互依存（经济、社会、技术和政治），国与国之间有更多的国际贸易、文化交流；人们越来越相互关联，更多地使用全球电信系统。在过去十年，我们的学校、团体、社区比过去更加全球化。全球化的增长带来了许多挑战，包括需要设计有效的跨国组织，需要鉴别并为这些实体选择适当的领导者，需要组织和管理具有多元文化的追随者（House & Javidan, 2004）。全球化需要了解影响领导绩效的文化差异。

全球化还需要领导者具有跨文化意识并熟悉国际惯例。阿尔德和巴塞洛缪（Adler & Bartholomew, 1992）认为，全球领导者必须发展五个跨文化能力：第一，领导者必须了解商务、政治、世界各地的文化环境。第二，他们需要学习从不同角度看待各种文化现象、文化趋势以及许多其他文化的技术。第三，他们必须能够与来自不同文化的人们共事。第四，领导者必须能够适应其他文化的生活和沟通方式。第五，他们需要学会从文化平等而不是文化优势的地位来与其他人打交道（Adler & Bartholomew，1992，p. 53）。此外，汀-图梅（Ting-Toomey，1999）提出，全球领导者需要创建跨文化视野，需要培养沟通能力，能够在一个多样化的工作场所阐明和执行他们的理念。总之，如果领导者期望在当今的全球社会进行有效领导，他们需要获得某些能力来应对具有挑战性的工作。

这一章专门讨论文化如何影响领导过程。我们首先定义文化的相关概念。接下来描述文化维度、世界文化集群和这些集群的特点。然后，我们就会了解不同文化里的领导如何不同，了解哪种具体领导属性的文化被普遍认为是可取的或不可取的。最后，我们讨论这项研究的优点和缺点。

文化的定义

人类学家、社会学家和许多其他人已经辩论过文化这个词的意义。因为它是一个抽象的术语，很难界定，不同的人往往以不同的方式定义它。对我们而言，文化被定义为习得的信念、价值观、规则、规范、符号和一群人共有的传统。正是一群人共享的特质使得他们有独特性。文化是动态的，可以传递给其他人。总之，文化是生活方式、习俗以及一群人的习惯（Gudykunst & Ting-Toomey，1988）。

与文化有关的是多元文化（multicultural）和多样性（diversity）。多元文化意味着不只考虑一种文化，它指的是多种文化的同时存在，如非洲、美国、亚洲、欧洲和中东。多元文化也可以指由种族、性别、民族、性取向或年龄定义的次文化。多样性是指不同文化的存在或一个团体或组织中不同民族的存在。在本章中，我们将讨论与领导和多元文化相关的问题。

相关概念

在讨论文化的各个方面之前，本节先介绍两个与文化和领导密切相关的概念：民族中心主义和偏见。这些概念都可以影响领导者如何对待他人。

民族中心主义

顾名思义，民族中心主义是个人趋向于以自己的群体（民族、种族或文化）为中心，来观察别人和世界。人们往往会优先考虑和重视自己的信仰、态度和价值观。民族中心主义认为自己的文化比其他文化更优秀和自然，因此，看不到其他文化的独到视角。民族中心主义是一种普遍的趋势，我们每个人都在一定程度上具有民族优越感。

民族中心主义是一扇视觉窗口，一种文化的人透过这个窗口主观地或批评性地评价另一种文化的人（Porter & Samovar，1997）。例如，有些美国人认为美国的民主原则优于其他文化的政治信仰，他们往往无法理解其他文化的复杂性。民族中心主义还可以解释为什么我们倾向相信自己的文化价值观和处事方式是正确的和自然的（Gudykunst & Kim，1997）。

民族中心主义可能是有效领导的一个主要障碍，因为它无法充分理解和尊重别人的观点。例如，如果一个人的文化注重个人成就，那么这个人可能很难理解另一人的文化强调集体观念（即人们作为一个整体工作）。同样，如果一个人坚信尊重权威，那么这个人可能很难理解挑战权威或不轻易顺从权威。种族优越感越多，我们对其他文化的传统或做法就越少开放和容忍。

一个有技巧的领导无法避免与民族中心主义相关的问题。即使一个领导者承认自己的民族中心主义，他也需要了解和在一定程度上能够容忍别人的民族中心主义。实际上，这是领导者的平衡行为。一方面，他们需要促进并相信他们自己的做事方式，另一方面，他们需要尊重其他文化的合法性。在克服民族中心主义和知道何时保留自己的文化价值方面，需要有技巧的领导者仔细斟酌。

偏见

和民族中心主义密切相关的是偏见。偏见是指一个人对另一个人或团体在很大程度上持比较固定的态度、信念或情感，以错误的或未经证实的信息为基础，在以往经验的基础上判断其他人。偏见是顽固的看法，拒绝改变或接受与此相反的意见（Ponterotto & Pedersen，1993）。偏见往往在种族背景下来思考（例如欧裔美国人对非裔美国人），但它也适用于如性别、年龄、性取向方面或其他独立的环境。虽然偏见可以是正面的（例如，没有足够的证据高度赞扬另一种文化），但是它通常是负面的。

正如我们有民族中心主义一样，我们在一定程度上也都持有偏见。有时偏见使我们部分固定的态度不受打扰和能够持续。有时候，偏见可以减少我们的焦虑，因为它给我们一个熟悉的方式来评价他人。偏见的主要问题之一是：它是自我导向的，而不是他人导向的。它可以帮助我们以别人为代价来为自己获取平衡。此外，偏见的态度抑制理解，它通过创建一个屏幕，过滤和限制了我们能够看到的其他人多方面的素质。偏见经常是赤裸裸地对别人做出贬低的评价。民族中心主义和偏见干扰我们理解和欣赏其他文化人类经验的能力。

除了和偏见做斗争，领导者也面临着追随者偏见的挑战。这些偏见可能是针对领导者或针对领导者的文化。此外，领导者经常要面对代表几种不同文化的团体，这些团体有其自己的偏见。一个有技巧的领导者需要找到办法，以便与来自不同文化背景的追随者进行协商。

文化维度

文化一直是各种跨学科研究的焦点。在过去 30 年里，有相当数量的研究聚焦于如何识别文化的各个方面，并对此进行归类。确定不同文化的基本维度或特点是能够理解它们之间关系的第一步。

有几个著名的研究已经讨论了如何定性文化的问题。例如，霍尔（Hall，1976）认为，文化的一个主要特征是它们集中于个人（个人主义文化）或本团体的程度（集体主义文化）。特朗佩纳斯（Trompenaars，1994）用不同的方法调查了 47 个不同国家或地区的 15 000 多人，认为组织文化可以被有效地划分为两个方面：平等主义与等级主义、人际取向与任务取向。平等主义与等级主义指的是文化在何种程度上反对等级，共享权力。人际—任务取向是指文化在何种程度强调人际交往，而不是要完成的任务。

在所有的文化维度上，也许最有参考价值的研究是霍夫斯塔德（Hofstede，1980，2001）的研究。根据一项对来自 50 多个国家或地区超过 10 万份受访者的调查问卷的分析，霍夫斯塔德确定了五个主要方面的文化差异：权力距离、不确定性规避、个人主义—集体主义、男性化—女性化、长期取向—短期取向。霍夫斯塔德的工作是很多世界文化研究的基石。

在文化和领导的特定领域，由豪斯、汉格斯、贾维丹、多尔夫曼和盖普塔（House，Hanges，Javidan，Dorfman，& Gupta，2004）进行的研究提供了最强大阵容的调查结果，他们的研究汇编成书，书名为《文化、领导与组织：对 62 个社会的全球研究》（Culture，Leadership，and Organizations：The GLOBE Study of 62 Societies），总共 800 多页。这些研究被称为全球研究，是以《全球的领导和组织行为效用》的研究项目而命名的。这个全球研究催生出数不胜数的有关文化与领导的调查结果。

这个全球研究项目是罗伯特·豪斯在 1991 年发起的现在还在进行的项目，迄今已经有 160 多个调查者参与了研究。该项目的主要目的是为了加深对跨文化交流和文化对领导效能影响的理解。全球研究人员利用定量方法研究了 950 个组织里超过 17 000 位经理的反应，这些人代表世界各地 62 种不同的文化。全球研究人员通过多种方法收集数据，包括各种问卷调查、访谈和媒体印刷的目录分析。本章将更详细地提供这些全球研究的结果。

作为文化和领导学研究的一部分，全球研究者发展了他们自己对于文化维度的分类。根据他们和其他人的研究，全球研究人员确定了 9 个文化维度：不确定性规避、权力距离、宏观集体主义、微观集体主义、性别平等主义、进取、未来导向、绩效导向、人文导向。下面将对每一个层面进行阐述。

不确定性规避

这是指一个社会、组织或集团在一定程度上依赖约定俗成的社会规范、礼仪和程序以避免不确定性。不确定性规避利用规则、结构和法律让事情更加可以预见，减少不确定性。

权力距离

这是指一定程度上一个团体的成员期待并同意权力不平等分享。权力距离与文化分层的方式有关，基于权力、权威、声望、地位、财富、财产的不同而创造不同的层级。

宏观集体主义

这是指在一定程度上一个组织或社会鼓励机构或社会的集体行为。宏观集体主义关注的是文化是否用更广泛的社会利益而不是用个人的目标和成就来鉴别。

微观集体主义

这是指人们在其组织或家庭内一定程度上表达骄傲、忠诚和凝聚力。微观集体主义关注的是在一定程度上人们都致力于其组织或家庭。

性别平等主义

这是指在一定程度上某一组织或社团将性别角色差异最小化，以促进性别平等。性别平等主义关注的是在决定成员在家里、组织和社区的角色时，在多大程度上淡化人们的性别。

进取

进取指的是在何种程度上一种文化的人在社会关系中是坚定的、进取的、对抗的、敢作敢为的。进取是一个文化和社会在多大程度上鼓励人们要勇敢、积极进取、坚韧，而不是鼓励他们在社会关系中胆小、顺从和软弱。

未来导向

这是指人们在一定程度上从事面向未来的行为，如规划、投资于未来、延迟满足。未来导向强调，一种文化的人对未来做准备，而不是享受当前、顺其自然。

绩效导向

这是指在一定程度上某一组织或社团鼓励和奖励小组成员，以提高绩效和精益求精。绩效导向关注的是一种文化的人是否因为制定和达到具有挑战性的目标而获得奖励。

人文导向

第九个层面是指在一定程度上一种文化鼓励并奖励公正、无私、慷慨、爱心、善良。人文导向关注的是一个社会或组织在多大程度上强调关心他人、社会支持和共同价值观。

全球项目研究人员在研究中利用这九个文化维度来分析 62 个不同国家或地区的属性。这些文化维度形成了研究不同国家或地区不同领导方式的基础。

世界文化集群

全球项目研究者将他们收集的 62 个国家或地区的数据划分成区域集群。这些集群提供了一个方便的方法来分析文化团体（集群）之间的相似性和差异性，以做出关于文化和领导有意义的研究。

为了建立区域集群，全球项目研究者使用了前期研究、共同语言、地理、宗教与历

史记载。在这些因素的基础上，他们将这些国家或地区分为十个不同的集群：盎格鲁、
日耳曼欧洲、拉丁欧洲、撒哈拉沙漠以南的非洲、东欧、中东、儒家亚洲、南亚、拉丁
美洲和北欧（见图 14—1）。这十个区域集群被用在所有全球项目的研究之中。

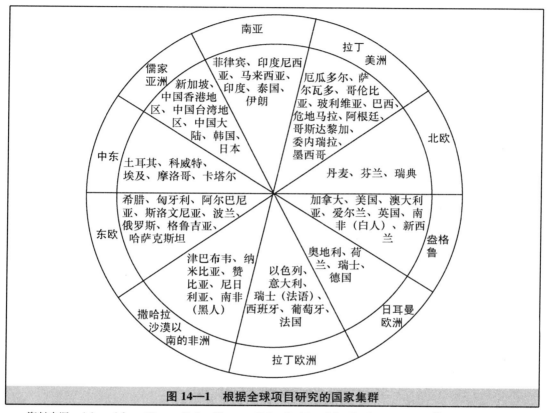

图 14—1　根据全球项目研究的国家集群

资料来源：Adapted from House, R. J., Hanges, P. J., Javidan, M., Dorfman, P. W., & Gupta, V. (Eds.), *Culture, Leadership, and Organizations: The GLOBE Study of 62 Societies,* © 2004, SAGE Publications, Inc. Reprinted with permission.

　　为了测试集群是否有效，研究人员对从每个集群收集来的问卷调查的数据进行了统
计分析。他们的研究结果显示，一个集群内的受访者的分数彼此相关，但和不同集群的
受访者的分数不相关。他们从这些发现中得出的结论是，每个集群是独一无二的。总
之，这些区域集群代表一个有效的和可靠的鉴别方法，可以将世界各地划入这十个不同
的集群。

集群特征

　　为了说明区域集群的特征，全球项目研究者使用前面描述的文化维度来分析每个区

域的数据。表14—1在研究人员对每个文化维度评分的基础上提供了文化分类。在这个表中，九个文化维度列在左边一栏，高分和低分区域集群在右边两栏。这些区域集群在某一个层面上的得分比其他区域集群的得分要高得多或低得多。从这些数据中，可以得出关于这些区域集群的一些特征。

表 14—1　　　　　　　　　　　　　基于文化维度分类的文化集群

文化维度	高分集群	低分集群
进取	东欧 日耳曼欧洲	北欧
未来导向	日耳曼欧洲 北欧	东欧 拉丁美洲 中东
性别平等主义	东欧 北欧	中东
人文导向	南亚 撒哈拉沙漠以南的非洲	日耳曼欧洲 拉丁欧洲
微观集体主义	儒家亚洲 东欧 拉丁美洲 中东 南亚	盎格鲁 日耳曼欧洲 北欧
宏观集体主义	北欧 儒家亚洲	日耳曼欧洲 拉丁美洲 拉丁欧洲
绩效导向	盎格鲁 儒家亚洲 日耳曼欧洲	东欧 拉丁美洲
权力距离	无	北欧
不确定性规避	日耳曼欧洲 北欧	东欧 拉丁美洲 中东

资料来源：Adapted from House, R. J., Hanges, P. J., Javidan, M., Dorfman, P. W., & Gupta, V. (Eds.), *Culture, Leadership, and Organizations: The GLOBE Study of 62 Societies*, © 2004, SAGE Publications, Inc. Reprinted with permission。

盎格鲁

盎格鲁集群包括加拿大、美国、澳大利亚、爱尔兰、英国、南非（白人）和新西兰。这些地区或种群在绩效导向方面得分较高，在微观集体主义方面得分较低。这意味着这些国家或地区的特点是具有竞争力和以结果为导向，但和其他国家或地区相比而言，不太重视其家庭或同类群体。

儒家亚洲

这一集群包括新加坡、中国香港地区、中国台湾地区、中国大陆、韩国和日本。这些国家或地区在绩效导向、宏观集体主义、微观集体主义层面得分高。这些国家或地区追求成效，鼓励小组一起工作，集体目标高于个人目标。这些国家或地区的人民有献身精神，对家庭忠诚。

东欧

这一集群包括希腊、匈牙利、阿尔巴尼亚、斯洛文尼亚、波兰、俄罗斯、格鲁吉亚和哈萨克斯坦。这些国家或地区在进取、微观集体主义和性别平等主义方面得分高。它们在绩效导向、未来导向、不确定性规避方面得分较低。这一组群的人往往是强有力的，支持他们的同事和平等地对待男性和女性。他们较少注重成效，重视战略规划，并强调以规则和法律来维持秩序。

日耳曼欧洲

日耳曼欧洲集群包括奥地利、荷兰、瑞士和德国。这些国家或地区在绩效导向、进取、未来导向和不确定性规避方面得分高。它们在人文导向、宏观集体主义和微观集体主义方面得分低。这些国家看重竞争和进取，而且更注重结果，不太以人为本。它们喜欢计划并投资未来，使用规则和法律来控制环境。同时，这些国家或地区更容易产生个人主义，群体性特征少。它们往往不强调广泛的社会群体。

拉丁美洲

拉丁美洲集群包括厄瓜多尔、萨尔瓦多、哥伦比亚、玻利维亚、巴西、危地马拉、阿根廷、哥斯达黎加、委内瑞拉和墨西哥。这些国家或地区的人们在微观集体主义方面得分高，在绩效导向、未来导向、宏观集体主义和不确定性规避方面得分低。这些国家或地区的人们往往会对他们的家庭和类似团体忠心耿耿，但对正式机构和社会团体不感兴趣。

拉丁欧洲

这个集群包括以色列、意大利、瑞士、西班牙、葡萄牙和法国。拉丁欧洲集群在这些文化维度上表现较为温和，高分文化维度很少，但是他们在人文导向和宏观集体主义方面得分较低。这些国家或地区的特点是重视个人自主、鼓励个人自由、追求个人目标，不太重视社会集体。

中东

这个集群包括卡塔尔、摩洛哥、埃及、科威特和土耳其。这些国家或地区在微观集体主义方面得分高，在未来导向、性别平等主义以及不确定性规避方面得分低。这些国家或地区的人们往往为他们的家人和组织感到自豪。他们具有献身精神，忠于自己的国家和人民。此外，这些国家或地区一个共同的特点是以截然不同的方式对待不同性别的人。妇女比男性的身份低，很少有女性处于权威领导位置。中东集群不强调有序性和连贯性，不严重依赖政策和程序。他们有一种关注当前问题而不是试图计划未来的倾向。

北欧

北欧集群包括丹麦、芬兰和瑞典。这些国家或地区表现出几个鲜明的特点。这一组群在未来导向、性别平等主义、宏观集体主义和不确定性规避方面得分高，在进取、微观集体主义和权力距离方面得分低。北欧人民非常注重长远成功，妇女能获得更平等的待遇。北欧人更多认同广泛社会，较少认同家庭群体。北欧集群看重规则、有序和连贯性，赞成谦虚、温柔，而不太看重进取。社会所有阶级平等享有权力。北欧人高度重视合作和社会层次的群体特征。

南亚

南亚群体包括菲律宾、印度尼西亚、马来西亚、印度、泰国和伊朗。这些国家或地区在人文导向和微观集体主义方面得分高。南亚集群的特点是对家庭极度忠诚，非常关心自己的社区。

撒哈拉沙漠以南的非洲

撒哈拉沙漠以南的非洲地区组群包括津巴布韦、纳米比亚、赞比亚、尼日利亚和南非（黑色人种）。这些国家或地区在人文导向方面得分高。在撒哈拉沙漠以南的非洲，人们普遍都十分关心他人，对他人的喜怒哀乐很敏感。对家人和朋友的关注比对自我的关注更重要。

领导行为与文化集群

全球项目研究总的目的是确定人们如何从不同的文化来看待领导。此外，研究人员想要确定文化特征是如何与领导行为背后的文化相关的。总之，他们希望了解文化差异与领导的方法差异是如何相关的。

全球研究人员使用的领导概念部分源于罗德和马赫（Lord & Maher，1991）1991年的隐形领导理论。根据隐形领导理论，个人对于领导者和非领导者、有效领导者和不力领导者持有隐含的信念和信仰。从这一理论的角度来看，领导被旁观者看在眼里（Dorfman，Hanges，& Brodbeck，2004）。领导是指当领导者表现领导行为的时候，他们从别人眼里看到的评价。

为了阐述不同文化如何看待其他文化的领导行为，全球研究人员确定了六种全球领导行为：魅力/价值为基础、团队导向、参与式、人文导向、自主和自我保护（House & Javidan，2004）。这些全球领导行为在研究中的定义如下：

魅力/价值为基础的领导反映了鼓舞士气的能力，基于强烈的核心价值观激励和期望别人优秀表现的能力。这种领导包括高瞻远瞩、鼓舞人心、富有牺牲精神、值得信赖、具有决定性和以绩效为导向。

团队导向的领导强调团队建设，团队成员之间有共同的目标。这种领导包括协同、一体化、外交技巧、尽职尽责和行政能力。

参与式领导反映了领导在何种程度上参与制定决策和执行决策。它包括参与、不专制。

人文导向的领导强调领导支持、体贴、富有同情心并且慷慨大方。这种领导类型包括谦虚、关心他人。

自主和自我保护的领导反映了确保领导者和团体安全的行为。这样的领导以自我为中心、有地位意识、独立自主和注重程序化。

这六种全球领导行为产生于全球研究，被用来评估各种文化集群看待领导的不同方式。依据这些分析，他们能够确定每一个集群的领导特征。每个特征反映出文化集群的相对重要性和必要性，即不同的文化对应不同的领导行为。十个文化集群对应的领导特征如下：

东欧的领导特征

对于东欧国家或地区，一个理想的领导者首先最主要的是独立，同时强烈地保护他的领导者地位（见表 14—2）。此外，领导者将适度地以魅力/价值为基础，以团队为本，注重人性化，但在决策过程中非常不希望其他人参与。总之，这种文化的领导者高度自主，独立决策，并在一定程度上鼓舞人心，以团队为导向，重视人的需要。

表 14—2　　　　　　　　　　文化集群和期望的领导行为：东欧

东欧	自主的领导
	自我保护的领导
	魅力/价值为基础的领导
	团队导向的领导
	人文导向的领导
	参与式的领导

资料来源：Adapted from House et al. (2004)。

拉丁美洲的领导特征

和东欧国家或地区非常不同，拉丁美洲的国家或地区最重视魅力/价值为基础、团队导向、自我保护的领导，最不重要的是自主领导（见表 14—3）。此外，这一集群一般重视参与式和人文导向。拉丁美洲集群的领导特征是以魅力/价值为基础，但有点自私，一般程度的合作和一般程度的鼓舞人心。这些领导者对人文导向和对人们的决策参与不是那么感兴趣。

表 14—3　　　　　　　　　　文化集群和期望的领导行为：拉丁美洲

拉丁美洲	魅力/价值为基础的领导
	团队导向的领导
	自我保护的领导
	参与式的领导
	人文导向的领导
	自主的领导

资料来源：Adapted from House et al. (2004)。

拉丁欧洲的领导特征

拉丁欧洲集群重视魅力/价值为基础、团队导向、参与式、自我保护（见表14—4）。独立的领导和人文导向的领导在这一集群中被淡化。简而言之，拉丁欧洲集群的领导以鼓舞人心、协作、参与、自我导向为核心，但不太具有同情心。

表 14—4　　　　　　　　　文化集群和期望的领导行为：拉丁欧洲

拉丁欧洲	魅力/价值为基础的领导
	团队导向的领导
	参与式的领导
	自我保护的领导
	人文导向的领导
	自主的领导

资料来源：Adapted from House et al.（2004）。

儒家亚洲的领导特征

儒家亚洲的领导者的特征是自我保护、团队导向、人文导向（见表 14—5）。这种类型的领导者虽然独立，并且在一定程度上是鼓舞人心的，但通常不会邀请其他人参与目标设定或决策制定。总之，儒家亚洲的领导特征是勤奋工作、关心别人，但是不会参考其他人的意见，而是利用自己的权力和职位独立做决定。

表 14—5　　　　　　　　　文化集群和期望的领导行为：儒家亚洲

儒家亚洲	自我保护的领导
	团队导向的领导
	人文导向的领导
	魅力/价值为基础的领导
	自主的领导
	参与式的领导

资料来源：Adapted from House et al.（2004）。

北欧的领导特征

北欧理想的领导是富有远见、参与性强、有点独立、具有外交才能（见表 14—6）。对于这些国家或地区来说，人文导向和自我保护不被重视。北欧人喜欢的领导者是能够鼓舞人心、让其他人参与决策。他们不期望其领导者极其富有同情心，他们也不期望领导关心地位问题、以自我为中心。

表 14—6　　　　　　　　　文化集群和期望的领导行为：北欧

北欧	魅力/价值为基础的领导
	参与式的领导
	团队导向的领导
	自主的领导
	人文导向的领导
	自我保护的领导

资料来源：Adapted from House et al.（2004）。

盎格鲁的领导特征

盎格鲁的领导特别重视魅力/价值为基础和参与式，敏感性强（见表 14—7）。换一种方式来说，盎格鲁国家或地区希望领导者非常能够激励人、富有远见、不独裁、体贴别人。此外，它们认为一个领导者应该以团队为导向，独立自主。盎格鲁国家或地区最不重视的是自我保护。它们相信如果注重地位、倾向节俭，领导者就会被视为是没有效率的。

表 14—7　　　　　　　　　文化集群和期望的领导行为：盎格鲁

	魅力/价值为基础的领导
	参与式的领导
盎格鲁	人文导向的领导
	团队导向的领导
	自主的领导
	自我保护的领导

资料来源：Adapted from House et al. （2004）。

撒哈拉沙漠以南的非洲的领导特征

对于撒哈拉沙漠以南的非洲，一个理想的领导者是温和的、富有同情心和敏感的人（见表 14—8）。此外，他们认为一个领导者应该是以魅力/价值为基础、团队合作、参与性强和自我保护。领导者独立行事或单独采取行动在这些国家被视为效力低下。总之，像许多其他国家或地区一样，撒哈拉沙漠以南的非洲认为有效的领导是人道的。这些国家或地区的人们相信领导者要鼓舞人心、协作，而不是过于以自我为中心。撒哈拉沙漠以南的非洲的领导如果独立行事，会被认为是没有效力的。

表 14—8　　　　　文化集群和期望的领导行为：撒哈拉沙漠以南的非洲国家

	人文导向的领导
	魅力/价值为基础的领导
撒哈拉沙漠以南的非洲	团队导向的领导
	参与式的领导
	自我保护的领导
	自主的领导

资料来源：Adapted from House et al. （2004）。

南亚的领导特征

南亚的领导特征和儒家亚洲的领导特质很相似。他们都重视自我保护、以魅力/价值为基础、人文导向、团队导向。他们都觉得参与式领导没有效力（见表 14—9）。

南亚国家或地区不同于儒家亚洲国家或地区的是他们相信魅力是一个重要的领导属性。南亚国家或地区认为有效的领导是协作、鼓舞人心、对人们的需求很敏感、看重地位和节俭。此外，他们相信专制的领导者往往比邀请他人参与决策制定的领导者更有效。

表 14—9　　　　　　　　　　文化集群和期望的领导行为：南亚

南亚	自我保护的领导
	魅力/价值为基础的领导
	人文导向的领导
	团队导向的领导
	自主的领导
	参与式的领导

资料来源：Adapted from House et al.（2004）。

日耳曼欧洲的领导特征

在日耳曼欧洲集群，理想的领导风格是让其他人参与决策，但同时能鼓舞人心和独立自主（见表 14—10）。理想的领导者将是一个独特的、有远见的人，自主、以魅力/价值为基础、具有参与性、人性化和团队精神，而不是在意地位或面子。

表 14—10　　　　　　　　　　文化集群和期望的领导行为：日耳曼欧洲

日耳曼欧洲	自主的领导
	魅力/价值为基础的领导
	参与式的领导
	人文导向的领导
	团队导向的领导
	自我保护的领导

资料来源：Adapted from House et al.（2004）。

简言之，日耳曼欧洲国家或地区认为有效的领导以参与式、魅力和自主为基础，但是不看重面子和其他以自我为中心的特征。

中东的领导特征

中东国家或地区的领导特征与其他文化集群的领导特征大不相同（见表 14—11）。中东国家或地区认为自我属性比如面子和地位，是有效领导的重要特征。它们还重视独立和家庭。然而，它们认为以魅力/价值为基础、团队导向、参与决策对有效领导来说不太重要。总之，中东领导强调地位和面子，不太看重魅力/价值为基础和团队导向的领导。

表 14—11　　　　　　　文化集群和期望的领导行为：中东

中东	自我保护的领导
	人文导向的领导
	自主的领导
	魅力/价值为基础的领导
	团队导向的领导
	参与式的领导

资料来源：Adapted from House et al.（2004）。

普遍受欢迎和不受欢迎的领导属性

全球研究项目中最有趣的成果之一是发现了 62 个国家或地区 17 000 多人普遍认可的积极有效的领导特征。全球项目研究的受访者提到了 22 个受重视的领导属性（见表 14—12）。这些属性被普遍认为是优秀领导的特质。

表 14—12　　　　　　　普遍受欢迎的领导属性

积极领导属性		
信任	公平	诚实
有远见	提前计划	鼓舞人心
积极	精力充沛	激励
建立信心	动力	可靠
智慧	果断	有效的谈判者
双赢解决问题者	沟通	见识多广
行政技巧	合作	团队建设者
追求卓越		

资料来源：Adapted from House, R. J., Hanges, P. J., Javidan, M., Dorfman, P. W., & Gupta, V. (Eds.), *Culture, Leadership, and Organizations: The GLOBE Study of 62 Societies*, © 2004, SAGE Publications, Inc. Reprinted with permission.

在这个认可属性列表的基础上，我们可以描绘出一个几乎每个人都认为是优秀的领导者的画像。这样的领导者高度诚信、以魅力/价值为基础，并具有人际关系技能（Dorfman et al.，2004）。

全球研究项目还确定了被普遍视为有效领导障碍的属性列表（见表 14—13）。这些特征反映出一个无效的领导者是自私的、恶意的、以自我为中心。显然，所有文化的人们都认为这些特点会阻碍有效的领导。

表 14—13　　　　　　　　　　　　　普遍不受欢迎的领导属性

消极领导属性		
不合群	自私	不合作
易怒	含糊	以自我为中心
无情	独裁	

　　资料来源：Adapted from House, R. J., Hanges, P. J., Javidan, M., Dorfman, P. W., & Gupta, V. (Eds.), *Culture, Leadership, and Organizations*: *The GLOBE Study of 62 Societies*, © 2004, SAGE Publications, Inc. Reprinted with permission。

文化—领导关系理论有什么优势？

　　虽然本章对文化和领导的探讨并不能代表一个统一的领导理论，但它的研究还是具有一些优势。第一，这项研究的范围是一个重要优势。为了进行这项研究，收集的资料涵盖了 170 名社会科学家，代表了世界各地的 62 个国家或地区，包括了 951 个组织中的 17 300 名管理人员。全球项目是一项巨大的工程，研究成果很有说服力地展示了世界各地的文化如何看待领导。

　　第二，全球研究的结果是有价值的，因为它们来源于完善发达的定量研究设计。在领导文献中，有许多定性研究比较狭隘地关注在某些国家或地区的人们如何看待少数的领导观念。尽管这些研究有助于我们了解文化和领导，但它们在范围和综合方面还是有限。相比之下，全球项目的优势在于研究人员使用一种定量设计和管理标准化工具，来评估 62 个国家或地区的领导和文化维度。因此，全球研究领导的结果在世界上的文化和文化之间是可以进行归纳的。

　　第三，全球研究提供了一个文化维度的分类，较之普遍被使用的霍夫斯塔德分类系统更广阔。尽管霍夫斯塔德的五个维度（权力距离、不确定性规避、个人主义—集体主义、男性化—女性化、长期取向—短期取向）区分了文化差别，但是全球研究确定了九个文化维度（不确定性规避、权力距离、宏观集体主义、微观集体主义、性别平等主义、进取、未来导向、绩效导向、人文导向）。虽然全球研究九个维度中有七个维度起源于霍夫斯塔德的维度分类，但全球研究通过扩大分类系统，提供了一个更广泛、更详尽的方式来阐述文化维度。

第四，全球研究对于什么是普遍被接受为好的和坏的领导提供了有用的信息。显然，多数文化的人们认为好的领导以诚信为本、有魅力和人际交往能力。相反，他们认为不好的领导自私、专制、缺乏沟通。这些积极的和消极的属性有助于了解世界上的人民如何看待领导。

第五，文化和领导研究强调了领导过程的复杂性，以及它如何受到文化的影响。全球研究的数据让我们每个人不仅仅从我们自己的种族优越感视角去看待领导，相反，我们要扩大视野，了解世界上不同地区的人们看待领导的多样化方式。有很多方式来看待领导和文化的融合，文化和领导研究帮助我们扩大和发展了对领导过程更加丰富的理解。

文化—领导关系理论有什么缺点？

对文化和领导的研究也有一些弱点。首先，尽管全球研究得到了众多的对不同文化中领导观念的调查结果，但该研究没有提供一套明确的假设和命题，以形成一整套关于文化和领导关系或文化影响领导过程的统一理论。

第二个批评针对研究者用来分类并确定某些文化维度和领导行为的方式。例如，不容易明白什么是"权力距离"方式，也不清楚"自我保护"的意思。因为这些术语的含义有点含糊，有时很难充分理解或解释和文化与领导有关的结果。

第三种批评意见涉及全球研究中的领导概念。在这些研究中，研究人员使用的一种领导概念是基于罗德和马赫（Lord & Maher，1991）在他们的隐形领导理论中提出的概念。这种方法从信息处理的角度来看待领导，比如个人对领导者所拥有的隐含的信仰和信念。换言之，根据这一理论，领导是被旁观者视为领导者的过程。然而，用这种方式看待领导是有限制的：它重点关注人们对领导的认识，而忽略了从领导者做什么的角度来看待领导的大量的研究理论（例如转换型领导、路径—目标理论、技能和风格）。研究不同文化背景的人如何看待领导是有价值的，但还需要进一步研究领导在不同的文化中是如何进行的。

另一个批评意见涉及全球项目的研究人员衡量领导的方式。他们选择六种全球领导行为（即魅力/价值为基础、团队导向、参与式、人文导向、自主和自我保护的领导行为），这些领导行为源于对受试者反应的分析，受试者被问到几百个属性中他们相信哪些属性和杰出领导有关。这六种全球领导行为由一系列的次标准来衡量。然而，此标准代表了范围十分广泛的行为，因此，衡量领导的精度和效度难以平衡。

最后，全球研究项目提供了一个普遍可取和不可取的领导属性列表。全球研究中鉴定的属性和我们第 2 章中讨论过的特征列表有可比性。然而，单用这种特征方法，而不考虑领导行为发生的环境，很难确定出一套普遍的属性。全球研究倾向于建立一套孤立的有效领导者的特征属性，而没有考虑情境效应的影响。

文化—领导关系理论在实践中的应用

关于文化和多样性的培训项目已经流行了很多年。例如，培训和发展领域开展了品种繁多的项目，教授文化敏感性和处理与文化差异有关的分歧。这些项目的核心是教人们识别不同文化的细微差别和不同特色，以及如何对不同国家的人和文化保持敏感。

本章的结论对领导能力培训有启示作用。理解文化问题，在有些方面是有益的（Bing，2004）。第一，有关文化的研究结果可以帮助领导者认识自己的文化偏见和喜好。了解自己的喜好是理解其他文化背景的人有不同偏好的第一步。

第二，研究结果帮助领导者了解怎样才是一个优秀的领导者。人们希望领导者为他们做些什么，不同的文化有什么不同的想法。这些发现有助于领导者调整他们的风格，以便于在不同的文化背景下更有效。

第三，本章的研究结果可以帮助全球领导者更有效地跨越文化和地域的界限进行沟通。通过了解文化差异，领导者可以更恰当、更准确地与他人沟通。

文化和领导研究也可以应用于实践。它已被用于建立文化敏感网站、设计以追随者为本的新项目、改善全球团队效能，并促进跨国并购的执行情况等。这些例子明确表明了对文化和领导的研究可以广泛应用于多种工作场所。

文化—领导关系理论应用案例

本节提供了三个案例研究（案例 14—1、14—2 和 14—3），反映出不同文化背景下的领导。第一个案例是关于一个大学生在一家日本汽车公司的实习。第二个案例介绍了一家中西部小银行如何开发一个独特的伊斯兰融资方案。最后一个案例介绍了两个非营利组织董事会成员如何运作一个资本项目，为西班牙裔社区的一个消防局翻新。每个案例之后都提出了一些问题，帮助你思考文化问题是如何与领导过程相关的。

案例 14—1

一个具有挑战性的工作场所

大学生萨米拉·田中作为一个校园组织的领导者常常领导其他人一起做项目，她做事很严谨。她强烈的工作道德使她得以在一家日本汽车公司实习。

在给她安排实习岗位时，萨米拉得知，日本公司历史上员工的种族和性别较单一。日本女子作为劳动力并不像在北美那样普遍。为了适应北美标准，日本子公司已制定完善了多样性政策。例如，萨米拉跟踪调查了公司的供应基地少数族裔企业的作用。该公司还投资经济落后地区的当地企业。在日本，投资当地社区已经是一个重要的商业价值观，所以对于萨米拉所在的公司，这是一个简单的适应。

这家日本公司的企业文化是日本和北美结合的独特风格。北美的追随者工作时间比日本的雇员少。在办公室，追随者听到日语和英语是很常见的。然而，管理层仍有一些内部冲突。日本顾问重点关注团队达成共识，这往往导致决策缓慢。北美工人往往没有足够的计划就匆忙开展项目，从日本经理和北美经理那里得到的反馈是间接的。

萨米拉成功地完成了两个实习周期，即将从大学毕业。她的新经理经常要她跟进其他团队成员来完成后期工作，所以她积极主动地与团队成员一起开展工作。萨米拉一直以为她邀请其他人共同参与决策过程是件好事。她总是就如何更好地做事情发表她的意见，有时甚至擅自决定改变进程。虽然认为自己是一个新型的领导者，但萨米拉总是淡化她的野心。在学校，作为一个进取的女性领导者，她常常被世俗消极地看待，她不想在工作中也被人那样看待。

她工作中的一些同龄人劝她说，考虑在她家附近的一个小镇工厂工作是很重要的，因为这将离她的家人更近。然而，她对这样的建议不以为然。萨米拉认为，在一个大城市附近或从事一份常常旅行的工作更加令人兴奋。她认为和她的同龄人讨论她的家庭考虑和未来的工作需要是不适宜的。

在最后实习快要结束时，萨米拉收到一名高级经理的表现评价表。她的经理称赞她非常可靠，期限规划得很好，在她完成整个任务过程中很能干。不过，他也告诉她，她是越来越被视为太爱出风头，不是一名团队成员，而且往往不按顺序发言，这往往让她的同龄人很生气。

萨米拉从来不认为她在工作中是这个样子，不明白为什么她被视为与公司"合作"的核心价值不一致。成绩优秀和校园活动的领导实践使她得到了实习机会，但是，这种评价导致她怀疑是否要在毕业后到这家公司工作。

萨米拉最终意识到，她工作的场所和她习惯的校园氛围不一样。如果她想成为单位新型的领导者，她必须要更好地适应新环境。

问题：

1. 你知道美国和日本的工作作风有什么异同？
2. 这家公司在哪些方面反映了儒家亚洲的特征？
3. 你认为为什么萨米拉不被视为一名团队成员？
4. 萨米拉展现了什么样的普遍领导属性？
5. 在这种情况下，你对萨米拉还有什么其他的建议？

案例 14—2

一类特殊的融资

中央银行是中西部一家小型储蓄和贷款机构，它管理着 30 亿美元的资产。它的竞争对手是 16 家其他金融机构，大多数其他机构都拥有庞大的财产。为了更好地服务客户和吸引更多客户，中央银行对当地居民进行了金融需求调查。

这项调查显示了一些有趣的和文化相关的信息。穆斯林是社会中数量相当大的少数族裔，占总人口约8%。然而，对银行注册的审查结果显示，很少有穆斯林在中央银行存钱，如果有的话也是微乎其微。调查结果令人费解。鉴于在社区有大批穆斯林，管理层很疑惑为什么没有穆斯林在中央银行办理业务。

为了回答这个问题，中央银行邀请了当地一些穆斯林讨论他们关于融资的想法，并让他们评价银行提供的金融服务。这次会议令银行管理层大开眼界。穆斯林关于银行的想法和西方关于银行传统的信仰大不相同。

在讨论过程中，管理层了解到，伊斯兰教的原则强烈影响穆斯林对银行的态度和行为。伊斯兰的金融原则是14世纪以前古兰经中规定的。例如，古兰经法律禁止支付或收取利息。这些原则强调，金钱只是一种交换的媒介，而不应被用来赚更多的钱。从伊斯兰的角度来看，商业风险中人的因素比用来冒险的钱更为重要。此外，根据伊斯兰金融原则，资本提供者和资金使用者应平等地分享创业风险。

穆斯林关于金融的这些想法和中央银行关于金融的想法不同，中央银行不习惯于穆斯林将金钱看作交换的媒介。通过这些有启发性的讨论之后，中央银行管理层面临的挑战是开发一个融资方案，与伊斯兰金融原则的态度和价值观更相符合。

为了吸引穆斯林顾客，中央银行创建并开始提供两种新类型的抵押贷款融资，称为伊贾拉和穆拉巴哈营利销售。伊贾拉是一个财务计划，银行为客户购买一套房子，并租赁给客户，客户支付租金和部分的购房资金。穆拉巴哈营利销售是一个交易，银行购买一套房子，签订协议卖给客户，客户支付15年到30年的分期付款。伊贾拉和穆拉巴哈营利销售与伊斯兰教禁止穆斯林支付或收取利息的信仰是一致的。在这两种类型的交易中，金钱用于购买有形的东西，但金钱不用来赚钱。中央银行得到了来自美国和世界主要伊斯兰法律学者的认可：任何这种类型的融资都是有效的。

中央银行伊斯兰融资计划很受欢迎。尽管中央银行在实施这些计划方面取得了成功，但它也遇到了阻力。有些人对专门针对穆斯林人口的特殊融资方案表示强烈不满。其他人反对它，则是因为它混淆了信心问题和公共财政。然而，阻力并没有停止中央银行的融资计划。中央银行很自豪地成为该国以这种方式服务于伊斯兰社会需要的唯一一家银行。

问题：

1. 你认为美国的银行为什么迟迟没有提供明确针对穆斯林的融资方案？
2. 你认为给少数群体提供银行特殊服务的机会是公平的吗？
3. 种族优越感在这种情况下是如何发挥作用的？
4. 微观集体主义和中央银行的融资计划是如何相关的？
5. 你认为其他银行对中央银行的做法有何反应？

案例 14—3

西班牙裔中心是谁的？

江城是在中西部地区迅速发展起来的城市，人口大约 20 万，还在以每年约 5％的速度递增。这是一个多样化的社会，种族构成分布为：65％是白人，20％是非裔美国人，13％是西班牙裔，2％是土著美国人。江城的西班牙裔人口是所有种族中增长最快的一个种族，以每年约 10％的速度增长。

西班牙裔社区的代表是一个非营利性组织西班牙裔中心，通过各种项目服务于西班牙裔社区和更广泛的江城社会的需要。公司董事会和执行董事负责管理西班牙裔中心。两位新任命的董事会成员已经领导了中心的转型，包括翻新物理设施和转移项目服务的重点。玛丽·戴维斯是新成员，在邻里发展方面很有经验，何塞在市政府管理方面很有经验。董事会由 15 人组成，其中 10 人为西班牙裔，5 人为非西班牙裔。

西班牙裔中心拥有的一栋旧建筑拟进行翻新，以使该中心有更多的空间开设办事处和开展社区项目（例如教育规划、文化认同能力、领导能力培训和法律服务）。在一系列的社区论坛上，人们已经表达了对该建筑的需要。该建筑是一个旧的消防站，已经封存了 15 年，西班牙裔中心从江城政府手中花了一美元购买了该建筑。虽然消防站的地理位置很优越，位于西班牙裔社区中心，但还是需要对建筑进行完整的翻新。

为了筹集翻新资金，董事会发起了全市资本集资运动。该运动的目标是筹集 140 万美元，来对该建筑进行完整的、一流的翻新。

除了常规的工作外，玛丽和何塞全力以赴开展筹款运动。在短短 6 个月里，他们利用其多样的技能，成功地为项目筹集到了 130 万美元（其中大部分来自私人基金会和公司），只差 10 万美元仍待筹集。一些领导者和董事会成员对新社区中心有可能建立越来越兴奋。因为装修大楼要使用最新的绿色环保建筑技术，这些技术对环境无害，是健康的和高效的建设模式，他们因此更加兴奋了。

为了筹集最后的 10 万美元，玛丽和何塞提出了一系列新的筹款活动，重点针对主要来自西班牙裔社区的小额捐助者（如 10 美元、20 美元或 30 美元的捐助者）。他们在当地酒店举行了一次正式活动，门票费用每人 75 美元。就在活动之前，玛丽和何塞遇到了一些阻力，他们对于翻修的激动心情慢慢缓和下来。

在一次董事会会议上，董事会的一些成员对最新的筹款活动表示关注。有些董事会成员质疑针对西班牙裔社区筹款的做法，认为西班牙裔往往给他们的教会而不是给非营利组织捐款。另一些人质疑筹款活动的门票价格 75 美元太高。这些成员提出门票费应该减少一些（如 20 美元），以便让更多市民能够参加。随着讨论的进行，其他董事会成员对绿色建筑新的奇特计划表示不满。他们认为，翻修变成了一种特殊的兴趣项目和几个雄心勃勃的幻想者的宠物项目。

董事会成员也开始质疑玛丽和何塞领导下的西班牙裔中心的转型计划。董事会成员对该中心的新目标和事情如何进展表示失望。他们有一种感觉，对于以社区为基础的支持的要求是不合理的，与文化规范相冲突。在过去，西班牙裔中心的变化是缓慢进行的，而且目标只有一个：为当地社区提供紧急服务。这种做法一直没有人持反对意见。

在玛丽和何塞的领导下，有一种看法认为新的中心和计划过于宏大和完善。新中心的设想似乎让事情变得更复杂，没有脚踏实地地提供服务，也没有贯彻以人为本的价值观。

问题：

1. 你如何总结玛丽和何塞领导这个项目的优势和弱点？

2. 对于直接针对西班牙裔社区的筹款运动，你看到什么问题了吗？

3. 拉丁美洲的领导特征强调团队导向领导的重要性，不太看重个人主义的领导。和拉丁美洲的领导特征相比，玛丽和何塞的领导风格如何？

4. 西班牙文化维度如何帮助解释有些人对于改造工程表示抵抗？

5. 假如你是玛丽或何塞，你将如何改造该消防站？

文化维度测量工具

文化和领导是不同的概念，当对它们进行测量时，应该使用不同的问卷以不同的方式来进行。目前，没有任何方法能同时评估文化和领导，也没有方法能够测量文化领导。衡量文化的问卷是有的，也有很多衡量领导的方法。

也许最有名的文化衡量措施是霍夫斯塔德的文化调查问卷。这个问卷从四个维度衡量了一个人的文化偏好：个人主义、权力距离、确定性和成就。人们可以使用这些层面了解自己，将自己和其他文化的人进行比较。

文化维度问卷是全球研究中使用问卷调查的原始版本。该问卷在本章中只用于说明目的，不用于研究。你的调查问卷得分是个人分数，而不是社会或组织分数。有兴趣使用全球衡量标准做研究的人们应该如豪斯等人所提到的那样（House，2004）使用完整的问卷。

文化维度调查问卷将帮助你审视你对自己文化各种特点的看法。该问卷不是性格的衡量（如迈尔斯–布里格斯工具），而是衡量你对文化的态度和观念。

文化维度问卷表

说明： 使用以下标准，标出最准确反应你对 18 个说法的数字。答案没有准确或错误之分，所以请写下你即时的印象。（这个问卷的项目改编自全球研究项目，用以评估文化维度，但是全球研究使用 5 分量表来分析每个文化维度。）

不确定性规避

1. 在这个社会中，即使在实验和创新时，秩序和连贯性也是被强调的。

强烈同意					强烈不同意	
1	2	3	4	5	6	7

2. 在这个社会中，社会要求和指示很详细，公民知道他们该做什么。

强烈同意					强烈不同意	
1	2	3	4	5	6	7

权力距离

1. 在这个社会中，追随者被希望：

当有不同意见时质疑他们的领导者　　毫无疑问地顺从他们的领导者
　 1　　　 2　　　 3　　　 4　　　 5　　　 6　　　 7

2. 在这个社会中，权力是：

整个社会共享　　　　　　　　　　 集中于社会的顶端
　 1　　　 2　　　 3　　　 4　　　 5　　　 6　　　 7

宏观集体主义

1. 在这个社会中，领导者鼓励忠诚，即使要牺牲个人目标。

强烈同意　　　　　　　　　　　　 强烈不同意
　 1　　　 2　　　 3　　　 4　　　 5　　　 6　　　 7

2. 在这个社会中，经济制度的目的是最大限度地提高：

个人利益　　　　　　　　　　　　 集体利益
　 1　　　 2　　　 3　　　 4　　　 5　　　 6　　　 7

微观集体主义

1. 在这个社会中，孩子为其父母的个人成就感到自豪。

强烈同意　　　　　　　　　　　　 强烈不同意
　 1　　　 2　　　 3　　　 4　　　 5　　　 6　　　 7

2. 在这个社会中，父母为其孩子的个人成就感到自豪。

强烈同意　　　　　　　　　　　　 强烈不同意
　 1　　　 2　　　 3　　　 4　　　 5　　　 6　　　 7

性别平等主义

1. 在这个社会中，男生比女生被鼓励接受更多的教育。

强烈同意　　　　　　　　　　　　 强烈不同意
　 1　　　 2　　　 3　　　 4　　　 5　　　 6　　　 7

2. 在这个社会中，谁更有可能成为高层领导者？

男性　　　　　　　　　　　　　　　　　　　女性
1　　　2　　　3　　　4　　　5　　　6　　　7

进取

1. 在这个社会中，人们一般：

不进取　　　　　　　　　　　　　　　　　　进取
1　　　2　　　3　　　4　　　5　　　6　　　7

2. 在这个社会中，人们一般：

温和　　　　　　　　　　　　　　　　　　　强硬
1　　　2　　　3　　　4　　　5　　　6

未来导向

1. 这个社会公认的准则是：

接受现状　　　　　　　　　　　　　计划未来
1　　　2　　　3　　　4　　　5　　　6　　　7

2. 在这个社会中，人们更多地侧重于：

解决当前的问题　　　　　　　　　　计划未来
1　　　2　　　3　　　4　　　5　　　6　　　7

绩效导向

1. 在这个社会中，学生被鼓励继续努力改进表现。

强烈同意　　　　　　　　　　　　强烈不同意
1　　　2　　　3　　　4　　　5　　　6　　　7

2. 在这个社会中，人们的出色表现会得到奖励。

强烈同意　　　　　　　　　　　　强烈不同意
1　　　2　　　3　　　4　　　5　　　6　　　7

人文导向

1. 在这个社会中，人们一般：

根本不关心他人   非常关心他人

   1   2   3   4   5   6   7

2. 在这个社会中，人们一般：

对他人不敏感   对他人很敏感

   1   2   3   4   5   6   7

资料来源：Adapted from House, R. J., Hanges, P. J., Javidan, M., Dorfman, P. W., & Gupta, V. (Eds.), *Culture, Leadership, and Organizations: The GLOBE Study of 62 Societies,* © 2004, SAGE Publications.

评分：

文化维度调查问卷是用来衡量你对自己文化不同方面的看法的。通过以下方式来评分。第一，将每一方面两个问题的回答得分相加。第二，将总分除以二。其结果是你对这个文化维度的平均得分。

例如，如果你对权力距离的问题1回答是3，对问题2回答是4，那么你在这个方面的得分如下：

$$3+4=7$$
$$7\div2=3.5$$
权力距离平均得分＝3.5

当你最后完成计算时，你应该有9个平均得分。计算完毕后，将你对每个方面的平均得分写在"得分说明"的表格里。

得分说明：

文化维度调查问卷的得分显示了你如何看待你生活和工作在其中的文化。来源于全球项目的表14—14展现了不同文化的受访者如何描述他们的文化维度。该表还提供了不同文化的人如何看待这些文化维度的整体的平均数。

输入表14—14中最后一列的分数，通过和其他人对自己文化的认识相比较，你可以更好地理解自己的文化并了解对自己的文化认知如何。你也可以将你的分数和其他特定文化相比较（例如中东和拉丁美洲）。你的文化和其他文化相比，平均主义是更多一些还是更少一些？你的文化比其他文化更强调未来吗？其他文化比你自己的文化更强调绩效吗？这些调查问题、该表格和你的分数能够帮助你认识自己的文化和其他文化是相互兼容的还是不可协调的。理解你自己的文化和其他文化的关系是更好地了解不同文化的人的第一步。

表 14—14　　　　　　　几个文化集群的文化维度和平均得分

几个文化集群的平均得分							
全球文化维度	盎格鲁	拉丁美洲	中东	南亚	拉丁欧洲	全球	你的得分
不确定性规避	4.42	3.62	3.91	4.10	4.18	4.16	
权力距离	na	na	na	na	na	5.17	
宏观集体主义	4.46	3.86	4.28	4.35	4.01	4.25	
微观集体主义	4.30	5.52	5.58	5.87	4.80	5.13	
性别平等主义	3.40	3.41	2.95	3.28	3.36	3.37	
进取	4.14	4.15	4.14	3.86	3.99	4.14	
未来导向	4.08	3.54	3.58	3.98	3.68	3.85	
绩效导向	4.37	3.85	3.90	4.33	3.94	4.10	
人文导向	4.20	4.03	4.36	4.71	3.71	4.09	

* 本表中的平均得分展现了这几个文化集群在九个文化维度的社会实际得分。在全球研究中，平均得分来源于受访者对每个维度五个问题的回答。

na＝not available

资料来源：Adapted from House, R.J., Hanges, P.J., Javidan, M., Dorfman, P.W., & Gupta, V. (Eds.), *Culture, Leadership, and Organizations: The GLOBE Study of 62 Societies*, © 2004, SAGE Publications, Inc. Reprinted with Permission。

本章要点回顾

自从第二次世界大战以来，整个世界越来越全球化。全球化使得领导者需要更好地了解文化的差异，提高跨文化交流的实践能力。本章讨论了文化相关概念、文化维度以及文化对领导过程的影响。

文化被定义为一个群体共同的信念、价值观和行为规范。有两个因素可以抑制文化意识：民族中心主义和偏见。民族中心主义是人类倾向于站在自己的角度观察他人和这个世界，这对领导者来说是有害的，因为领导者不能充分了解他人的世界。同样，偏见基于固定的态度和毫无根据的数据来判断别人。偏见有负面影响，它的自我导向使得领导者看不到许多其他方面和其他特点。

在过去的 30 年里，许多研究都集中在确定文化的各个维度方面。其中最著名的是霍夫斯塔德（Hofstede，1980，2001）的研究，他确定了五个主要维度：权力距离、不确定性规避、个人主义—集体主义、男性化—女性化和长期取向—短期取向。2004 年，在霍夫斯塔德研究的基础上，豪斯和他的同事们提出了文化另外的维度：微观集体主义、宏观集体主义、未来导向、进取、绩效导向和人文导向。

全球项目研究提供了迄今为止最强大的文化和领导研究发现。全球项目研究人员利用建立的定量研究方法，研究了来自 62 个不同国家或地区的 17 000 多名经理对领导的看法。他们分析不同文化集群的异同，将这些国家或地区分为 10 个明显不同的组别：盎格鲁、拉丁欧洲、北欧、日耳曼欧洲、东欧、拉丁美洲、中东、撒哈拉沙漠以南的非洲、南亚与儒家亚洲。对每个集群的分析揭示了每个地区在哪些方面表现强劲或软弱，以及某些地区的独特性。

此外，研究人员确定了六种全球领导行为，可以用来描述不同文化群体是如何看待领导的：魅力/价值为基础、团队导向、参与式、人文导向、自主和自我保护的领导。根据这些行为，研究人员概括了 10 个文化集群的特征，描绘了各个文化集群对这几个方面的重视程度，因而形成了不同的领导属性和特点。

全球项目的一个成果是提出了一系列普遍认可的或认为消极的领导属性。普遍认可的领导者特征是高度诚信、有魅力和人际技巧。一个无效的领导者是自私的、恶意的、以自我为中心和独裁的。

全球项目的研究范围是它的主要优势。这个项目的调查结果阐述了世界上的文化如何看待领导。其他优点在于它的定量研究设计、文化维度的分类、普遍被接受的领导属性列表，这些使得人们对领导过程有了更多的了解。全球研究报告也有消极的一面，它没有为文化和领导关系研究提供统一的理论方法。此外，核心文化维度的定义不清，研究中使用的领导概念受限，领导的衡量方式不明确，普遍认可的领导属性不能解释领导者行为的各种情景。尽管有这些限制，全球项目研究还是很有意义的，因为他们提供了许多有价值的信息，并用独特方式解释了文化影响领导的过程。

第 15 章

领导道德

什么是领导道德?

本章和其他章节不同。一般说来,其他章节侧重于单一的领导理论或方法(比如特质理论、路径—目标理论或变革型领导理论),但本章是综合性地陈述了广泛的伦理观点。本章并不是"领导道德理论",只是就领导引发的道德问题给大家一些提示。

可能从石器时代开始,人们就开始关注领导的道德问题了。我们的历史书上充满了善良的国王和恶毒的国王、伟大的帝国和邪恶的帝国、强大的总统和弱势的总统。但是,尽管许多传记记载了这些伟大的领导者及他们的高尚品德,但几乎还没有谁发表过研究领导道德理论基础的文章。从 20 世纪 70 年代起,涌现出了许多对商业道德的研究,但这些研究几乎都没提及领导道德。即使是在为创业者编写的管理学文献中,也很少提及领导道德。这些都说明这个领域的研究还处于萌芽阶段。

直到 1996 年才出现了第一本关于领导道德的著作。这本书由几位领导学者合作撰写，由凯洛格（W. K. Kellogg Foundation）统稿。学者们研究的是怎样应用领导理论指导实践以建立一个更人性化、更公平的社会。这本书现在成卷发行，书名为《道德——领导的核心》（*Ethics, the Heart of Leadership*；Ciulla，1998）。

自从该书第四版发行之后，人们对领导道德本质的兴趣持续增长，特别是最近许多美国公司丑闻的出现。在学术方面，研究者也对探索领导道德有浓厚的兴趣（Aronson，2001；Ciulla，2001，2003；Johnson，2005；Kanungo，2001；Trevino，Brown，& Hartman，2003）。

本章定义了什么是道德，提出了对道德理论的基本看法，讨论了为什么道德是领导的核心，还引用了罗纳德·海菲兹、伯恩斯和罗伯特·格林利夫的独特观点；接下来讨论了领导道德的五个原则：尊重、服务、公正、诚实和共同目标；最后，提出了现在领导道德研究的优势和弱点；结尾是本章总结。

道德的定义

从西方传统角度来看，道德理论的发展可以追溯到柏拉图和亚里士多德。道德一词根源于希腊语的 ethos，意思是习惯、行为或者品格。道德规范是指个人或社会认可或赞同的一些价值观和道德观。此外，道德还指个人和动机的"高尚"。道德理论提供了一系列的规定和原则，指导我们在特定条件下做出"对或错"、"好或坏"的判断。它是我们判断一个人是否正派的基本标准。

对于领导而言，道德和领导者做什么和谁是领导者有关。道德还关乎于领导行为的本质和他们的高洁品质。在任何决策情况下，伦理问题要么是隐性的，要么是显性的。领导者如何做选择，以及特定情况下他们如何反应，这些都是由其道德形成和指导的。

道德理论

为了研究道德和领导的关系，可将道德理论划分为以下两个范畴：领导行为理论和领导品格理论（见表 15—1）。换句话说，道德理论一方面研究领导的所作所为，另一方面研究领导是怎样的人。本章中道德和领导的相关讨论都是在上述两个范畴里进行的。

表 15—1   道德理论范畴

行为	品格
目的理论 ● 道德利己主义 ● 功利主义 义务理论	基于美德的理论

　　研究领导者行为的道德理论分为两种：强调领导者行动目的的理论和强调影响领导者行动的责任或规则的理论（见表 15—1）。目的理论源自希腊语 telos，意思是"目的"或者"意图"，以行为的结果是否产生了恰当的结果来判断对错。要回答"什么是正确的"的问题，目的理论认为应当考察该行为导致了什么后果。在效果上，个人行为的结果决定了行为的好坏。

　　在评估结果方面，可以依照三种途径做出判断（见图 15—1）：道德利己主义（ethical egoism）、功利主义（utilitarianism）和利他主义（altruism）。道德利己主义指出，一个人的行为应该为自己创造最大的利益。具有这种倾向的领导者将非常自私地从事工作或职业（Avolio & Locke，2002）。自利是一种与转型领导理论密切相关的道德立场（Bass & Steidlmeier，1999）。道德利己主义在商业领域是很常见的，公司及其雇员做出决定以实现其利润最大化的目标。例如，一个有抱负的中层经理想要他的团队成为该公司最好的团队，可以说是出于道德利己主义。

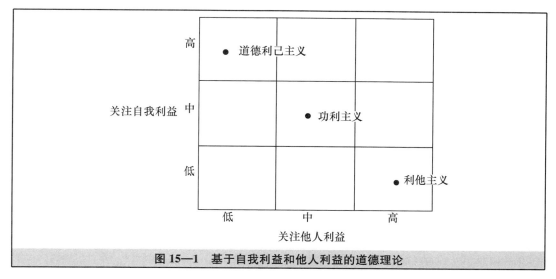

图 15—1　基于自我利益和他人利益的道德理论

　　第二种途径是功利主义，我们的行为应该以为最大多数的人创造最大的利益为目的。从这个角度看，在道德上正确的行动是最大化社会利益同时最小化成本的行为（Schumann，2001）。如果美国政府将大量的资金投向健康预防而不是疾病治疗，可以说这就是出于功利主义的目的——将钱花在能为最多的公民带来好处的地方。

和功利主义密切相关、又和利己主义相对立的是第三种途径：利他主义。利他主义认为，如果领导者的主要目的是促进他人获得最大利益，他们的行动应该是道德的。从这个角度来看，一个领导者可能被要求为别人的利益而行动，即使违背自身的利益（Bowie，1991）。真诚变革型领导是基于利他主义原则的（Bass & Steidlmeier，1999；Kanungo & Mendonca，1996）。利他主义道德在毕生致力于帮助穷人的修女特雷莎的著作中得到了很好的体现。

与注重行为结果的理论不同，义务理论源自希腊单词 deos，意思是"责任"。某一行动是否道德不仅取决于其后果（目的论），还要看行动本身是否正确。说实话、守信用、讲公平、尊重别人都是独立于结果外的良好行为。义务理论强调领导者要按照道德义务和责任做正确的事情。如果一个领导者有道德正义，其行动不侵犯他人的权利，并能加强他人的道德正义，那么，该领导者的行为是道德的（Schumann，2001）。

在 20 世纪 90 年代末，美国总统克林顿对自己与白宫实习生的绯闻发表了虚假的誓言，此案还被提交到了国会。他的这种行为遭到美国众议院弹劾，但后来被美国参议院宣告无罪。在漫长的苦难时期，总统在国家电视台发表了现在已广为流传的清白辩护。但是随后的听证会上提供的资料证明他撒了谎，所以许多美国人认为他亵渎了说实话的责任和义务（作为一个人、一名领导者和一位总统）。从义务理论的角度来看，可以说他违背了道德责任——没有说真话。

尽管目的理论和义务理论都看重领导者的行为举止，但是另外一套理论看重的是领导者的品格（见表 15—1）。这些理论被称为德行论，即按照做人的标准来考察领导者。从这个角度来看，美德植根于个人的内心和性格（Pojman，1995）。此外，它认为美德和道德能力不是天生的，是可以通过实践获得和学习的。家庭和社会都能教导我们做一个有道德的人。

道德理论的普及经历了一个漫长的过程，根源可以追溯到古希腊人的西方传统以及柏拉图和亚里士多德的作品。与这些理论相关的单词是 *aretaic*，意思是"优秀"、"美德"。根据亚里士多德的观点，当前道德理论的支持者强调应该更多地关注道德价值观念的发展和培训（Velasquez，1992）。重点不是告诉人们做什么，而是直接告诉人们应该做一个什么样的人——成为更有道德的人。

那么，美德包括哪些方面呢？很多，而且都很重要。根据亚里士多德的论述，一个有道德的人应该表现出以下品质：勇气、节制、慷慨、自制、诚实、善交际、谦逊、公平、公正（Velasquez，1992）。亚里士多德认为，美德让个人更适应社会。对于道德理论在领导和管理方面的应用，贝拉斯克斯指出，领导者应培养以下品德：毅力、公众精神、诚信、真诚、忠实、善良和谦逊。

从本质上讲，道德理论涉及如何做一个好人、一个有价值的人。虽然人们可以学习和培养良好的价值观，但是这种理论认为，道德是个人性格的一部分。随着时间的流逝，从青少年到成年，良好的品德会成为一种习惯和个人自身的一部分。讲真话让人变得诚实；帮助穷人让人变得仁慈；公平待人让人变得正义。美德源自行动，行动印证美德（Frankena，1973；Pojman，1995）。

道德是领导的核心

正如在第1章中讨论过的，领导是一个过程，即领导者影响他人以达成共同的目标。领导影响力的发挥需要领导者对被领导者有所影响。为了给他人的生活带来变化需要巨大的道德责任。由于领导者通常比其他人拥有更多的权力和控制力，因此他们也有更多的责任，要意识到自己的行为对他人的影响。

无论是在团队工作、组织管理还是在公共项目中，领导者都要带领其下属努力实现共同的目标。在所有这些情况下，领导者有道德责任去尊重追随者，把他们看作具有独特身份的人。"尊重他人"需要领导者对追随者的利益、需要和忧虑很敏感（Beauchamp & Bowie，1988）。我们都有一种责任尊重他人的独特人格，领导者更有这种责任，因为领导身份赋予了他们特殊的地位，他们在很多重要方面对他人的影响更大。

道德是领导的核心，领导者帮助建立和增强组织价值观。每个领导者都有其独特的哲学和观念。所有领导者都有一系列议程，一套信念、建议、价值观、想法和他们想"放在桌子上谈论的"（Gini，1998，p.36）问题。领导者的价值观对组织所要展现的价

值观有重大影响 (Carlson & Perrewe, 1995; Schminke, Ambrose, & Noel, 1997; Trevino, 1986)。同样, 因为他们的影响力, 领导者在建立组织的道德气氛方面发挥着重要作用。

简而言之, 道德是领导的基础, 因为领导过程的本质激励着追随者完成共同目标的需要, 以及领导者对建立组织价值观的影响。

以下部分提供了几位杰出领导学者在道德和领导相关问题上的论述。虽然不是现存的所有观点, 但这些思想在道德和领导领域中有突出的代表性。

海菲兹的观点

基于他作为一名精神病学家的工作经验以及对世界许多领袖 (例如林登·约翰逊总统、穆罕默德·甘地和玛格丽特·撒切尔) 的观察和分析, 罗纳德·海菲兹 (Ronald Heifetz, 1994) 形成了独特的领导道德理论。他强调领导者如何帮助追随者面对冲突, 并改变冲突的结果。海菲兹的观点与道德领导有关, 因为它涉及价值观, 即追随者的价值观和他们所工作的组织与机构的价值观。海菲兹认为, 领导包括利用职权帮助追随者在飞速变化的工作环境和社会文化背景下处理价值冲突。这是从道德角度上讲的, 因为它直接针对追随者的价值观。

对于海菲兹而言, 领导者必须使用威信鼓励人民面对严峻的问题 (Heifetz, 1994)。领导者提供一个 "可控环境", 在这一环境里充满信任、关怀和同情。有了这种支持, 追随者会感到安全, 会勇敢地面对难题。具体来说, 领导者利用威信让人们关注问题, 把问题当作对自身的考验, 形成处理问题的思想体系, 端正自身态度, 并且推进决策发展的进程 (Heifetz, 1994, p. 113)。领导者的职责就是帮助追随者应对变化、提升自我。

伯恩斯的观点

正如在第 9 章中讨论过的, 伯恩斯的变革型领导理论大力强调追随者的需要、价值观和道德。变革型领导涉及领导者试图激励追随者以更高的道德责任标准要求自己。这种强调将变革型领导理论和其他领导理论区分开来，因为它明确指出了领导包含道德的层面（Bass & Steidlmeier，1999）。

与海菲兹的观点类似，伯恩斯认为领导者要与追随者同心协力，帮助追随者应对冲突的价值观，这一点很重要。由此产生的领导者和下属的关系提高了领导者和追随者的道德水平。

伯恩斯对领导道德的看法源于亚伯拉罕·马斯洛、米尔顿·罗基奇（Milton Rokeach）和劳伦斯·科尔伯格的著作（Ciulla，1998）。伯恩斯强调领导者应当关注追随者的个人动机和道德发展，就是受到这些作家的影响。伯恩斯认为领导者有责任帮助追随者评估自身的价值观和需求，以使他们更好地工作，更好地意识到自由、正义和平等的价值观（Ciulla，1998）。

伯恩斯认为领导是一个道德提升过程，这一观念也受到了批判。批判者提出了许多问题：你如何选择什么是更好的道德价值观？谁能够说某些决定比其他决定的道德水平高？如果按照定义，领导需要提高个人的道德水平，这是否意味着腐败的领导者的领导不是真正的领导？尽管这些问题很合理，但是伯恩斯的观点还是很独特的，因为它使道德成为领导过程的核心特征，他将什么是领导以及如何发挥领导的作用问题提升到了道德水平。

格林利夫的观点

在 20 世纪 70 年代初，罗伯特·格林利夫提出了一个矛盾的领导方式，即仆人式领导（servant leadership），最近几年这种理论越来越受欢迎（Block，1993；De Pree，1989，1992）。凭借其强大的利他主义的道德色彩，仆人式领导强调领导者应该关心追随者，同情、照顾并培养他们。

格林利夫（Greenleaf，1970，1977）认为只有天生的仆人才能胜任领导。事实上，一个人要成为领导者，首先要做一个仆人。仆人式领导的重点是关注追随者的需要，并帮助他们更博学、更自由、更自主。仆人式领导丰富了其他人的生活。

在赫尔曼·黑塞（Herman Hesse，1956）的小说《东游记》（*The Journey to the East*）中，就有一位像格林利夫所说的仆人式领导。故事讲述了一个旅行团的神秘之旅。陪同他们的是一位负责琐事的仆人，同时也给游客唱歌，为他们提供精神支持。仆人的存在对于这个旅行团具有非凡的影响。仆人迷路消失后，旅行团陷入混乱，并放弃了旅程。没有仆人，他们的旅程无法进行。是仆人领导着这个旅行团，他在照料别人的过程中成为了领导者。

除了服务，仆人式领导者还有一种社会责任，那就是关心穷人，承认他们也是组织中平等的主人公。哪里有不平等和社会不公正，哪里就有仆人式领导去消除它们（Graham，1991）。仆人式领导很少使用制度赋予的权力，而是授权给被领导者。他们尊重社会生活中每个人的参与，因为他们都生活在一个应当全面体现尊重、信任和个人力量的社会中。格林利夫非常强调倾听、换位和无条件地接受他人。

近几年来，学者们对于仆人式领导研究的兴趣不断增加（Farling，Stone，& Winston，1999；Russell & Stone，2002；Sendjaya & Sarros，2002）。仆人式领导研究概念范围很广泛，重点在于确定仆人式领导的属性、研究与仆人式领导有关的概念框架以及开发衡量仆人式领导的工具。

因为仆人式领导尚未形成统一的定义，所以有不同的构建方式（Avolio，Walumbwa & Weber，2009）。例如，巴尔布托和惠勒（Barbuto & Wheeler，2006）开发了一套含有 23 个项目的调查问卷，重点研究仆人式领导的五个因素：利他主义的要求、情绪愈合、有说服力的计划、智慧和组织领导。和巴尔布托与惠勒完全不同，森加亚、萨洛斯和尚托拉（Sendjaya，Sarros，& Santora，2008）从 6 个层面开发了一套含有 35 个项目的问卷：自愿处于从属地位、真实的自我、契约关系、负责任的道德、超越精神、变革影响。这些举例说明，研究人员的理念不同，衡量仆人式领导的方式就不同。对仆人式领导的进一步研究将有助于澄清仆人式领导的意义和如何进行仆人式领导。

仆人式领导有一个共同的主题，领导者—追随者的关系对于领导道德至关重要。此外，这些观点强调领导者密切关注其追随者的独特需求是极为重要的。

在许多方面，领导学者提出的这些思想和吉利根提出的道德关怀（ethic of earing）是平行和一致的（Gilligan，1982）。吉利根主张，个人关系应该是道德的起点。在过去 20 年里，"关怀"的原则已成为学者公认的主要道德原则之一。从关怀的角度看，如果领导者表达关怀，保护与领导者有特殊关系的人们，他们的行为在道德上是正确的（Schumann，2001）。关怀伦理在组织中是极其重要的，因为它是建立信任和合作关系的主要成分（Brady，1999）。

领导道德的原则

这一节，我们将讨论领导道德的五个原则，这些原则可以追溯到亚里士多德时代，其重要性已经在不同学科中讨论过了，包括生物医学伦理（Beauchamp & Childress，1994）、商业道德（Beauchamp & Bowie，1988）、咨询心理学（Kitchener，1984）和领导教育学（Komives，Lucas，& McMahon，1998）等。虽然不能包罗万象，但这些原则为健全的领导道德发展奠定了基础：尊重、服务、公正、诚实和共同目标（见图 15—2）。

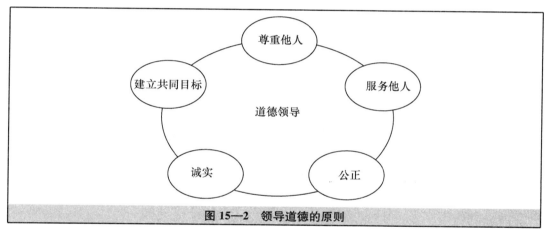

图 15—2　领导道德的原则

有道德的领导者尊重他人

哲学家康德认为，尊重他人是我们的责任。这就意味着人是目的，而不是实现目的的手段。波尚和鲍伊（Beauchamp & Bowie，1988）指出："一个人必须被当作有自己既定目标的人来对待，绝不能仅仅被视为实现另一个人的目的的手段。"他们还表示，要把他人作为目的而不是手段来对待，这就要求我们尊重其他人的决定和价值：如果不这样做将意味着我们把他们当作自己实现目的的手段。

尊重他人的领导者也允许他人有自己的空间，有创造性的需求和愿望。他们无条件地接受并尊重人和人的差异（Kitchener，1984）。尊重包括信任他人的意见、承认他人的尊严。正如伯恩斯（Burns，1978）所说，领导者应该让追随者意识到自己的需要、价值观和目的，并帮助追随者将自己和领导者的需要、价值观和目的结合起来。

　　尊重他人是一个复杂的道德伦理，它和父母教育小孩的尊重类似，但要更深一层。尊重意味着领导者与下属紧密合作、善于倾听、移情、对反对的意见表示宽容。对待下属要尊重他们的信念、态度和价值观。当一个领导者对下属表示尊重时，下属会感到更有能力胜任他们的工作。总之，尊重他人的领导者会维护他人的尊严。

有道德的领导者服务他人

　　在本章的前面部分，我们对比了两种道德理论，一种是基于个人利益（道德利己主义），另一种是基于他人利益（利他主义）。该服务原则显然属于利他主义。服务他人的领导者是利他的：他们把追随者的福利放在计划的首要位置。在工作环境中，利他主义的服务行为体现在指导、授权、团队建设和履行公民义务等活动中（Kanungo & Mendonca，1996）。

　　领导者为他人服务的道德责任和慈善医疗服务的道德原则非常相似。慈善根源于希波克拉底的传统，认为卫生专业人员应该做出有利于患者的选择。总的来说，慈善意味着慈善人员有责任去帮助别人追求自己的合法利益和目标（Beauchamp & Childress，1994）。如医疗专业人员一样，有道德的领导者有责任照顾他人、服务他人，做出有利于而不是损害他人幸福的决定。

　　在过去十年里，服务原则在领导文献中被多次强调。这在布洛克（Block，1993）、科维（Covey，1990）、德普利（De Pree，1989）、吉利根（Gilligan，1982）、格林利夫（Greenleaf，1977）、库泽斯和波斯纳（Kouzes & Posner，1995）的著作中是随处可见的。他们都认为，关心他人是领导道德的主要组成部分。圣吉（Senge，1990）在关于学习型组织的著作中进一步强调了服务的作用。他认为领导者在学习型组织中的重要任务之一是要当组织的管家（仆人）。作为管家，意味着要明确和形成广阔的视野，不以自我为中心，而是整合自我和该组织内其他人的意愿。有效的领导者认为自己个人的愿望只是比自己更大的团体即组织和社会的重要组成部分。

　　总之，无论是格林利夫服侍仆人的观点，还是圣吉着眼于更大目的的观点，其服务背后的理念是帮助他人实现更大的利益。最近，服务"更大利益"的思想在商业界也非同寻常地流行起来。2009年，哈佛商学院（被认为是当今商界领袖的首要摇篮之一）20％的毕业生宣誓承诺，他们的行动将基于责任和道德，并避免以牺牲他人为代价来实现自己的雄心抱负。同样，哥伦比亚商学院要求所有学生承诺遵守荣誉守则，要求他们坚持真理、诚实和尊重他人（Wayne，2009）。在实践服务原则过程中，领导者必须愿意以追随者为中心，把其他人的利益放在他们工作的首位，并采取有利于他人的行动。

有道德的领导者是公正的

有道德的领导者都关注公平和公正问题。他们将公正原则置于首位，一视同仁地对待所有下属。公正要求领导者在做决策时以公平为核心。作为一项规则，任何人都不应得到特殊待遇或特殊关照，除非遇到特殊情况。若有人要被区别对待时，区别对待的情况必须明确和合理，并且以道德价值观为基础。

例如，我们许多人都记得在成长的过程中参加过某种类型的运动项目。我们喜欢的教练都是我们认为公平的教练。无论怎样，我们不希望教练对任何人特殊对待。当有人训练迟到了，找了一个不合理的借口，我们希望他受到和我们一样的纪律处罚。如果球员因为身体原因需要休息，我们希望教练准许。毫无疑问，好的教练是不会偏爱某人的，对每个队员都一视同仁。实质上，我们想要的是公平和公正的教练。

在给追随者分配资源和决定奖惩时，领导者扮演着重要的角色。所使用的分配规则和如何应用这些规则在很大程度上体现出领导者是否公平以及怎样对待公平。

罗尔斯（Rawls，1971）指出，对于那些所有致力于促进共同利益的人来说，关注公平问题是必要的。它类似于互惠伦理，或者被称作黄金法则"你想让别人怎样对待你，你就怎样对待别人"，相同的意思出现在许多不同的文化中。如果我们希望他人公平对待我们，那么我们应该在交往中公平对待他人。公平问题之所以成为一个问题，是因为利益和资源总是有限，而且往往有限的东西大家都想得到。由于出现或意识到资源短缺，在分配的公平性上人们之间就会发生冲突，因此领导者明确建立奖励分配的规则是很重要的。同时这些规则的性质也体现了领导者和组织的道德基础。

波尚和鲍伊（Beauchamp & Bowie，1988）总结了一些共同原则，以指导领导者在一个组织内公平地分配利益（见表15—2）。尽管并不全面，但这些原则还是指出了领导者在组织内进行分配的原因。在特定情况下，领导者可以采用单一的原则或综合采用几条原则。

表 15—2　　　　　　　　　　　　公平分配的原则

这些原则适用于不同的情况。
对于每个人
平等的分享或平等的机会
根据个人需要
根据该人的权利
根据个人的努力
根据对社会的贡献
根据优点或业绩

　　为了说明表 15—2 总结的原则，请思考以下这个假想的事例：想象你是一个小型运输公司的老板，雇用了 50 名司机。你刚刚开辟了一条新的路线，并承诺薪水可观、时间安排合理。这条路线只需要一名司机，但已有 7 人提出了申请。每个司机都希望有平等的机会竞争这条路线。其中有一位司机的妻子刚刚因为乳腺癌去世，他一人要扶养 3 个孩子（个人需要）。有两位司机是少数民族，其中一人强烈地认为他有权利获得那份工作。另一名司机连续三年跑的里程最多，她觉得凭着自己的努力应当成为新路线的候选人。有一名司机曾经在国家安全委员会工作过，并有 20 年无事故驾驶记录（社会贡献）。另外两名司机自公司成立以来就一直在公司工作，并且年复一年，他们可谓功不可没。

　　作为公司的老板，你面临的挑战就是如何公平地安排一名司机到新线路上工作。虽然许多其他因素可能影响你的决定（例如资历、工资级别或员工健康状况等），但表 15—2 提到的原则能为你提供参考。

有道德的领导者是诚实的

　　当我们还是孩子时，大人就常常告诉我们："不要撒谎。"要善良意味着我们必须诚实。对于领导者而言，也必须要记住：要成为好的领导者，必须要诚实。

　　当提到诚实的反义词"欺骗"时，我们就能更好地理解诚实的重要性（Jaksa & Pritchard, 1988）。欺骗是说谎的一种，是对事实的歪曲。欺骗能带来许多不良后果，最重要的就是由此引发的不信任。如果领导者不诚实，别人就认为他们不可信、靠不住。人们不会相信领导者说的话以及他们代表的立场，也不再尊重领导者。因此，领导者的影响力就会大打折扣，因为其他人不再信任他们。

　　当我们与他人交往时，不诚实也有负面影响，我们会不知道如何与人交往。当我们对他人撒谎时，我们实际上是在说，我们愿意操纵我们与他人之间的关系，并相信其他人不能分辨我们提供信息的真假。实际上，我们把自己凌驾于关系之上。这种关系的长期后果就是削弱了人际关系。即使是善意的谎言也会导致关系的破裂。

但诚实不只是说实话。它必须是为人坦荡，尽可能充分完全地展示现实。但是，这不是一件容易的事，因为有些时候完全说真话会有破坏性或适得其反。领导者面临的挑战是要在两者之间取得平衡：如何公开和坦诚，同时要考虑在特定情况下什么是可以适当披露的。在很多时候，有些组织限制阻碍领导者向追随者披露信息。领导者要诚实这一点很重要，但同样重要的是他们对他人的态度和感觉。诚实的领导涉及一系列广泛的行为。

达拉·科斯塔（Dalla Costa，1998）在他的书《势在必行的伦理》（*The Ethical Imperative*）中明确提出，诚实不仅仅是不欺骗。对组织中的领导者来说，诚实意味着："不要承诺你不能做到的事情，不要说假话，不要找借口，不擅离职守，不逃避责任，不认可商业中'优胜劣汰'的压力而使得任何人不去尊重他人的尊严和人性"（第164页）。此外，达拉·科斯塔建议，当务之急是组织要认识到并承认组织内诚信和奖励诚实行为的必要性。

有道德的领导者建立共同目标

在第1章中，我们把领导定义为个人影响一群人实现共同目标的过程。这个定义有明显的道德层面，因为它指的是共同的目标。共同的目标要求领导者和追随者就组织前进的方向达成一致认识。领导者需要考虑到自身的目标和追随者的目的，同时又要实现双方共同的目标。这一因素——关心他人——是区分真诚变革型领导者和假冒变革型领导者最典型的特征（Bass & Steidlmeier，1999）。关注共同的利益意味着领导者不把自己的意志强加给别人。他们需要寻找每个人共同认可的目标。

伯恩斯（Burns，1978）的变革型领导理论将共同目标置于核心位置。变革型领导者尽力推动组织追求对领导者和追随者都有利的共同目标。在追求共同目标的过程中，领导者和追随者都有所改变，这使得伯恩斯的理论独树一帜。对于伯恩斯而言，领导应该根植于领导者—追随者的关系之中，它不能被领导者控制，如希特勒利用在德国的影响力，强迫人们满足他自己的议程，以实现有悖于人类的目标。

有道德的领导者考虑到组织内每个人的目的，并关注共同的利益和文化。有道德的领导者展示了一种对他人的道德关怀（Gilligan，1982），不强迫他人，对他人的想法也不是熟视无睹（Bass & Steidlmeier，1999）。

罗斯特（Rost，1991）进一步认为，领导道德需要关注公民美德。他的意思是领导者和追随者不仅仅需要关注他们自己相互认可的目标，还需要关注社会的目标和宗旨。正如伯恩斯（Burns，1978，p.429）所说，变革型领导者和追随者开始关注更广泛的社会群体，谋求建立更高和更广泛的道德目标。我们个人和团体的目标与共同利益和公众利益是结合在一起的。我们需要注意领导者和追随者提出的变化如何影响整个组织、社区和社会。有道德的领导者关注的是更广泛意义上的共同利益。

领导道德研究有什么优势？

本章讨论了一系列有关道德和领导的思想。这一研究领域有几个优势。第一，它提供了一套及时的有关伦理问题的研究。当代社会非常需要领导道德。从 20 世纪 70 年代尼克松政府开始，一直到乔治·W·布什政府，人们一直希望他们的领导者有更高的道德责任。在这一段领导道德研究的真空时期，这些研究为我们如何思考和实践领导道德提供了一些方向。

第二，对领导道德的研究提出道德应被视为领导学更广阔领域的一个组成部分。除了诚实领导和变革型领导，本书中讨论的其他领导理论没有一个认为道德是领导过程的一个维度。本章认为领导不是与道德无关的现象。领导是一个影响他人的过程，它的道德层面区别于其他类型的影响，如胁迫或专制的控制。领导涉及价值观，如尊重下属、公平对待他人、建立共同目标。它是一个我们展现价值观的过程。当我们发挥影响力时，我们影响他人，这意味着我们需要注意我们的价值观和道德。

第三，领导道德研究突出了领导道德的发展至关重要的几个原则。本研究所讨论的美德已经存在了 2 000 多年。本章之所以回顾这些美德，是因为它们对于今天的领导仍具有重要意义。

领导道德研究有什么缺点?

尽管道德和领导的研究有许多优势,但它还是有一些弱点。首先,这个研究还处于发展的初级阶段,因此缺乏传统研究结果有力的支持。正如这一章开头所指出的,很少有关于领导道德的理论基础的研究成果出版。虽然出版了许多关于商业道德的研究,但是这些研究和领导道德并没有直接的关系。领导道德研究的缺乏使得对领导道德的本质的思考变得很困难,除非有更多的直接研究领导道德维度的工作已经开展,因此关于领导过程的理论表述仍然只是探索性的。

另一项批评是,今天的领导道德研究主要依赖于少数几个人的著作,他们的论文和研究很大程度上基于他们对领导道德本质的个人观点和他们对世界的观点。虽然这些著作(如格林利夫和伯恩斯的著作)经受住了时间的考验,但是还没有被传统的定量或定性的研究方法检验过。它们主要是描述性的和纪实性的,因此,领导道德缺乏传统类型的实证支持,传统类型的实证通常伴随着一种公认的人类行为的理论。

领导道德研究在实践中的应用

虽然道德和领导问题在当今社会被频繁地讨论过,但是这些讨论并未产生大量的旨在教授领导道德的培训课程和项目。许多新的方案主要是帮助管理者在工作和生活中变得更有效,但这些方案不是直接针对道德和领导方面的。

然而,本章中的道德和领导的研究可以应用于各级组织和各行各业的人们,它至少提出了领导包括价值观念这样的观点是至关重要的。一个人如果不知道或不关注自己的价值观,那么他不可能成为一个好的领导者。由于领导有道德的层面,因此,一个领导者要认识到道德会影响领导。

管理者和领导者可以使用本研究提供的信息,以便更好地认识自己,加强自己的领导。道德理论可以提醒领导者问自己,"什么是正确和公平的事情"或者"一个有道德的人应该做什么"。领导者可以使用本研究中总结的伦理原则作为自己行为的基准。我尊重别人吗？我的行事具有慷慨的精神吗？我是否对别人诚实守信呢？我是在追求共同目标吗？最后，我们可以学到本研究最重要的主题：领导者—追随者的关系是领导道德的核心。要成为一个有道德的领导者，我们必须考虑到他人的需要，公平地对待他人，关心他人。

领导道德应用案例

下面部分包含三个真实情况下的案例研究（案例 15—1、15—2 和 15—3），在三个案例中领导道德都是需要的。案例 15—1 概述了一个小型企业所有者以及他在合并的艰难时期所面临的伦理问题。案例 15—2 关注的是一个制造公司独特的安全标准方法。案例 15—3 涉及的伦理问题围绕人力资源服务公司如何为其服务定价。每个案例之后，都会就领导道德的复杂性提出问题。

案例 15—1

缺乏资金的公司举步维艰

乔·伍德曼购买了一个小型的处于困境中的电脑公司。经过几年艰难的岁月，收入开始增长，利润似乎也越来越多，至少根据财务报表是这样的。然而事实上，企业没有足够的现金来进行运作。

该公司主要的利益相关者，如银行、供应商和投资者，都在给乔施加压力，以提高公司的盈利和现金流量。他们威胁说如果没有重大变化，就要接管业务。大约在同一时间，事情变得更糟的是，乔得知在竞标中失去了约占 25% 的收入的几个大合同。

乔只有裁员，冻结工资，并关闭一些边缘业务，但这些努力还不够。乔仍急需更多的现金和专业管理。为了保持生存，他有三个选择：

● 他可以采取"资本换权利"的方式与投资者和银行协商。如果这样做，银行可以帮助招聘新的人才，并提供临时资金帮助公司调整结构。但另一方面，如果选择这个方案，他在公司的地位将发生明显变化：乔不再是所有者，而是一名管理者。

● 乔可以保持控制权，聘请转型期的管理人员，并向员工解释公司处在一个关键的转折阶段，公司的未来取决于新经理的能力，在一年内提高信誉和改善绩效。他将公布过去两年里的工资，并解释说，他一开始就不能提供有竞争力的薪酬和福利待遇。如果选择这个方案，乔可能会很难招聘到胜任的管理人员，因为新管理者不愿进入一个日益衰弱的公司，没有现金，并且要面临收入基数大大减少的前景。如果乔能成功招聘到高级经理，那么他能保持公司的控制权，并挽回声望。

● 乔可以保持控制权，聘请转型期的管理人员，但不用向管理者充分解释公司所面临的严重局势。他可以说，公司在该行业中是发展最快的公司之一，刚刚完成业务转型，并已恢复盈利能力，正带领员工向更高水平前进。他可以像真的一样给应聘的经理们看财务资料，来展示公司的积极前景。这种方法或许会成功，会招聘到高水平的新经理，但新经理们之后可能会很快离开。因为乔的不诚实行为，使得他们可能不会成为忠诚的长期员工。但这种办法可以使乔有机会维持控制权并留住所有的员工。

问题：

1. 乔的三种选择，哪一种是最道德的？

2. 利己主义在这个案例中是如何体现的？在这三个选择中，哪个是最明显的利他主义的选择？

3. 哪个选择能为最多数的人提供最大的利益？从道德的角度来看，乔在这种情况下的责任是什么呢？

4. 在关于诚实和讲真话方面，乔面临什么样的压力？

案例 15—2

怎样的安全才是安全的？

完美塑料公司（PPI）是一个小型注塑塑料公司，有员工 50 人。该公司已有 10 年的历史，收支平衡，每年的销售额约为 400 万美元。公司具有良好的安全记录，PPI 投保的保险公司数年没有为雇员支付过任何索赔。该公司自从成立以来没有任何重大伤亡事故。

PPI 的老板汤姆·格里芬以公司的室内设计和工作环境为荣。经理形容厂房内部装饰干净得就像医院，其他的竞争者无法与之相提并论。秩序、效率、干净是公司的主要特征。这是一个生产秩序井然的制造公司。

PPI有一套独特的方法来保障工作环境的安全。每年，管理层从保险公司和安全健康委员会（OSHA）聘请咨询师来检查公司各个部门的安全隐患。每年，检查人员都提出一些问题，之后，公司都会通过更换新设备、维修、改变工作流程设计来解决这些问题。尽管检查人员继续发现新的问题，但是公司的整体安全每年都有所提升。

PPI的律师们很反对公司这样的安全措施，他们强烈反对聘请外部检查人员的程序。律师们认为，如果有人对PPI提起诉讼，以前的检查问题都将被用作历史证据，表明PPI有安全隐患。事实上，PPI所开展的检查都会自动地成为原告用来攻击该公司的证据。

公司总裁和管理层意识到了外部检查人员的潜在不利因素，但是他们指出，定期的检查对于提高公司每个人的安全是有必要的。检查的目的是为了使公司成为安全的地方，而且安全已经达到了。管理层还指出，PPI的员工对检查和改进的反应是积极的。

问题：

1. 作为一个公司，你认为PPI具有一套明确的道德价值哲学吗？它的政策如何体现了这种哲学？

2. 哪一条道德观点最好地概述了PPI的安全问题措施？PPI采取的是以功利主义为基础的方式，还是以责任或美德为基础的方式？

3. 关于安全问题，管理层如何看待公司对员工应负的责任？律师们又是如何看待他们对于PPI的责任的？

4. 为什么PPI的道德和律师们的观点是相互冲突的？

案例 15—3

重审建议书

大卫·琼斯作为唯一的少数民族经理，在一家大型印刷公司工作10年后，决定建立自己的印刷公司了。由于他的经验和以前的客户联系，大卫有信心可以在印刷企业界生存，但他不知道他是应该购买现有企业还是创建一个新的企业。大卫计划联系了一家信誉很好的职业人员服务组织（PEO），为刚起步的公司进行人力资源服务的评估。这一评估包括工资、福利费用、工人的赔偿和其他传统的人力资源服务。因为大卫还没有开始他的事业，该 PEO 提供了适用于印刷业小公司的一般报价。另外，由于没有提供有形的报价，PEO 给大卫人力资源服务的报价非常高。

在此期间，大卫发现了一家他喜欢的小型公司，于是买了下来。然后，他联系了 PEO，在先前的报价资源服务的基础上签署了合同。大卫准备接管所有权，开始他的新企业。他在合约上签了字。

大卫签订合同后，PEO 根据大卫购买公司的实际数字审查了以前的建议书。这个审查提出了许多管理问题。虽然 PEO 的目标是提供优质的服务，在市场上具有竞争力，并获得合理的利润，但是它给大卫提供的报价似乎过高了。与 PEO 和其他具有类似规模和功能的公司签订的服务合同相比，PEO 和大卫签订的合同在任何方面都相差太大。

在审查期间，可以明显看到，有一些问题必须要解决。首先，PEO 以前的评估看起来似乎是在欺诈客户端。虽然客户端已经签署了原合同，但收取这么高的服务费公平吗？收取高额费用意味着 PEO 在未来会失去这个客户或类似的客户吗？另一个问题与 PEO 支持少数民族企业有关。多年来，PEO 对少数民族一直有扶持行动，并提倡工作场所的公平性，PEO 为此感到自豪，但实际上这个合同似乎刺伤了少数民族客户的心，并对他们有点不公平。最后，更改建议书中的评估成本会对销售人员的佣金产生重大影响，这将不利于 PEO 销售领域其他人的士气。

对原始建议书经过复审后，PEO 给大卫提供了一份评估成本较低的新合同。尽管比以前建议书中的评估成本低，但是仍然远远高于印刷行业平均水平的合同。大卫心甘情愿地签署了新的合同。

问题：

1. 道德在撰写这样的建议书方面应该发挥什么样的作用？PEO 为大卫做的事情道德吗？PEO 试图挣的钱应该是多少呢？如果你是 PEO 管理层中的一员，你会怎么做？

2. 从道义（职务）的角度和目的理论（后果）角度来看，你会如何概述 PEO 的伦理道德？

3. 根据 PEO 为大卫做的事情来看，你如何评价 PEO 在尊重、服务、公正、诚实和共同目标这些道德原则方面的实践？

4. 如果你是大卫，你会如何评估 PEO 的道德？如果你是 PEO 的管理层呢？或者如果你是销售人员呢？如果你是印刷行业的一员呢？

领导诚实性尺度测量工具

伦理道德经常被认为是非常私人化的问题，而且我们不喜欢别人评价我们的伦理道德，我们也不喜欢评价别人。可能因为这个原因，很少设计问卷调查来衡量领导道德。为了解决这个问题，克雷格和古斯塔夫（Craig & Gustafson，1998）基于功利道德理论设计了领导诚实性尺度（Perceived Leader Integrity Scale，PLIS）。领导诚实性尺度尝试评估领导者的道德水平，测量领导者的行为在多大程度上为大多数人创造了最大利益。克雷格和古斯塔夫发现领导诚实性尺度评级与部属的工作满意度有很强的正向关系，与他们辞职的愿望负相关。

帕里和普罗克托-汤姆逊（Parry & Proctor-Thomson，2002）在对 1 354 个管理者的研究中运用了领导诚实性尺度，研究结果发现诚实性与变革型领导呈正相关。被视为变革型的领导也被认为更诚实。此外，研究人员还发现诚信与领导者及组织成效呈正相关。

通过使用领导诚实性尺度，你可以尝试评估你认识的管理者（如你的领导）的道德操守。与此同时，领导诚实性尺度让你把本章讨论的理论应用于实践。领导诚实性尺度是评估道德领导原则的方法之一。

此外，领导诚实性尺度可为组织员工提供反馈，或者作为领导培训和发展的一部分。最后，如果用作组织气氛的调查，领导诚实性尺度可能有助于鉴别组织中哪个领域需要道德介入（Craig & Gustafson，1998）。

领导诚实性尺度

说明： 下列项目考察你对另一个人的行为的观察。圈出最能体现你想法的选项。

答案： 1＝一点也不　2＝很少　3＝有点　4＝确实

1. 将个人利益置于组织之上	1	2	3	4
2. 在工作中以他人为代价保护自己	1	2	3	4
3. 喜欢拒绝要求	1	2	3	4
4. 故意制造其他人之间的冲突	1	2	3	4
5. 如果认为某人要逃脱处罚会对他进行勒索	1	2	3	4
6. 会故意夸大一个人的错误，使别人对他产生坏印象	1	2	3	4
7. 会因为性别或种族而对其他人更好	1	2	3	4
8. 因为别人的错误而嘲笑他们	1	2	3	4
9. 可以信任保守机密	1	2	3	4
10. 会对我撒谎	1	2	3	4
11. 邪恶	1	2	3	4
12. 对不能给个人带来荣耀或认可的事情不感兴趣	1	2	3	4
13. 会做违反组织政策的事情，然后期待别人为他埋单	1	2	3	4
14. 允许别人指责他的错误	1	2	3	4
15. 会刻意回避电子邮件、电话或其他消息，以免给别人造成问题	1	2	3	4
16. 给使他处于逆境的人制造麻烦	1	2	3	4
17. 对组织进行破坏活动	1	2	3	4
18. 会故意歪曲别人的说法	1	2	3	4
19. 是个伪君子	1	2	3	4
20. 具有报复性	1	2	3	4
21. 会尝试信任其他人的想法	1	2	3	4
22. 喜欢通融	1	2	3	4
23. 因为他希望别人失败，所以会隐瞒信息或隐瞒建设性的反馈	1	2	3	4
24. 会散布谣言或八卦，试图伤害别人或组织	1	2	3	4

25. 对同事粗鲁无礼	1 2 3 4
26. 会因为自己得不到而损害别人的职业生涯	1 2 3 4
27. 对一些人不公平的偏袒	1 2 3 4
28. 会从组织偷盗	1 2 3 4
29. 会伪造记录帮助他的工作	1 2 3 4
30. 有很高的道德标准	1 2 3 4

资料来源：Adapted from a version of the PLIS that appeared in *Leadership Quarterly*. 9 (2) S. B. Craig and S. B. Gustafson，"Perceived Leader Integrity Scale: An Instrument for Assessing Employee Perceptions of Leader Integrity，" pp. 143-144, 1998. Used with permission of the authors.

评分：

领导诚实性尺度能衡量你如何看待组织内其他人的诚实性。你对问卷问题的回答体现了你是如何评价他人的道德行为的。

按照以下方式来评分。首先，把项目 9 和项目 30 的得分换过来（即 1 变成 4，2 变成 3，3 变成 2，4 变为 1）。其次，将所有 30 个项目的得分相加得出总和。问卷得分低表示你评价的那个人道德水平高。高分显示你认为此人是非常不道德的。得分解释如下。

得分说明：

你的得分体现了你对他人道德诚实性的评价。根据以往的调查结果，你的得分可作如下解释：

30～32 分，道德评价高：得分在此范围内，意味着你认为此人具有很高的道德。你对此人的印象是：非常值得信赖，并且很有原则。

33～45 分，道德评价一般：得分在此范围内，意味着你认为此人具有一般的道德。你对此人的印象是：他可能会在一定条件下做出一些不道德的行为。

46～120 分，道德评价低：得分在此范围内，意味着你认为此人非常不道德。你对此人的印象是：只要有机会就会做事不诚实、不公平、无原则。

本章要点回顾

尽管人们对道德的兴趣持续了几千年，但是很少有人从理论上研究领导的道德本质。本章探讨了一个应用于领导过程的道德理论。

道德理论提出了一系列原则，指导领导者如何采取行动以及如何做有道德的人。根据西方传统，道德理论通常分为两种：有关行为的理论和有关性格的理论。有关行为的理论强调领导者行为（目的论方式）的后果或支配他们行为的规则（义务论方法）。以美德为基础的理论注重领导者的性格，他们强调素质，如勇气、诚实、公平和忠诚。

道德在领导过程中起着核心作用。由于领导涉及对别人的影响，领导者通常比追随者有更大的权力，所以他们有如何影响其他人的巨大的道德责任。领导者需要激励追随者实现共同的目标，因此，他们必须尊重追随者及其想法。领导者在组织内建立道德氛围方面发挥着重要作用，这需要领导者特别重视他们提倡的价值观和理想憧憬。

几位著名的领导学学者（海菲兹、伯恩斯和格林利夫）为我们对领导道德的理解作出了独特的贡献。三位作者共同的主题是关怀伦理、注重追随者的需要以及领导者—追随者关系的重要性。

本章认为，健全的领导道德根源于尊重、服务、公正、诚实和共同目标。领导者的责任是尊重他人：倾听他们的想法，容忍反对意见。道德是服务他人、利他主义、把他人的福利置于自己利益之上，并努力实现共同目标。公正要求领导者将公平放在决策的中心位置，包括对个人要显示公平，同时对社会的共同利益也要公平。好的领导是诚实的。他们不说谎，如果揭示真相有害或适得其反，他们也不盲目揭示真相。最后，道德领导者承诺建立共同目标，其中包括寻求与追随者和整个社会一致的目标。

道德与领导研究有几个优势。在公众要求其领导者有更高层次的道德责任的时代，本研究方向提供了一些建议，如何看待道德领导，以及如何去实践它。此外，本研究提醒我们，领导是一种道德过程。研究者应将道德看作领导研究中不可缺少的一部分。第三，这个领域的研究提供了基本原则，我们可以在发展中的现实世界的道德领导中加以应用。

领导道德研究也有几个弱点，首先，它仍处于发展的早期阶段。很少有人直接研究领导道德本质。因此，有关的理论阐述仍是探索性的。其次，这一研究领域依赖于少数人的著作，他们的著作主要是描述性的和纪实性的。因此，领导道德理论的发展缺乏传统的支持，而实证通常伴随着人类行为的理论。尽管有这些缺点，领导道德在未来研究中大有发展，还需要更进一步的研究来帮助我们了解领导过程中的道德作用。

Leadership: Theory and Practice, Fifth Edition by Peter G. Northouse

English language edition published by Sage Publications of Thousand Oaks, London,

New Delhi, Singapore and Washington D. C. , © 2010 by Sage Publications, Inc.

Simplified Chinese version © 2014 by China Renmin University Press.

人文社科悦读坊

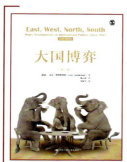

大国博弈

ISBN：978-7-300-19374-8
著者：［挪威］盖尔·伦德斯塔德
定价：42.00 元
出版时间：2015-01

领导术：卓越领导者 14 项修炼

ISBN：978-7-300-20182-5
著者：［美］彼得·G·诺斯豪斯
定价：49.00 元
出版时间：2015-01

政治学的思维方式

ISBN：978-7-300-20181-8
著者：［英］安德鲁·海伍德
定价：58.00 元
出版时间：2015-01

谁在反对美国

ISBN：978-7-300-20187-0
著者：［美］彼得·J·卡赞斯坦 罗伯特·O·基欧汉
定价：48.00 元
出版时间：2015-01

美帝国的形成

ISBN：978-7-300-20185-6
著者：［巴西］路易斯·阿尔贝托·莫尼斯·班代拉
定价：78.00 元
出版时间：2015-01

东亚大局势：日本的角色与东亚走势

ISBN：978-7-300-20186-3
著者：［美］彼得·J·卡赞斯坦 ［日］白石隆
定价：48.00 元
出版时间：2015-01

政治学与生活

ISBN：978-7-300-18703-7
著者：［美］迈克尔·G·罗斯金 等
定价：58.00 元
出版时间：2014-02

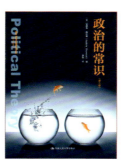

政治的常识

ISBN：978-7-300-19375-5
著者：［英］安德鲁·海伍德
定价：58.00 元
出版时间：2014-07

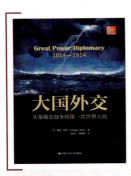

大国外交：从拿破仑战争到第一次世界大战

ISBN：978-7-300-21319-4
著者：［美］诺曼·里奇
定价：68.00 元
出版时间：2015-08

大国外交：从第一次世界大战至今

ISBN：978-7-300-17717-5
著者：［美］诺曼·里奇
定价：78.00 元
出版时间：2015-08

大国的解体与重生：戈尔巴乔夫 & 普京

ISBN：978-7-300-22004-8
著者：［美］大卫·M·科
兹 弗雷德·威尔
定价：58.00 元
出版时间：2016-01

近距离看美国政治

ISBN：978-7-300-20531-1
著者：［美］詹姆斯·麦格雷
戈·伯恩斯 等
定价：68.00 元
出版时间：2016-01

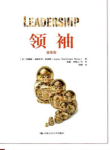

领袖（插图版）

ISBN：978-7-300-18307-7
著者：［美］詹姆斯·麦
格雷戈·伯恩斯
定价：68.00 元
出版时间：2016-01

全球政治多棱镜

ISBN：978-7-300-22001-7
著者：［英］安德鲁·海伍德
定价：78.00 元
出版时间：2016-01

政治版图 2.0

ISBN：978-7-300-22003-1
著者：［美］加布里埃尔·
A·阿尔蒙德 等
定价：88.00 元
出版时间：2016-01

政治的密码

ISBN：978-7-300-22002-4
著者：［英］安德鲁·海伍德
定价：42.00 元
出版时间：2016-01